昌盛書屋論文集

程其偉◎著

明斯德大學的行政大樓，具巴洛克式建築，奠基於
西元1767年，昔為明斯德主教府 (Schloss)。

具智庫精神的一本文集

其偉曾經任職教育部文化參事，大作「昌盛書屋論文集」即將問世。前一陣子，當其偉的書稿完成，來電邀我為之作序。個人認為，能夠將工作和經驗的結晶發抒為文是一件好事，乃欣然為之作序。

展讀智庫、技職教育、國際公法、國際私法專論，乃至旅遊雜感等文章，一篇篇共同舖成了「昌盛書屋論文集」，內容豐富，角度宏觀，其嘉言讜論，值得省思和參考。

以智庫的功能而言，對於前後長達八年於國家政策研究基金會擔任教育文化組召集人的我，讀來便十分有感觸。追本溯源傳統經典史籍已談及「策士」等相關理念，「中庸」一書：「文武之道，布在方策」，戰國時期也出現「戰國策」，顯示智庫工作的歷史悠久及其重要性。

任何一個具有政策前瞻性的國家，均重視智庫之功能。國家政策研究基金會就是一個政策倡導型的機構，2000 年，中國國民黨失去政權，為了讓一群優秀具有行政經驗的政務官能繼續奉獻其智慧，連戰主席乃透過智庫之成立，將其凝聚和集結起來。而我也在主席及出任智庫執行長江丙坤先生的邀請下，擔任教育文化組召集人一職。

從智庫的草創到運作，朝祥體會到智庫的功能以及責任。就組織結構而言，須有優秀專職的研究人員，進行政策方向的規劃和研擬，並能廣納社會專家賢達，群策群力，共同研訂符合國家需要和社會現實的政

策。就研究範疇而言，智庫應涵蓋各專業領域的相關範疇，且其研究方向和分工，應配合各政策部門之需要，方能兼顧政策現實，並配合立法工作之規劃，以促成政策實現之可能。就政策推廣而言，智庫研究內容應透過各項管道發表，除了投稿傳統學術期刊外，宜透過研討會、公聽會或記者會，動態性的對研究成果公布和推廣。而配合數位傳播時代的來臨，更應建置網站平台，或運用社群媒體將各項研擬成果加以推廣，以擴大智庫的影響層面。

　　誠如其偉所言：「智庫的表現反映了國力大賽」。在國家政策研究基金會的 8 年所思所言，我們確實做到了臺灣實力的展現。不只是教育文化領域，舉凡內政、國安、憲政法制、財務金融、科技經濟、社會安全、永續發展，都各有所成。期間所發表的國政分析和研究報告，不知凡幾，並有國家政策論壇、Taiwan Perspectives 等均是國家政策研究基金會成果的展現。

　　立言著述，不論對國家、社會或個人而言，均是一項傳世不朽的資產。「昌盛書屋論文集」囊括了「當代智庫的社會功能」，「國際文化教育交流政策的形成與實踐」、「國際文化教育的前景」、「沙烏地阿拉伯王國的教育體系」乃至「世界貿易組織對臺灣農業的影響」、「九二共識的迷思」、「兩岸金融業的現況與合作契機」。看到這些熟悉的主

題，和當年在智庫期間所見聞的確實感同身受，佩服其偉的見地與用心，本書已做到了另一種「智庫」的表達形式。盼望本書能夠繼往開來，喚起國內有志之士對政策的研究有更多的共鳴。

楊朝祥

佛光大學校長

民國 102 年 8 月於宜蘭

我寫，故我在－

「昌盛書屋論文集」，這是一本描述「有情的人生，美麗的世界」好書

　　法國大哲學家笛卡爾（Rene' Descartes, 1596 ～ 1650）有句名言：「我思故我在」（Ich denke, also bin ich），固然是句真理，但我覺得還是不夠周延：因為只有思考，最多只能在腦海中獲得思考的結論，假如不形諸於文字，那麼，再多的思考結晶，也將隨著時間遠颺，甚至隨著思考者的仙逝而消失於天地：因此，我認為「我思故我在」的名言，如果更換一個字，改為「我寫故我在」（Ich schreibe, also bin ich），或許人類的文明，隨著多人的寫作造成「百花齊放，百家爭鳴」，一來既可豐富後人更多的想像力、增添了思索文化智慧的素材。如此的代代積累，將可創造出無比絢爛的世界。

　　其偉兄早年負笈德國，在歷史名校明斯德大學（Münster University）以優異的成績（cum laude）榮獲法學博士。畢業後辭謝三份工作，執意回國服務，服侍雙親。先後在十四個大學任教，專研國際公法暨國際私法，專論著作等身，作育英才無數：且曾為教育部延攬，擔綱文化參事，駐節沙烏地阿拉伯王國，統轄鄰近二十四個國家及德意志聯邦共和國，統轄鄰近九個國家：負責國際文化教育行政，推動國際學術交流活動。

　　其偉兄在其青壯年時期，經歷二十多年的海外求學與工作時光，這

種經驗比照國內學者，是難得之際遇。他用高度的好奇心，敏銳的嗅覺及獨到的眼光，將世界各國同中有異異中有同的歷史地理背景，從文化的演變過程，切入中歐與阿拉伯兩大地域，耶穌基督教與回教兩大信仰領域，將不同文化間的微妙層次，細細咀嚼慢慢體會，融入法律學的專業暨嚴謹治學方法，將所見所思縷析形諸筆墨。

綜觀本論文集收錄的二十五篇大作，揉合知識的啟蒙，到法學的形成，導入歐洲暨中東的風土人情，大多數是其偉兄參加國內外或兩岸學術會議的論文。這些讜論，不但介紹各國的典章制度，也散發出濃郁的人文素養，令人彷彿穿越時光隧道，親炙歷史軌跡。溫習典故之餘，又可再聽奇聞軼事。復加以批判、追思探源。本人在閱讀中，感受文筆雋永樂趣無窮，感到落筆自在，筆調輕鬆，絲毫沒有面對一般法學論文的艱澀乾枯。我們欣賞作者將所見所聞，透過思維，探索而化成文字，供大家享受認識這個美麗的世界。

欣逢其偉兄新作即將付梓，特綴數語，以示恭賀。本人尤其感佩其偉兄之孝思 將其治學之所取名「昌盛書屋」，既懷念親恩外，也寓有感念社會上許多師長友朋知遇之恩：本人對其偉兄祝賀之餘也有期待，深切至盼再接再厲，將今後研究重點面向阿拉伯世界，讓這片人類文明發源之地的更多真相廣為眾知：尤其當今國際政治態勢，已將回教國家，

誤會扭曲極甚。似乎將伊斯蘭文明一概抹殺，且視為當今恐怖主義的思想搖籃。這種短見與偏見，恐怕還會流傳好一陣子。其偉兄，何妨為孕育出人類文明的那一大片廣袤、絢爛又美麗的風土文化，再現出其光彩乎？讓我們拭目以待！

於司法院大法官研究室

民國 102 年 5 月 12 日 母親節

自序
「昌盛書屋論文集」

　　「昌盛書屋」乃個人讀書與生活的陋室 (Bude)，書屋的誕生，有其典故；在於思念雙親養育之恩，也是感激社會上許多恩人提供機遇之恩澤；西漢經學家孔安國傳：「王者如此，國乃昌盛。」出書的目的，僅在「百家爭鳴，百花齊放」的世界思潮浪頭上多濺一滴水；出版本書的目的，卑微地只求在「我學，我思，我寫」的心得；用本人學習法律的心得，採擷國際觀的高度，推動臺灣與世界在文化教育經濟貿易的活動。當五月的小鐘花（Maiglöckchen）盛開之際，引用德國詩人歌德（Johann Wolfgang GOETHE, 1749～1832）的「五月之歌」（Mailied）第一段，描述他對大自然的熱愛與讚頌「我的面前，大自然是何等地明媚！陽光是何等地燦爛！原野笑得何等歡暢！」（Wie herrlich leuchtet Mir die Natur! Wie glänzt die Sonne! Wie lacht die Flur!）謹以本書向可敬可愛的朋友們招手祝福．我們身處美麗的世界，就有責任透過我們的思維與行為，使得我們的人生熠熠生輝更精采、國家繁榮昌盛、人民安居樂業

　　余生也魯鈍，必須困而學之 (Büffelei)，及長，人生的歷練，猶如一頭「操勞的動物」(Arbeitstier、Zugtier 或 Nutztier)，總想成就一點心願，或為自我期許，或為興趣，於是長年累月終日孜孜矻矻忙碌著某些

事；高懸完美主義，使命感的驅策，自我設定時間壓力，成敗隨緣矣。

　　本書內涵分成三大部分，比較集中於最近 10 年的作品，尤其自從 2006 年，有機會與對岸同行切磋，圍繞著法律的主題，第一部分，在國際公法暨國際私法的框框架架下，規範國際文化教育的潛移默化，第二部分，在國際公法暨國際私法的圈圈套套下，演化國際經濟貿易的財富消長，第三部分，適應社會上有形暨無形的規矩以及個人面對這個美麗世界的心得，都 26 篇；總而言之，這個嬌美的世界任你欣賞，發揮你的才華吧！

　　本書承蒙佛光大學楊校長朝祥博士（教育部前部長，教育學家）暨司法院陳大法官新民博士（法學家）賜序，兩位具係專業大宗師，非常欽佩效法的學者兼實踐家；在此尤應向長期寵拔，關愛暨垂詢的前輩與同學朋友們獻上最高敬意最誠摯的謝意。

　　特別感謝當代書法大師，中華大漢書藝協會陳克謙理事長題贈書名墨寶與嵌名聯。

程其偉

民國 102 年 8 月於臺北市

目錄

1.
當代智庫的社會功能

　　「智庫」（英文：think tank, think factory, policy institute 或 brain box；德文：Denkfabrik 或 Gehirnkiste），是一個近代的新名詞，將老舊的名詞「策，謀略」，賦予新的名稱與新的功能；英國於西元 1831 年在倫敦成立「防衛與安全研究院」（The Institute for Defense and Security Studies, RUSI），首度使用「智庫」（think tank）這個名詞，53 年後，英國於 1884 年 1 月 4 日在倫敦成立著名的費邊社（The Fabian Society）乃當代智庫的雛型，界定智庫的功能；又過了 32 年，美國於 1916 年在華府成立布魯京斯研究院（Brookings Institution），帶動現代化智庫運作的新概念，從此「智庫」的專有名詞廣為流傳，其功能也逐漸受到各國重視。目前全世界大約有 6545 家智庫，泰半成立於 1980 年代之後；全球兩大強國，美國擁有約 1815 家，中國擁有 425 家；美國分布在華府有 393 家，在麻州有 176 家，在加州有 170 家。

　　徵諸史籍，智庫的內涵暨功能，在中國存在久矣；我國歷史上最古老的正統書籍是用刀刻在竹簡或木頭上，稱作「簡策」或「版牘」；尚書‧多士篇記載：「惟殷先人，有冊有典。」；單根的竹片叫「簡」，用「絲繩」或「書」把若干竹片編在一起稱「策」，指的是竹書，又叫「冊」；「簡」與「策」之外尚有「方」，是木書的簡稱，比「簡」寬

約一平方公尺的，又叫「牘」，足夠寫數行字，不需編連。中庸：「文武之道，布在方策」。思考策劃的人叫「策士」；戰國時期出現「戰國策」（Strategies of the Warring States），被視為「遊說辭總集」，幾乎囊括描述當時所有的縱橫家謀士的言行，具三大特色：智謀細，虛實間及文辭妙；三國演義諸葛亮為劉備提出「隆中策」對上了魯肅為孫權提出的「榻上策」都成功達到稱帝一方的霸業；宋朝蘇軾的「安萬民六策」，明朝劉基（劉伯溫）為開國皇帝朱元璋提出「時務十八策」，清朝乾隆皇帝的「萬全之策」；然而，三國志魏國曹植的「算無遺策，畫無失理」，亦未可知也；現代道學權威蕭天石（號「文山遯叟」，又號「天玄子」，1909～1986），對於：「謀略之士」，所立的「最高境界」是：其知足以貫古今，其術足以變時勢，其法足以正天下，其策足以制廟勝，其謀足以轉強弱，其略足以窮變化，其才足以通奇正，其識足以見百世。上知天文，下知地理，中貽人事，旁通萬物。既能制勝，又能救敗。對於輔國強民，整軍經武，創制垂則，遭變用權，縱橫捭闔，料敵定友，無所不宜，運天下如運諸掌者，乃權謀術略之士所長也。從此奠定審時度勢的典範，「策」的功能更受重視。之後，「智囊」、「知囊團」、「智多星」、「謀略」、「權術」等名詞逐漸出現；如今，我們在總統府設「國策顧問」，行政院設「政務顧問」，民間成立「顧問公司」或「智庫」，擔綱類似古人的功能。

古希臘在西元前第三世紀，為了祭祀天帝的兒子阿波羅（預言之神），在今天的土耳其 Didyma（Delphi）興建阿波羅神廟（Apollo Temple），是古代的三大神廟之一，也是當時的預言中心，700 年後，直到西元第四世紀，最後一位（第 67 任）羅馬帝國皇帝，狄奧多西一

世（Kaiser Theodosius I）下令禁止求神問卜算命或求取預言，從此該廟香火戛然而止。古代，西亞的阿拔斯王朝（Abbasid），於西元 762 年在巴格達（Baghdad）（當年暨當今伊拉克 Iraq 的首都）至第九世紀中葉，統治的百年期間是阿拉伯帝國的黃金年代，設置「智慧宮」，乃集科學院，圖書館與翻譯局三合一的機構，其功能向皇帝提供建言，作為施政的參考；智庫的論點報告大半具備推測導向，因而與星相或算命難免具異曲同工之妙；在中國歷史上，皇帝也一再三令五申，不准百姓妖言惑眾；如今，臺灣海峽兩岸的掌權朋友對命運的看法有異。中國大陸對相命術士採冷漠不鼓勵態度，臺灣則廟宇林立，算命術士被尊稱為風水命理學大師，尚有些社會地位；今天時空兩變，智庫的見解報告，雖係預言之說，終究褪下些許神祕色彩。

我們觀察分析世界各國的高等教育，賡續六年中等基礎教育之後，在大學設置學院，研究所與學系，由一批專家學者領導，大學教育的宗旨是：研究學術、培育人才、提升文化、服務社會、促進國家發展；運作的主軸在培育後代莘莘英才學子蔚為國用，隨著國家建設的需求提高，大學學術水準逐漸提升，大學畢業的學士學位程度無法滿足解決社會問題，大學必須開設研究所的碩士學位及博士學位，就大學的功能，擁有教授群領導，整套行政體系支援及年輕學子向學，發揮學術建國，取自社會回饋社會的目標。

大凡現代智庫的演變過程，概從學術界蛻變而來，因此，智庫亦擁有教授專家群，行政支援，然而沒有學生，目標不在長期教育，只辦理短期密集訓練班；運作的重點是研究發展；至於研究領域，涵蓋政治、經濟社會、科學及媒體；有針對性、建議性、假設性或自我主動尋求題

目，或被動受人委託，計劃性對特別問題深入廣泛研究，理論架構完整，高瞻遠矚思慮縝密，結論鏗鏘有力擲地有聲。

　　早年的智庫，跳脫各個大學的專業框架，站在制高點，網羅許多大學的專家學者，整合各大學的系所特色，提出的研究計畫，各大學無法單獨完成，因而，智庫研究的方向既廣且深，智庫不是一門獨立的學科，而是綜合學科的（Interdisciplinary）學門，主要學科有：法律學、政治學、經濟學、社會學、心理學、會計學、統計學、邏輯學、以及未來學、氣象學（預測重大風險 major risks，例如：颱風、地震、海嘯、火山爆發）、星象學、醫學（重病專科 critical care）等等，由上可知，智庫的地位已然攀登學術的金字塔頂。雖然智庫的學術報告，再精準再周延，大膽假設小心求證仍難擺脫若干預言或僥倖成分，一不小心，批判之聲如影隨行，被人舉發與拿捏不確定的行業相提並論，例如：氣象局、證券行、彩券行、廟宇、選舉機關或居高位領導們的心態。

　　我們觀察評估一個國家，在世界上有否令人肅然起敬的條件頗多，科學研究是非常重要的一環，居廟堂之高位，對國家政策的研究方向應有其高瞻遠矚深謀遠慮的思維，負責研究的機構有三大類：第一是大學，第二是大學之外的公私立研究機構（智庫），第三是工業界。

智庫的類型有四種：

第一類：研究型的大學：

　　屬於學術型的智庫（akademisch），從事於純學術研究，定期或不定期發行專門書籍，專業論文及特約文章；運作方法：透過精英製造輿

論氛圍（Elitenmeinungsklima），影響讀者對時代的觀感（Zeithorizont）；以美國的布魯京斯研究院（Brookings Institution）為典範。

第二類：倡導性智庫（advokatische）：

以宣傳理念為職責，自己很少作學術研究，沒有自己的觀點，只是將已存在的理念一再變化包裝美化，或出賣或套在某個政治或社會運動上，表面上五花八門，實際上只是自我團團轉，智庫的成員從事公關的為主，學術界為輔，其目的：採取強勢，用最高速度極短時間達到最大效果；常被人垢病是遊說集團（Lobbyismus），作品被貶為垃圾科學（Junk Science）；以美國傳統基金會（Heritage Foundation）為代表。

第三類：依循契約帶動智庫工作：

靠政府委託而獲得研究計畫案，與政府簽訂契約，其結果或許略帶點批判又有點預測，保留彈性；以美國蘭德公司（RAND Corporation）為代表。

第四類：親政黨的智庫：

乃德國模式，短庫的預算有 15 ～ 20% 依賴所屬政黨的挹注；美國的政黨亦有類似組織，臺灣的中國國民黨亦設國家政策研究基金會。

一、環顧世界上設置智庫，或蓬勃發達的地方，概可區分為三大類：

1. 第一大類：早年的美國與蘇俄，當今的美國與中國為了永保世界霸權地位（hegemony），維持富強大國的架勢，必須掌握智識，傳播

理念及教育世人。

2. **第二大類**：這些國家曾在歷史上叱吒風雲，不甘心在國際政治舞台上被排斥邊緣化，但格於客觀形勢，只好淪為二等國家，例如：歐洲的德國、法國、英國；亞洲的日本、土耳其、伊朗；非洲的埃及；美洲的墨西哥。

3. **第三大類**：其餘等而下之的國家，不求聞達於國際政治，只求國內政情之穩定，甚至，有些國家尚在溫飽線上掙扎，偶而出現幾位跳樑小丑型的政客，僅在國際政壇冒出幾許火花水泡，無礙國際形勢長期整體發展；然而在歷史上得地緣政治之便，有些城市扮演國際情報戰角力的舞台，智庫就有了活動空間；例如：上海、香港、東京、曼谷、新加坡、紐約、西柏林、倫敦、巴黎、日內瓦、以色列的特拉維夫（Tel Aviv）、摩洛哥的卡薩布蘭卡（Casablanca）等地。

以下介紹全球 27 個舉足輕重呼風喚雨的國家暨地區：前 20 個是「G-20 高峰會」的會員，這是一個國際經濟合作論壇，於 1999 年 12 月 16 日在德國柏林成立，全體會員的 GDP 總和占全球總量的 85%，2012 年的高峰會在墨西哥舉行；後 7 個是不容忽視的經濟體。

一、阿根廷（Argentina），二、澳洲（Australia），三、巴西（Brazil），四、加拿大（Canada），五、中國（China），六、英國（England），七、歐洲聯盟（European Union），八、法國（France），九、德國（Germany），十、印度（India），十一、印尼（Indonesia），十二、義大利（Italy），十三、日本（Japan），十四、韓國（Korea），十五、墨西哥（Mexico），十六、俄國（Russia），十七、沙烏地阿拉伯（Saudi Arab），十八、南非（South Africa），十九、土耳其（Turkey），

二十、美國（U.S.A）。其餘的有：二十一、香港（Hong Kong），二十二、伊朗（Iran），二十三、北韓（North Korea），二十四、澳門（Macau），二十五、瑞典（Sweden），二十六、瑞士（Switzerland），二十七、臺灣（Taiwan）等地。

　　一、阿根廷（Argentina）：政局不穩定，天然資源豐富，依賴大宗農產品出口，人民素資高。公共政策實施中心：Lucio Castro 負責人。

　　二、澳洲（Australia）：自從 1788 年 1 月 26 日從英國殖民地獨立，一直與英語系國家保特良好關係，常扮演英國或美國在國際政治舞台的馬前卒、幫凶或試探性風向球；迄今仍是大英國協（The British Commonwealth of Nations）的會員國。

　　1. Melbourne Institute：由 Melbourne 大學蛻變而來。

　　2. Productivity Commission：由政府設立。

　　3. CSIRO：由政府設立。

　　4. 洛伊國際政策研究所（Lowy Institute）：專研國際政治，立場偏左，Rovy Medcalf 負責國際安全，Raoul Heinrichs 負責國際戰略。

　　5. 智庫百科（MBA）：http：//wiki.mbalib.com

　　6. The Centre for Independent Studies.

　　7. Sydney Institute.

　　8. Institute of Public Affairs.

　　9. Per Capita：左派。

　　10. Australia Institute：左派。

11. The Centre for Policy Development：左派。

12. Illawarra.

13. The Gartner Group Access Economics.

14. The Helmsman Institute.

15. CEDA.

16. The Strategic Policy Institute.

17. The Australian Institute of Company：歷任主管介入政府國防事務頗深，冀獲得軍備訂單。

三、巴西（Brasil）：南美洲經濟大國，政治領頭羊。

1. PVBLICA：於 2012 年 8 月 17 日在巴西 Florianopolis 成立。

2. Instituto Liberdade：隸屬於 Pontifícia Universidade Católica do Rio Grande do Sul 大學，設址 Porto Alegre 市。

3. Instituto Liberdade：是拉丁美洲暨加勒比海 40 大智庫之一。

4. Fundacao Getulio Vargas, FGV；（Getulio Vargas Foundation, GV）：成立於 1944 年 12 月 20 日。

四、加拿大（Canada）：重視健康照顧、教育、社會服務及經濟品質的國家，尤其重視開發能源影響環保的問題。

1. Atlantic Institute for Market Studies.

2. Asia Pacific Foundation of Canada.

3. Franco-Canadian Research Centre（could not locate website）

4. Canadian Defence and Foreign Affairs Institute.

5. Cardus.

6. C.D Howe Institute.

7. Centre for International Governance Innovation.

8. The Conference of Defence Associations.

9. Conference Board of Canada.

10. Caledon Institute of Social Policy.

11. Council of Canadians.

12. Canada west Foundation.

13. The Fraser Institute and the CPRN.

14. Frontier Centre for Public Policy.

15. Canadian Centre for Policy Alternatives.

16. Institute for Public Economics.

17. Canadian Council on Social Development.

18. Institute for Research on Public Policy.

19. Canadian Employment Research Forum.

20. International Institute for Sustainable Development.

21. Canadian Institute for Advanced Research.

22. mowat Centre for Policy Innovation.

23. North-South Institute.

24. Canadian International Council.

25. Parkland Institute.

26. Canadian Labour and Business Centre.

27. Pembina Institute.

28. Public Policy Forum.

29. Canadian Tax Foundation.

30. Western Centre for Economic Research.

31. Centre for Trade Policy and Law.

32. 加拿大網路政策研究院（The Canadian Policy Research Networks）：主席 Judith Maxwell，每年約有 3～4 百萬加幣預算。

33. 環球多元社會中心（The Global Center for Pluralism）：於 2006 年在 Ottawa 成立，與加拿大政府合作，負責研究，教育及交流「公民社會或多元社會」（Civil Society）的價值，實務及政策：www.ottawacitizen.com。

　　五、中國（China）：總共有 425 個，占世界第 2 位，向來重視智庫；大量蒐集資訊，成績斐然。 邇來，研究臺灣問題成為顯學，各地研究機構，每年招開 30 多次不同規模的研討會（從中央政府到縣市政府）。

1. 中央黨校國際戰略研究所。

2. 中國社會科學院（Chinese Academy of Social Science）：成立於 1985 年 9 月隸屬中央政府，設址北京市。

3. 中國現代國際關係研究院：由陸志偉自 1999 年 9 月擔任院長，2011 年接國家安全部副部長。

4. 中國國家創新與發展戰略研究會。

5. 中國經濟研究中心：設址於北京大學。

6. 中國的 3 個國際大城市由市政府出資成立 WTO 中心之智庫有：上海 WTO 事務諮詢中心，北京 WTO 事務諮詢中心，深圳 WTO

事務諮詢中心及中國 WTO 爭端解決機制研究中心。

7. 胡潤研究院：英國人胡潤（Rupert Hoogewerf）創辦於 2008 年 3 月，亦為「胡潤百萬」的創始人兼總裁。

8. 國防科學技術大學國家安全與軍事戰略研究中心。

9. 博鰲亞洲論壇：於 2001 年 2 月 27 日在海南省博鰲成立，每年 3 月在海南省舉行。

10. 特別市級或省級社會科學院：設址 4 個直轄市及 26 個省的省會。

11. 散布在各大學的「臺灣研究」院、所、中心。

12. 上海國際問題研究院：於 1960 年設於上海市，隸屬上海市委市政府，院長是楊潔勉。

六、 英國（England）：總共有 286 個，占世界第 4 位，非常重視蒐集外國政商情勢資料，殖民時期，透過在世界各國的殖民機構，輔以商會及教會體系傳教士報告書，掌握世界大局。

1. Chatam House：成立於 1920 年。設址倫敦，英國皇家國際事務學院的會址，由 Robin Niblett 擔任院長，是歐洲第 1 個成立的智庫。

2. 經濟學人智庫（Economist Intelligence Unit, EIU）：由 Tony Nash 擔任發行人，Robin Bew 擔任總編輯。

3. 倫敦國際戰略研究所（London International Institute for Strategic Studies, IISS）：於 1958 年在倫敦成立，每年預算 400 萬英鎊，現任所長是 John Chipman。

4. 經濟智庫（Policy Exchange）：於 2002 年在倫敦成立，是保守

派的智庫，現董事長 DannyFinkelstein，執行長 Neil O'Brien；每年代表英國 Simon Wolfson 家族信託基金會舉辦；沃爾夫森經濟學獎（Wolfson Economics Pirize）大賽，今年由英國人 Roger Bootle 獲得，獎金額度約 40 萬美元，僅次於諾貝爾經濟學獎。

5. 皇家三軍聯合國防與安全研究所。

6. 皇家國際事務研究所。

七、歐洲聯盟（European Union）：全歐洲的數量不到一千，研究歐洲整體問題的數目不到一百個單位，其中有 46 個設在歐盟總部布魯賽爾（歐盟政府視這群智庫的專家學者，只是用溫和的（sanft）方式，表達不同意見的朋友）；也有些智庫分散在各會員國，但是論點，受到狹隘的「國家種族、語文、地域觀念」作祟，研究報告流於一廂情願或偏激。

1. 歐洲聯盟論壇（European Union Forum）。

2. 歐洲聯盟安全研究院（European Union Institute for Security Studies, EUISS）：設址在法國巴黎。

八、法國（France）：與德國合作，致力歐洲經濟統合，尤其著重歐元。

1. 法國國際關係學院（The French Institute of International Relations, IFRI）：成立於 1979 年，在歐洲成立的第三個智庫。

2. 國際戰略研究院（Institute for International and Strategic Studies）：由前法國駐伊朗德黑蘭大使館秘書 Frederick Tellier 在巴黎創辦。

3. 協和基金會（Foundation Concord）：設址巴黎，研究重點是中小企業。

九、德國（Germany）：總共有 194 個，占世界第 5 位，是一個非常重視蒐集、整理、儲存、分析及運用資料的國家。

1. Bertelsmann Stiftung：於 1977 年在 Guetersloh 創立，主席是 Aart De Geus，專注社會、經濟、教育及健康問題。

2. 德國科學基金會（Deutsche Forschungsgemeinschaft, DFG）：成立於 1951 年 8 月 2 日，設址於 Bonn，每年有 13 億歐元預算，現任主席是 Matthias Kleiner。

3. 德國外交政策協會（Deutsche Gesellschaft fur Aussenwartige Politik E.V.DGAP）：設於柏林。

4. 歐洲學院（Europäische Akademie）：Bad Neuenahr, Ahrweiler GmbH。

5. Friedrich Ebert Stiftung：隸屬於社會民主黨。

6. Friedrich Naumann Stiftung für die Freiheit：隸屬於自由民主黨。

7. Hanns Seidel Stiftung：於 1966 年 11 月在慕尼黑創辦，隸屬於基督教社會黨。

8. Heinrich Böll Stiftung：隸屬於綠黨，成立於 1997 年，紀念德國諾貝爾文學獎得主 Böll 先生，主張氣候正義。

9. Hermann Ehlers Stiftung：設立於 Kiel。

10. 回教智庫協會（Islamische Denkfabrik e.V.）。

11. 艾德諾基金會（Konrad-Adenauer-Stiftung e.V.）：由 Bruno

Heck 於 1955 年在 Sankt Augustin 創立，使用德意志聯邦共和國首任總理艾德諾（Konrad Hermann Joseph Adenauer，1876～1967）的名字，隸屬基督教民主聯盟黨的智庫，典型政治性組織，在全世界有 80 個分支機構。

12. 馬克斯布蘭克研究院（Max-Planck-Gesellschaft, MPF）：於 1948 年在慕尼黑成立，紀念德國諾貝爾獎物理類得主 Max Karl Ernst Ludwig Planck（1858～1947）之成就；成立迄今有 17 位成員獲諾貝爾獎，總共設置 80 個研究所，每年預算為 13 億歐元，現任主席 Peter Gruss 自 2002 年上任迄今。

13. Rosa Luxemburg Stiftung：左派系統。

14. Stiftung Marktwirtschaft。

15. 散布在各大學的研究單位：圖賓根大學（Eberhard Karls Universität Tübingen），歐洲當代臺灣研究中心（European Research Center on Contemporary Taiwan）。暨亞洲與東方研究所（Institute of Asia and Oriental Studies）。

十、印度（India）：總共有 292 個，占世界第 3 位，大部分智庫研究外交政策及安全問題，少數注意自由社會與經濟問題。

1. 中國研究中心（Institute of Chinese Studies）：設址新德里，雅各（Jabin T・Jacob）擔任助理主任。

2. 尼赫魯大學與國防部聯合成立。

3. Vivekananda International Foundation。

4. Centre For Civil Society。

5. Rakshak Foundation。

6. Gateway House：Indian Council on Global Relations：設址孟賣（Mumbai）。

十一、印尼（Indonesia）：天然資源豐富，氣候變遷，影響雨林生長。

1. 哈比比中心（The Habibie Center），設於雅加達。

2. Otakindonesia（The Think Tank Company）：設於爪哇島日惹（Yogyakarta）。

3. The National Economic Committee, KEN。

十二、義大利（Italy）：高科技集中北部，因而南北經濟發展不平衡。

1. Bruno Leoni Institute。

2. Fondazione Eni Enrico Mattei。

3. Future Italy。

4. Istituto Affari Internazionali。

5. Venezie Institute。

十三、日本（Japan）：總共有 118 家智庫，研究重心放在政治與金融問題。

行政法人（政府單位）組織：

1. 綜合研究開發機構。

2. 亞洲經濟研究所。

3. 經濟產業研究所。

4. 防衛研究所。

5. 國立振興研究院（National Institute for Research Advancement）。

　財團法人組織：

6. 日本國際題研究所：由日本外交部浥注預算。

7. 瑞穗綜合研究所：瑞穗金融集團的子公司。

8. 野村綜合研究所：野村證券子公司，又名：野村俱樂部（Nomura Research Institute, Ltd。）：由野村德七在 1965 年 4 月 1 日創辦。

9. 大和總研：大和證券的子公司。

10. 大前協會：大前研一（Kenichi Ohmae）擔任董事，綽號「策略先生」，創業家學校創辦人。

11. 戰略研究中心：金丸信負責。

十四、韓國（南韓）（South Korea）：主動積極納入全球化，帶動經貿成就。

1. 三星經濟研究院（SERI）：成立於 1986 年。

2. 世宗研究所（Sejong Institute）：成立於 1986 年，所長宋大晟。

3. 國際經濟政策研究院。

4. 撲基文漢城中亞問題中心。

5. 韓國經濟研究院。

6. 國立經濟，人文暨社會科學研究委員會（The National Research Council for Economics, Humanities and Social Sciences, NRCS）：隸屬於總理府，並有 23 個相關研究所支援，致力於研究有效管

理暨改善研究環境。

7. 自由企業中心（The Center for Free Enterprise）。

十五、墨西哥（Mexico）：目前仍在從事基礎交通建設、通訊設備及能源開發；失業率高達 25%。

1. Centro Fox，學術智庫，由現已退休首位民選總統 Vicente Fox 創辦，設在 Rancho San Cristo'bal，擁有圖書館，研究重點：全球民主，減少貧窮，小額貸款（microcredits）；妻子 Marta 另創立反貪腐基金會（Vamos Mexico）。

2. Fundacion Ethos：研究重點是墨西哥與中南美洲國家的關係。

3. The Mexican Institute for Competitiveness（Instituto Mexicano para la Competitividad A.C., IMCO）：成立於 2004 年與世界銀行（World Bank），OECD 及 Inter American Development Bank, IADB，長年維持合作關係。

4. The Center of Research for Development（Centro de Investigacion Para el Desarrollo, Asociacion Civil, CIDAC）：研究重點是墨西哥與美國的關係。

5. Economic Research and Teaching Center（Centro de Investigacion y Docencia Economicas, CIDE）：研究公共政策，民主程度，經濟水平。

十六、蘇俄（Russia）：總共有 112 家；政府貪腐，小型及非能源公司貸款困難，投資基礎建設意願低。

1. Carnegie Moscow Center。

2. Institute of World Economy and International Relations。

3. Moscow State Institute of International Relations。

4. Center for Economic and Financial Research。

5. Institute for US and Canadian Studies。

6. Council on Foreign and Defense Policy。

7. Independent Institute for Social Policy。

十七、沙烏地阿拉伯（Saudi Arabia）：雖然是一個政教合一，君主立憲（1992 年的治國基本法，Basic Law of Saudi Arabia），王位世襲，沒有政黨，不辦選舉的國家；但是國王不是一意孤行的獨裁暴君，反而必須遵守憲法，服從古蘭經，尊敬沙國傳統習俗，聽取宗教領袖（ulema），王室成員，各行各業意見代表的共識；其運作過程比自翔民主的西方國家更顯「尊重法律重視道德」，「敬畏阿拉尊重人類」，更具「細膩」，是一個值得尊敬的國家。

十八、南非（South Africa）：治安敗壞，超過 1/4 的人口靠救濟金度日。

1. Idasa：Frederik Van Zyl Slabbert, and Alex Borain。

2. FW de Klerk Foundation。

3. South African Institute of International Affairs（SAIIA）。

4. South African Institute of Race Relations。

5. Centre for Development and Enterpris。

6. Helen Suzman Foundation。

7. Free Market Foundation。

8. sbp Business Environment Specialists。

9. Good Governance Africa。

10. Institute for Security Studies。

11. Africa Governance Monitoring and Advocacy Project, AfriMAP：成立於 2004 年，提倡並監督南非政府計畫，每年只有 50 萬美元預算。

12. Electoral Institute for Sustainable Democracy in Africa。

13. Mapungubwe Institute for Strategic reflection。

十九、土耳其（Turkey）：世界最世俗化的回教國家，地理位置居亞洲、歐洲及非洲要衝點，又有 4 大海環繞（黑海，Maramar 海，地中海及愛琴海），綜合國力占世界第 15 位。

1. 歐亞戰略研究中心（Center for Eurasian Strategic Studies, ASAM）。

2. 土耳其經濟政策研究協會（Economic Policy Research Foundation of Turkey, TEPAV）。

3. 政治經濟暨社會研究協會（Foundation for Political, Economical and Social Research, SETA）：設址伊斯坦堡，在美國華府另設分部，負責人 Ibrahim KALIN, Ahmet DAVUTOGLU。

4. 全球事務論壇（Global Affairs Forum, GIF）：設在伊斯坦堡，榮譽主席是 Rahmi KOC。

5. 國際戰略研究組織（International Strategic Research Organization,

USAK）。

6. 中東戰略研究中心（Middle East Strategic Research Center, ORSAM）。

7. 土耳其的亞洲戰略研究中心（Turkish –Asian Center for Strategic Studies, TASAM）：總部在伊斯坦堡。

8. 賢人策略研究中心（Wiseman Stratagem Research Center, Bilgesam）：成立於伊斯坦堡（Istanbul）。

二十、美國（United States of America）：總共有 1,815 家，居世界第 1 位；美國在第一次世界大戰期間，已經開始注意智庫的概念，第二次世界大戰接近尾聲，開始強力介入國際事務，從國際政治（主導聯合國在 1945 年成立）（重點是外交政策），國際經濟（倡議在 1947 年召開關稅總協定會議）（重點是高科技產品），國際軍事（北大西洋公約在 1952 年成立）（重點是駐軍各國）；逐漸成功地佈局完成全球獨霸局面（1989 年蘇俄瓦解），在這半個世紀的歷程，智庫發揮巨大效果；美國擁有的智庫數量，居全球之冠（有 1815 家），所囊括的人才最多（約 30,000 人），所投下的資金最龐大（永遠的謎），所產生的效益無法臆測。 美國的智庫較著名影響力大的有下列 27 家（依據英文字母排列）

1. 美國企業研究所：Claude Barfield。

2. 美國企業公共政策研究院（American Enterprise Institute for Public Policy Research, AEI）：成立於 1943 年，美國共和立黨附屬智庫，董事長兼執行長是 Christopher De Muth，右翼。

3. 美國傳統基金會（America Tradition Foundation, ATF），成立於 1973 年，組織最龐大，由傅爾納（Edwin J・Feulner, Jr.）擔綱

總裁，附設全球貿易與經濟中心，主任是米勒，親臺灣。

4.The Aspen Institute ：成立於 1950 年在美京 Washington D.C.：專研中東問題，總裁兼執行長（President &CEO）Walter Isaacson，e-mail：www.aspeninstitute.org.

5.布魯京斯研究院（Brookings Institution）：成立於 1916 年在美國首都華盛頓特區（Washington D.C.），年度預算 6,070 萬美元，親民主黨，對臺灣友好。

6.卡耐基國際和平基金會（Carnegie Endowment for International Peace）：於 1910 年成立於華盛頓，年度預算 2,200 萬美元。

7.卡托研究院（Cato Institute）：於 1974 年 12 月創辦於 KANSAS 州，現設址華府，屬於自由派；現任董事長是 Edward H。 Crane，每年預算是 2,360 萬美元，在全美國的智庫影響力排行榜列第 6 位，經濟政策列第 3 位，社會政策列第 2 位。

8.美國海軍分析中心（Center Navy Analysis ）。

9.戰 略 暨 國 際 研 究 中 心（Center for Strategic and International Studies, CSIS），於 1962 年 設在美國首都，所長兼執行長（CEO）John HAMRE 於 2000 年上任；負責人是 Bonnie Glaser，另設研究部，約翰 ・ 桑頓 中國中心，由李成（Cheng Li）擔綱主任，年度預算 2,900 萬美元，對臺灣友好。

10. 克萊蒙研究所（Claremont Institute ）：設於加州的 Claremont，Briant T. Kennedy 擔任主席，由一群右翼黷武主義分子宣導軍國思想。

11. 世界大型企業聯合會（Conference Board ）：由一群執行長成立

於 1916 年，現址紐約，對於世界經濟成長指數掌握精準，現任主席兼執行長是 Alan M. Dachs。

12. 外交關係協會（Council on Foreign Relations, CFR）：成立於 1921 年，位於紐約，由易明女士（Elizabeth C. Economy）負責，年度預算 3,830 萬美元。

13. 國際共和黨研究院（International Republican Institute）：隸屬共和黨。

14. 美國歷任卸職總統退休後在家鄉成立圖書、資料、研究中心：卡特（Jimmy Carter）在 Atlanta 成立 Carter Center；克林頓（Bill Clinton）在 Little Rock 成立 Clinton Presidential Library；Nixon Center for Peace and Freedom。

15. Pew Research Center：成立於美國賓州費城，現址美京華盛頓，Andrew KOHUT 是主席，Lee RAINIE 是經理；首創「事實庫」（fact tank）觀念。

16. 彼德森國際經濟研究所（Peterson Institute for International Economic）：於 1981 年成立於華盛頓。

17. 2049 計劃研究所（Project 2049 Institute）：由 Mark Stokes 負責，對中國暨臺灣均不友善。

18. 蘭德公司（Rand Corporation）：於 1948 年在加州 Santa Monica 成立，在 4 個國家（英國，比利時，卡達，阿布達比）設置分部，在全球 50 個國家聘請 1,700 位研究員，現任主席兼執行長是 Michael D.Rice，全年總預算 2.51 億美元。

19. Rakshak Foundation：加州 Santa Clara。

20. 散佈在各大學的研究所：史丹佛大學的胡佛研究所，由 Condolence Rice（小布希總統的外交部長）負責。

21. State of the Union：設址 Palm Desert, CA；由 Candy Crowley，Lieberman 負責。 對臺灣有偏見。

22. Strategic Forecasting Inc.：設址 Austin，Texas。

23. Washington Institute for Near East Policy：由 Patrick Clawson 負責。

24. Tellus Institute：於 1976 年在波斯頓創立，著重全球氣候，環保問題之研究，由 Paul Raskin 擔任主席。

25. 伍德羅 • 威爾遜國際學者中心（Woodrow Wilson International Center for Scholars）：成立於 1965 年，隸屬於美國史密斯松尼（Smithsonian Institution），隸屬於美國政府，預算來自國庫。

26. Mont Pelerin Society：朝聖山學社，於 1947 年 4 月 10 日在瑞士 Mont Pelerin 成立，由 Friedrich Hayek 領銜 36 位經濟學家（包括哲學家及歷史學家），專研經濟政策，每年 9 月開會，現任主席是 Kenneth Minogue。

27. 世界經濟與國際事務研究院：院長是諾達利 / 西莫尼亞（Nodari A. Simonia）。

二十一、香港（Hong Kong）：

1. 中央政策組。

2. 智經研究中心。

3. 香港調查研究中心。

4. 匯賢智庫。

5. Roundtable（圓桌論壇）（香港青年政策研究所）。

6. 三十會。

7. 青年區動。

8. 香港政策研究所。

9. 思匯政策研究中心。

10. 一國兩制研究中心。

11. 獅子山學會。

12. 新力量網路。

13. 新世紀論壇。

14. 新青年論壇。

15. 公共專業聯盟。

16. 智飛揚香港。

17. 香港工商專業聯會。

18. 香港黃金的 50 年（HKGolden50）。

19. 中華能源基金委員會：在香港立案的既非政府組織，亦非營利的民間智庫，研究公共外交政策，著重能源戰略與文化研究，由民營的中國華信能源控股有限公司董事長葉簡明擔綱主席，渠係石油巨商，常務副主席兼秘書長由香港特區政府民政事務局局長何志平擔任。

20. 城市智庫（Idea 4HK）：

21. 香港大學陶長宏教授的 http：//en.wikipedia.org/wiki BEST—Education--Network。

22. 群邑智庫（GROUP M Knowledge）：董事長余湘擔任。

二十二、伊朗（Iran）：西亞文明古國，文化高，尖端科技發達及物產富繞，是中東地區的強國。

1. 波斯語智庫（Andishkadeh）。

2. 人類科學研究院（Research Institute for Human Science）：設址在伊朗德黑蘭。

3. Polytechnic Think Tank。

4. Sharif Think Tank。

5. Andishkadeh Yaghin,CBSDA。

6. Atinegaar Think Tank。

7. Nano Health Think Tank。

8. ASEF Think Tank。

9. Seywan Institute。

二十三、朝鮮（北韓）（North Korea）：中央極權政府，國防武力強大。

韓鮮戰略研究所：隸屬北韓政府。

二十四、澳門（Macau）：

1. 澳門發展策略研究中心。

2. 澳門研究中心（澳門大學附屬研究機構）。

3. 澳門政策研究所（Macau Policy Research Instiute,MPRI）：成立於 1998 年 3 月。

二十五、瑞典（Sweden）：參加歐盟，但不參加歐元；人力素資高，國內交通發達，農工業發達，國民享受高水準生活。

1. 國際和平研究所（International Peace Research Institute）：於1960年在斯德哥爾摩成立，是歐洲第二個智庫。

2. Timbro：自由派導向。

3. agora：中間偏左導向。

4. Arbetarroerlsens Tankesmedia：社會民主導向。

5. Civitas：基督民主導向。

6. Cogito：綠色導向。

二十六、瑞士（Switzerland）：運用中立國的優勢，旅遊事業、精密工業及金融業都發達。

1. 日內瓦安全政策中心（Geneva Center for Security Policy）：由Shahram Chubin 負責。

2. 朝聖山學社（Mont Pelerin Society）：於1947年4月10日由Mont Pelerin 在瑞士成立；著重「經濟問題」研析，鼓吹「自由市場」，由著名經濟學家哈耶克 -- 弗里德里克（Friedrich Hayak），米爾頓 -- 佛利民（Milton Friedman），領銜36位經濟學家、歷史學家及哲學家，專研經濟政策，每年9月開會；現任主席是 Kenneth Minogue；鄒恆甫（中國人）領銜8位諾貝爾經濟獎得主負責研究工作。

3. 世界經濟論壇（World Economic Forum，WEF）：又名達沃斯論壇（Davos Forum），由 Klaus Schwab 於1971年在瑞士 Davos

創辦。

二十七、臺灣（Taiwan）：共有 57 個智庫，但是規模大小影響力強弱不等：以筆劃排列。

1. 十方民意與政策資訊股份有限公司 (All' public opinion and policy information Co., Ltd. 由黃志呈擔任總經理。

2. 中央研究院：創立於 1928 年 6 月 9 日，設址南京市，現址臺北市南港區，隸屬總統府，首任院長是蔡元培，現任院長是翁啟惠，涵蓋 24 個研究所，7 個研究中心；組織架構，人事、經費悉依公務機構運作，影響研究內涵，方向及結論。

3. 財團法人中華經濟研究院；於民國 1981 年 7 月 1 月成立，由梁啟源擔任董事長，吳中書擔任院長。

4. 中華戰略學會：於 1978 年 6 月由蔣緯國將軍創辦，陳錫蕃擔任理事長，謝臺喜擔任秘書長，乃國防事務智庫，設若干研究會；網羅廣義的國家安全專家。

5. 元大寶華綜合經濟研究院：梁國源擔任院長。

6. 兒少暨家庭研究中心：成立於 2012 年 5 月，歸類兒少智庫，著重社會福利議題，由國立臺灣大學與中國信託慈善基金會（辜仲諒）支持，臺大社會工作系馮燕教授擔任主任。

7. 高雄市立空中大學：域市智庫電子報，City Think Tank.

8. 行政法人國防智庫籌備處：由國防部於民國 99 年 3 月 5 日在臺北設立，整合國防大學及國防部相關單位的研究資源，主任由國防部軍政副部長兼任，學術副主任由國防大學校長兼任，行政副

主任由空軍常務次長兼任。

9. 財團法人國家政策研究中心：於 1989 年設立，由長榮集團資助 (張榮發)，田弘茂擔任理事長。

10. 財團法人國家政策研究基金會：隸屬中國國民黨，由連戰擔任董事長，執行長蔡政文。

11. 新臺灣國策智庫 (Taiwan Brain Trust)：成立於 2010 年 1 月，辜寬敏創辦，吳榮義擔任董事長。

12. 國立政治大學國際關係研究中心：成立於 1953 年 4 月 1 日，原隸屬國家安全局，自 1996 年 8 月 1 日改隸國立政治大學。

13. 財團法人新境界文教基金會 (New Frontier Foundation)：成立於 2011 年 2 月 23 日，隸屬民主進步黨，由蔡英文擔任董事長。

14. 經緯智庫公司 (MGR)：專為國際企業提供中高階主管人才仲介，由許書揚擔任總經理。

15. 財團法人凱達格蘭基金會：成立於 2004 年，以凱達格蘭學校方式，組訓幹部，由陳水扁，李鴻禧領導。

16. 財團法人臺北論壇基金會：由程建人於 1995 年創辦，由蘇起擔任董事長兼執行長。

17. 財團法人臺灣智庫基金會 (Taiwan Think Tank)：成立於 2001 年，林佳龍擔任董事長，鄭麗君擔任執行長。

18. 財團法人臺灣經濟研究院；於 1976 年 9 月 1 日由辜振甫創辦，現由辜濂松擔任董事長，洪德生擔任院長。

19. 臺灣新世紀基金會 (New Century Foundation): 於 1997 年創辦，由陳隆志擔任董事長。

20.社團法人臺灣新社會智庫：成立於 2008 年 7 月，由民主進步黨
　　的新潮流系蛻變，吳乃仁擔任理事長。

21.財團法人臺灣綜合研究院：於 1993 年在臺北市創辦，李登輝擔
　　任榮譽董事長，黃輝珍擔任董事長，吳再益擔任院長。

22.財團法人臺灣發展研究院：於 1992 年 12 月 8 日由張啟仲在臺
　　中市創辦，現由梅可望擔任董事長，程其偉擔任副院長。

　　盱衡今日世界局勢，美國是唯一超級強國 (unique superpower)(hyper
power)，全球獨霸 (hegemony)，美國在國際政治，國際經濟及國際文化，
不但領袖群倫，而且不斷推陳出新，創造新穎的理論，運用在國內，更
套在國際舞台；「智庫」的運作，需要動員大量人力物力，發表的研
究報告排山倒海，將美國的立國精神，國家利益暨核心價值公諸於世，
姑且不去評估這些文章的價值水準，是否鞭辟入裏，然而對美國與世界
的影響深遠，諸君何不思考，今日世界的美國風之形成，真是猗歟盛哉。

　　今天，美國已經在各行各業引領風騷，也要在知識領域的「智庫
界」領導世界，執世界之牛耳；2007 年，位於賓州 (Pennsylvania) 費
城 (Philadelphia) 的賓州大學智庫暨公民社會研究中心 (University of
Pennsylvania, Think Tank and Societies) 發表首份「全球智庫排行榜報
告」，依據美國式的評鑑機制：向全世界 793 位專家學者、150 記者、
55 位現任及卸任智庫負責人、120 位學術機構負責人及 40 位公私機構
捐款者、30 個國際組織暨 120 個學術組織，徵詢渠等意見；評鑑結果
區分四類，第一類：全球頂尖綜合能力排名，第二類：各地區頂尖排名，
第三類：研究領域分類頂尖排名，第四類：特殊成就頂尖排名；從此每
年慣例發布「排行榜」，並將報告寄送全球所有國家的領導群，重量級

智庫負責人，公立或私人捐款大戶，以及具影響力的專家學者，這些決策人 (decision- maker) 主宰大地浮沉。

　　問題在於這份排行榜，已經成為世界各國衡量智庫的重要「參考指標」；以智庫在世界的社會地位，美國說：這是美國的世界，美國創造新的制度，美國描繪出新的世界地圖，請問？這裏有你我嗎？我們是否有能力反駁其結論，或超越其成就，須知，這不只是學術競爭，更是綜合國力大競賽，易經：「取法乎上，僅得其中，取法乎中，僅得其下。」有待大家努力矣。

（本文刊載「財團法人臺灣發展研究院」成立二十週年慶紀念專刊，2012 年 12 月 7 日，頁 107～110，於臺中市。）

2.
國際文化教育交流政策的形成與實踐

目次

摘要

　　我們推行國際文化教育交流政策，應該掌握兩個方向：其一、向世界展示臺灣是一個文化國，其二、介紹別人的文化給自己同胞。在心理上，秉持兩個態度，第一、打破傲慢（pride）與偏見（prejudice），第二、尊敬別人的文化；蓋世界各地文化總有其特殊性與差異性，我們不但沐浴膏澤多采多姿的自我文化，也有機會接觸落葉繽紛的大千世界。

　　如今，地球村的來臨，國際間文化交流方興未艾，世人渴望和平繁榮的生活，高科技在大眾傳播暨交通領域發達，促進全球人類交流空前頻繁；全世界的國際組織，其宗旨：有政治性、有經濟性、也有文化教育性，各國的文化教育政策亦各具特色，聯合國國際教科文組織與世界近 2 千個非政府文教組織交流，臺灣也可以順勢與全球的非政府組織交流，可見廣闊天地大有作為。然而接觸的時機，總有推拒感覺，如何在與外來文化「偶遇」之際，興動心忍性之念頭，常在一念之間同化他人或被同化矣，須知，我們欣嘗享受他國文化，也應讓全世界看到如彩虹般燦爛的臺灣文化。

　　關鍵字：文化、文明、教育、認同、同質化、同化、美國英文。

To shape international educational or cultural exchange policy and its practices.

　Abstract

The "Global Village" era brings us a brilliant life. We appreciate advanced technology in the fields of communication and transportation. We enjoy the colorful varieties of this world and there are many ways to encourage people to admire and enjoy one another. Everybody has their own character and everywhere and every time has its own situations, the pride and bias of nations forming the different cultures.

In the past, people have always tried to influence others by force,but nowadays, mankind prefers to pursue influence by more peaceful methods. International organizations and individual countries endeavor to develop mutual understandings among themselves and the world's regions. To shape international policies through laws and regulations might be a special remedy. We learn from the UN-Charter, the EU-Law or the Arab League-Law that, in accordance with the ideas inherent in these organizations, hundreds of thousands of successful institutes or associations have been established and are doing well. For example; traditional heritage,euranet,intellectual property rights, environment protection, and human rights. Education can make us more clever, store our memories, and develop a higher moral sense.

Nevertheless, there are a lot of political ideologies, religions, races, ways of lives and also a lot of educational systems such as, the American schools and the British schools which are spread all over the world's capitals and metropolises, but the measures are different. The U.S.A. estimates the tuition fee with the cost of living, which for foreign students in higher education is the third highest budget under the service sector. According to statistics on education expenditures, Timor—Leste spends over 16.8% of its GDP on education; this is the highest proportion in the world.

Language has always been a very import element of culture, as seen, during the period of the Roman Empire when,Latin became the language of the civilized world,But by A.D. 476, the empire had collapsed, with the consequential decline in the influence of Latin, as a world language. Today Latin is still used but only for technical terms in the fields of law, philosophy, science and medicine.

Without a doubt, the hegemony of America, and American culture, is dominating the world. There are ca.1.8 billion people who are native English speakers and who use English for business, international communication, and high technology. There are also an estimated 570 million internet users and thus an overwhelming, majority of Anglicisms continuously appear. Furthermore, we can learn everything instantly and without borders, perhaps, the traditional educational methods are useful, no more and international educational and cultural exchange is in vain. The conflicts between Monoculturalism and Multiculturalism needs a great deal of work. The way from identity via convergence to assimilation costs time and has a high price. I doubt, whether it is catastrophe, or is it easy to control this world? In my very personal opinion, the world should not change to a monoculture, I prefer the present performance, which is like Sisyphus from Greek mythology. Sisyphus was a king who was compelled to roll an immense boulder up a hill, only to watch it roll back down, and to repeat this action forever.

Key words：culture, education, hegemony, convergence, identity , Anglicisms.

壹、前言──文化、文明暨教育的關係

　　人類為萬物之靈，有思維的動物，人類的智慧，改變了地球的面貌，這個世界變得千差萬別，各具特色的風貌，顯得多彩多姿，美麗的世界，應該任由我們人類共享；可是面對關山天險的阻隔或人為偏見的阻撓，我們無法自由馳騁天地，也無法海闊天空自由思維，然而戰爭的勝利或內心深處的澎湃，人類本能好奇心的憧憬或冒險精神的刺激；將活動天地放大了，思想桎梏解除了，透過教育得以獲得文化交流；本文嘗試探討人類的文化在國際間如何交流，據以創造新的文明。文化、文明及教育在歐洲語文擁有共同的根源【註1】。針對「文明」，「文化」及「教育」三個專有名詞的精準闡釋，可謂百家爭鳴，百花齊放；依據美國人類學家克魯伯（Alfred Louis KROEBER，1876～1960）與美國人克拉洪（Clyde KLUCKHOHN，1905～1960）在1952年的「文化：概念和定義的批評回顧」（A Critical Review of Concepts and Definitions）書中的統計，對於「文化」的定義多達200種，實際數字應在倍數之上；謹就三個主流理論扼要說明：古典中國式、古典德國式及當代阿拉伯式：

　　首先，古典中國式，「易經」曰；「人文化成」指出，「文」是一些花樣，大自然的五顏六色綴成千變萬幻的彩雲；人類之間的五倫，就是「人文」，因為從人與人之間的互動，必然有其「道」貫穿其間，例如：修身、齊家、治國、平 天下之道；都是來自「人文化成」，「文化」的精義得之。「小戴禮」曰「文明」，當我們的五官接觸大自然的千變

【註1】　文化（拉丁文：cultura 德文：Kultur 英文：culture）、文明（拉丁文：civis 德文：Zivilisation，英文：civilization）、教育（拉丁文：educare，德文：Erziehung，英文：education）。

萬幻景象而怦然心動，再就人類一切互動，應該發乎情止乎禮，存在內心深處的真情，會自然地形之外，人人見之明瞭，所以「情深文明」，「情不深就文不明」矣。

其次，就古典德國式，德國哲學家赫德「Johann Gottfried von HERDER，1744～1803」在「人類歷史哲學的概念」（Ideen zur Philosophie der Geschichte der Menschheit）書中，抨擊「沙文主義」（Chauvinism），強調文化的多樣性與獨特性，他舉土耳其的奧托曼帝國為例，土耳其蘇丹將自己的疆域看成是一個開滿鮮花的花園，人類亦然，所有民族或宗教都有其特色，生活在一個大家庭；因而提倡「多元文化主義，Cultural Pluralism, Multiculturalism」，強調文化的多采多姿與差異性，如今，隨著全球化的趨勢，一方面，各自文化有其獨特價值，另方面，有些文化也許與新潮流不合，透過國際文化交流，應該慎思明辨小心翼翼，不走「單元文化主義」（Monoculturalism），而是，借助尊重欣賞的觀念暨高科技的成就，創造各自的璀璨文化。關於「文化」與「文明」的名詞闡釋，中國學界將「文化與文明」偏向內在精神層次，西方學界則偏向外在物質層次，角度不同而已。德國哲學家康德（Immanuel KANT, 1724～1804）在 1784 年的「從世界公民的觀點論述世界通史的概念」（Idee zu einer allgemeinen Geschichte in weltbürgerlichen Absicht.），將文明與文化加以區隔；文明表現人類在思想，藝術與科學的成就，文化的範疇顯出你我的道德觀念，造就名譽與禮儀規範的德行及其行為舉止。

當代阿拉伯式的論點，主張人類在 1969 年 7 月 20 日「美國時間」為界，之前為地球文明，之後為太空文明；將文明的界限區隔，人類透

過高科技的突破，自我體認太空文明的價值觀。

　　本人的觀點，人類在網際網路（internet）科技的成就，為人類開創了「智慧文明」紀元；全球資訊網 在 1996 年完成佈局；資訊的流通，在一瞬間，不知不覺中排山倒海的壓力，沒有距離感覺只有眼前的震撼，一個猶豫不決就面臨措手不及；我們經歷資訊的發達，突破傳統的教育模式，變得更聰敏，「智慧文明」於焉誕生矣。人類在 2010 年元月開始將「網際網路」與「電腦」結合應用於太空探測。今天，使用「網際網路」人數呈幾何級數增長，進入千家萬戶，提供取之不盡用之不竭的智識寶庫，打破傳統教育的窠臼。

　　教育隱含了正向的價值取向；教育的宗旨：保障人類的努力成果永續發展且進步，激化社會的不斷變化並給予人類更多的選擇機會。所以「教育」是以合情合理的方式與內容引導人類發揮潛能，使其成為一個真、善、美兼備的人。「孟子」（盡心篇）曰「君子有三樂」，其一就是「得天下英才而教育之」，根據「說文解字」的闡釋，所謂「教」：乃是上所施，下所效也；「育」：養子使作善也。」 教育具備選擇、傳遞、推陳出新及創造文化的功能，教育的場所，從有形的家庭到學校的校園，散播在你我的社會，進而邁向無遠弗屆的國際場合，文化的交流，也許就在潛移默化或在心不甘情不願的壓力下彼此同化矣。

貳、國家政策的形成：

　　每個國家有其建國時既定國策，然而隨著時空兩變，國內外情勢，同步演變，而產生特定政策，基於貫徹國家的目的，政府必須適時向全

國宣布新的政策，再經由現代立法程序，完成立法，庶幾成為施政的依據；就民主法治機制，大凡有下列三種方式，將全國的意見從各個角度彙整而實踐之。

一、國家的領袖，在適當時機需要動人的政治口號（slogan），作為統治的依據；每個政黨有自己的理想，形諸政黨黨綱（manifesto），使用爐邊閒談（fireside chats）（美國羅斯福總統在 1933 年 3 月 12 日），對話（dialogue）、重大集會的演講（lecture）、或刻意安排的談話（speech）等方式表達試探新的想法，作為施政的風向球。例如：馬英九總統在 2012 年 5 月 20 日第二任總統就職文告，對兩岸政策提出「雙方不否認對方的主權（sovereignty），而只承認對方的治權（rule）。」

二、隨著主客觀條件的演變，國家的政策有其常數與變數，就全國的立場，有許多方式聽取民眾的心聲，例如：在立法院舉行朝野協商、委員會公聽會、公民投票及國是論壇。

三、智庫的功能：中國古代朝庭都有「策士」或「謀略之士」，為皇帝獻「策」，或謂「借箸代籌」；三國諸葛亮的「隆中策」，明朝劉伯溫的「時務十八策」都聲名遠播；如今，執政當局需要參考更多人，更公開及更豐富的資訊，作為運籌帷幄的依據；「智庫」應運而生，目前全球約有 5500 所，臺灣也有 50 多所，有的係政治導向，有的注重經濟議題，有的關心文化教育演變；冀將有些問題彰顯出來，加以分析求取答案，或對世界局勢有所助益。

參、與文化教育較密切的政策：

在整體國家政策的考量下，任何部會的政策無法單獨運作，勢必與其他部會協調，有時政策的運作強度會受到影響或牽制，有些部會的本位主義強勢引領其他部會，但也有弱勢單位只能支援配合其他部會；教育部或文化部的作為，是否恰如其分，影響國際文化教育政策的比例有多高，可以檢視的變數有八項，彼此之間的調和取捨，有待推敲。

一、文化政策：取法乎中國華夏傳統文化，揉和歷史，地理及異族統治的事實，輔以大眾傳播暨便捷交通與外界交流。達到推陳出新，青出於藍而勝於藍的臺灣文化；依據憲法第 158 條至 162 條，臺灣有企圖成為「文化國」（Kulturstaat，Kulturland），成功與否，應從教育制度切入，培養欣賞同時有能力開創文化的群眾，大幅度強化文化建設；既然有美國文化或星加坡文化，嶄新的「臺灣文化」也焉然誕生。

二、教育政策：在推動提升全民智識水準的前題，仍宜認直考慮人力資源調配，適宜擔任勞心或勞力的比例，畢竟人類生而平等；教育部在世界各國派遣文化參事（大使館文化參事處）或文化組長（代表處文化組），許多國家都尊稱為文化大使；民間方面，於 1997 年 2 月 4 日成立「財團法人歐洲文教交流基金會」，協助政府在海外擔任白手套，推動官署不方便或無力進行之工作。

三、人權政策：在第二次世界大戰之前，西方國家武斷地認定一個國家的文明與否，端視這個國家的立國精神（或國家宗教）是否為耶穌基督教國家為準，甚至決定有否資格參予國際大家庭（國際組織）；如今，人性尊嚴，成為新的（所謂的）「文明基準」，人權的概念，經過

數百年的爭論，大致可以區分古典人權（較重抽象理論）；例如：自由權、生命權、財產權暨平等權以及新興人權（法制化條列式）；例如：社會權（含：生存權、教育權、工作權、擁有住宅權）、環境權暨抵抗權；質言之，國際智慧財產權法，國際勞工福利法（面對人類自我）與國際環境保護法（面對大自然），已經是檢驗一個國家人權的標準，過關了，表示確認保護人類身心基本條件；設若有些國家基於國情而對人權有所誤會或偏差，例如：國家安全政策，隨著世界化的腳步，有些西方國家依恃國際政治優勢及高科技，假籍「人權」之名，將人權無限上綱，當作普世價值，導致當代落後國家，恐陷萬劫不復之地；臺灣處於人權迎拒之間，對於外國人來臺灣的居留，工作或留學並不公平，設若外國採取對等措施，寧非失去國際文化交流平等的立足點。

四、國防政策：憲法規範國防目的「保衛國家安全，維護世界和平」（第 137 條第 1 項）；國防的原則涵蓋 2 個重點：軍隊國家化（第 138 條與第 139 條），文武分治（第 140 條）；盱衡現在的局勢，我國採取防禦性的無敵國國防政策，依恃外國奧援及決戰境外的作法。

五、經貿政策：我國的經濟發展原則遵循孫中山先生的民生主義，實係溫和的社會主義；為了符合加入國際貿易組織的權利與義務，已經大幅度將臺灣的經濟體質蛻變為具有小比例社會主義的資本主義；國際智慧財產權法決定全球經貿的保障人類自由思想的界限；如今，與大陸的經貿關係，大陸已經是臺灣的第一大貿易夥伴，第一大出口地區，第二大進口來源，最高的順差地區。

六、兩岸政策：九二共識的迷思（myth, Mythos）（臺灣海峽兩岸的白手套，臺灣的海基會與中國的海協會於 1992 年 10 月在香港的口頭

協議，不成文默契，是模糊政策，也是政治智慧，對於雙方都蘊藏危機或轉機），國內外宣傳（propaganda）焉然成型，但從政策轉化為法規恐不易為之；1995 年 1 月 30 日江澤民提出的江八點，第 2 點：「中國對於臺灣與世界各國發展民間經濟與文化關係，不表異議。」；至於，國防政策與外交政策，任由臺灣自我體認；臺灣在世界各國的代表處，以「經濟文化」名義出現，較易為對方接受，為我們的國際文化交流政策大展鴻圖，造就臺灣在全球經濟與文化高度發展的盛名。

七、外交政策：主觀上，將美國與日本定位友好國家，但是德國的鐵血宰相俾斯麥（Otto Eduard Leopold von BISMARCK, 1815 ～ 1898）指出：「地緣政治，就是一個國家的外交政策，永遠受到這個國家地理位置的牽制。」 我們的憲法第 141 條規定的外交政策有平等互惠，保護僑民及主持國際正義三個原則；民國 37 年 11 月 9 日立法院第 2 會期第 18 次會議通過，訂出條約的具體標準，適用於官方及非官方協定；甚至，非官方協定之效力應該等同國際協定，但必須有中文本，並且得使用西元（公元）年號，而捨中華民國年號。

八、環保政策：傳統的「人定勝天」，如今遭到大地的反撲，「氣候變遷」已然全球關注的議題，由美國政府在 1910 年創辦的 The Smithsonian Institute 擁有 19 個各類博物館，美術館及國家動物公園，分布在美京華盛頓，紐約等大都會；長期推動社會教育，於 2011 年 11 月專注環保教育，運用網際網路號召全世界的老師與學生，負起世界公民的良心責任，如今已經超過 400 萬人共襄盛舉，就森林濫伐，雨林猩猩，永續村落及巨蛋屋四大燃眉問題切入，這就是國際社會教育交流。

肆、教育政策的法制化：

一、國內法的制定：

（一）憲法：

1. 幾乎每個國家的憲法都對教育文化有所著墨；我國的規定，教育文化應發展國民之民族精神，自治精神，國民道德，健全體格，科學及生活智能；美國憲法不規範教育事務；德國的基本法規範教育事項隸屬 16 個邦的權限，但是邦與邦間用聯席會議方式協調合作事宜。法國第五共和憲法第 34 條，教育事項之原則由教育法規訂之；瑞士聯邦憲法第 27 條規定：學生在公立學校接受義務教育免繳學雜費；瑞士聯邦憲法修正案第 8 條，畫家及雕刻家之藝術創作免納稅。阿曼王國（Sultanate of Oman）沒有憲法，國王自兼全國唯一國立大學校長，教育部長兼副校長，校務則由學校主任秘書擔綱。

2. 一般憲法：事涉眾人利益，難有共識，種族、宗教、派系、意識型態、傳統勢力、地域勢力、軍事壓力、野心家意志力，而獲得妥協的結果，甚至針對性（芬蘭憲法事事對抗蘇俄）。當今，世界上大多數國家受到法國人孟德斯鳩男爵（Baron de Montesquieu, 1689 ～ 1755）的三權分立學說影響，在中央政府的組織架構，大都設置行政、立法、司法三大部門。但是這三個部門的運作，自始就不是等邊三角形，隨著各國的實務運作，其差異性何止千萬面貌。

（二）政治制度：浮在檯面上的政治制度有下列六種：

1. 內閣制（Cabinet System）：又名責任內閣制或議會制；國家政黨的優勢決定一切，經由選舉的機制，獲得國會較多席次的政黨，該黨的黨魁（黨主席）不但成為國會領袖（議長），也有機會出任內閣閣揆，而組織行政團隊，被選上國會議員的同黨黨員，也成為閣員，政黨的黨綱與國會的議案及行政的決策合而為一。日本、英國及加拿大為代表性國家。

2. 總統制（Presidential System）：依據美國的 1789 年憲法，總統掌行政權，掌握龐大行政實權，國會（參議院與眾議院）掌立法權，聯邦最高法院及其地方法院掌司法權。大韓民國、美國及巴西為代表性國家。

3. 左右共治（Cohabitation of left-and-right parties）：以法國為例，戴高樂（Charles Andre Joseph Marie DEGAULLE, 1890 ～ 1970）在 1958 年的第五共和憲法，設計「二元化」的行政體制，總統與總理均掌行政權，但總統權力遠大於總理權。

4. 委員制（Council System）：聯邦議會（The Federal Assembly），又名國會，由國民院與國家院組成；再由聯邦議會組成聯邦委員會（The Federal Council），又名聯邦行政委員會（The Federal Executive Council）；委員會設行政體系的各部會，例如教育部，行政權與立法權合而為一；實行之國家有瑞士、阿富汗及烏拉圭。

5. 五院制：中華民國在臺灣地區實施的五權分立之政府制度，乃行

政、立法、司法、考試及監察五權分立之五院制。

6. 基本法：西德的基本法（Grundgesetz, GG），於 1949 年 5 月 23
日通過，乃西德的過渡時期法律，相當於憲法位階，依據該法第
146 條，俟德國統一後，應舉行全民公投，以便確認該基本法蛻
變為憲法，然而自 1990 年 10 月 3 日迄今將近 22 年，德國依然
使用基本法，無人挑戰其合憲性。

（三）臺灣的重要文教法規：

1. 中華民國憲法基本國策章的教育文化節：教育基本法、大學法、
私立學校法、教師法、 師資培育法、臺灣地區與大陸地區人民
關係條例。私立高級中等以下外國僑民學校及附設幼稚園設立及
管理辦法，目前在臺灣有 19 所外國僑民學校，分佈在臺北、新
竹，臺中及高雄四個城市。

2. 文化資產保存法，文化藝術獎助條例，文化創意產業發展法，國
家文化藝術基金會設置條例 ，國際文化獎章頒發辦法 .

3. 臺灣依據印尼教育部（中小教育司長兼印尼外國教學管理暨協助
同化執行小組）對於國際學校的規定：只准許非印尼國籍或在印
尼短期居留的外國人就讀，只准印尼籍教師擔任印尼文及地理課
程；在印尼設立兩個學校。

（四）國際法（International Law）：

1. 國際公法（Public International Law）：古代國際政治將歐洲以耶
穌基督為立國根本，才是國際公法上權利暨義務的主體；國際公

法體系涉及國際私法體系，使用抽象的冠冕堂皇的華麗辭藻，例如：國運昌隆邦誼永固或永敦和好歷久不渝（perpetual peace and amity），質言之，無法量化，只能藉抽象或概括式文字表達的法律學。

（1）多邊條約：國際組織型態；國家主權的平等權——聯合國（United Nations, UN）。國家主權的削角不平等權——歐洲聯盟（European Union, EU）。國家主權的比例不平等權——世界重建暨發展銀行（International Bank for Reconstruction and Development, IBRD），亞洲發展銀行（Asian Development Bank, ADB），（董事會的席次及表決權取決於投資股份暨會費比重）。亞太會議（Asia --Pacific Economic Cooperation, APEC），（特色：a. 沒有國際條約的約束力，b. 具備國際共識，但執行與否，視各國自願做法，c. 著重協商，承 諾權決定於各國領袖）。臺灣於 2002 年 1 月 1 日以中華臺北名義，參加世界貿易組織 體系下的多邊條約，「與貿易有關的知識產權協定」（Agreement on Trade-Related Aspects of Intellectual Property Rights, TRIPS）。

（2）雙邊條約：建交公報兼友好條約「中國沙地阿拉伯友好條約」（TREATY OF AMITY BETWEEN THE REPUBLIC OF CHINAAND THE KINGDO M OF SAUDI ARABIA）於 1946 年 11 月 15 日在沙國吉達（Jeddah）簽字；文化專約「中華民國與沙烏地阿拉伯王國間文化協 定」（CULTURAL A GREEMENT BETWEEN THE KINGDOM OF SAUDI

ARABIA AND THE REPUBLIC OF CHINA）於 1975 年 5 月
10 日在臺灣臺北簽訂【註2】。

（3）沒有外交關係國家間的運作模式：美國國會通過的「臺灣關
係法」（Taiwan Relations Act, TRA）於 1979 年 1 月 1 日生
效，乃美國國內法介入國際事務，世界上第一部涉及邦交的
法案，（第 2 條規範美國與臺灣之間維持與促進商務與文化
的關係）【註3】。

（4）歐洲聯盟（European Union, EU）：歐洲 6 個國家於 1958 年
1 月 1 日根據羅馬條約（Treaty of Rome），成立歐洲共同市
場（European Common Market）；於 1993 年 11 月 1 日依據
馬斯垂克條約（Maastricht Treaty），擴大為歐洲共同體；
於 2009 年 12 月 1 日依據里斯本條約（Treaty of Lisbon），
納入基本權利條款，再度易名為歐洲聯盟，現有 27 個會員
國。在歐盟的架構下，會員國必須放棄部份國家主權，行
政權的歐洲委員會（European Commission）與歐洲理事會
（European Council）（入出境，居停留及工作權），立法
權的歐洲議會（設置人權觀察委員會，檢視會員國的人權狀
況），司法權的歐洲法院（歐盟法規的解釋與適用）。歐洲
聯盟是重視對外經濟與貿易，安全與外交統一政策的國際組
織，但對歐洲的文化教育政策意見分歧。

【註2】教育部的傑出官員，卓英豪先生努力推動本案的成就，值得嘉許。

【註3】本人曾建議有關當局，設法推動其他無邦交國家亦制定類似法案，以鞏固邦誼，但
未成功。

2. **國際私法**（Private International Law）：唐代的唐律（貞觀律，永徽律）之後加上律疏」，即係「唐律疏議，名例篇」的第 6 卷第 4 條之強 迫同化的大衣政策（Mantelpolitik），標榜強迫外國人（國籍）同化在中華文化唯我獨尊的大一統帝國疆域之下，乃大陸政策的屬人主義為主輔 以屬地主義。明代的「大明律附例，名例律」大明令及御製大誥，之後的問刑條例及大明會典就顯示面對海闊天空的開放胸襟，乃海洋政策的屬地主義。元代的「大元通制」和「元典章」暨清代的「大清律集解附 例」都以少數民族入主中原，採行「屬人主義」的法制。使用具體的平鋪直述的清晰語言，例如：加強促進及鼓勵兩國在教育，文化及科學之合作。質言之，可以量化條列式的法律學。

3. **超國家法律**（Supranational Law）：源於「超國家組織論」（Theory of Supranational Organizations），由美國人 Peter Hay 在 1966 年出版的「Federalism and Supranational Organizations；Patterns for New Legal Structures」提出。

（1）美國式：美國邦聯暨萬年同盟條款（The Articles of Confederation and Perpetual Union, 1781 ～ 1789）， 蛻變為：美國聯邦憲法（The Constitution of The United States, 1787 ～）；其運作模式，對內似已有了心得，對外則不斷發展中；教育政策在 1965 年的「中小學教育法」（Elementary and Secondary Act），各州為了向聯邦政府申請補助，不得不將原屬地方權限的教育權拱手中央的教育部。

（2）歐洲式：超國界歐洲聯盟法（European Union Supranational

Law），其理論體系暨運作模式仍繼續在思索實驗蛻變中。
依據馬斯垂克條約（Maastricht Treaty, 1993 年 11 月 1 日正
式生效），歐洲委員會有權干預指導各會員國在教育政策，
培訓初中級職業技士及衛生措施等領域。

4. **超國界法律**（Transnational Law）：這個法律概念源起於美國耶
魯大學傑塞普（Philip C. JESSUP）法學教授於 1956 年在「跨國
法」（Transnational Law）專書，首先提出；之後，同校 Henry J.
STEINER，Detlev F. VAGTS 及郭洪柱（Harold Hongju KOH，韓
裔美國籍）等 3 位法學教授於 1994 年合著「Transnational Legal
Problems, Materials and Text」書，繼續提倡「超國界法律」概念【註
4】。

5. **萬國公法**：原名「萬國律例」，國際法原理（Elements of
International Law），作者是美國人惠頓（Henry Wheaton 1785 ～
1848），於 1836 年出版，1864 年（清同治 3 年），將譯文正式
刊行，當時恭親王眾臣給清帝的奏摺指出：經查該「外國律例」
一書，衡以中國制度，原不盡合，但其中亦間有可採之處」。

伍、政策的具體運作模式：

一、不同黨派間的差異：民主政治的潮流，政黨（Political Party）

【註 4】陳長文律師在 10 年後，於 2004 年 9 月引進臺灣，其定義：單純內國案件以外的法律，
包括國際公法（條約、習慣法、法律原則等），國際私法，比較法（融和法，例如：歐盟法），
憲法、經濟法規、政治理論與法理學等；研究超國界法律的範疇，包括超國界的行政法律問
題，尤以超國界的教育，科學暨文化法規特別重要；似乎與中華法系的四個特質有些契合，
例如：以德禮為主刑政為輔，刑事與民事相互依附，實體法與程序法不分，公法包含私法。

是象徵現代民主國家的政治組織，黨有黨綱黨章，黨派間的意見必有差異，合縱連橫間的斡旋，會長期或短期影響國策方針。

二、不同領袖間的差異：隨著不同領袖對文化教育的修養敏感度，表現在推動政策有別。例如：李登輝總統在任內定期假總統府舉辦小型音樂會；苗栗縣劉政鴻縣長為推動觀光而每年舉辦大型國際藝文活動，全面帶動藝文水準。

三、外國商業集團的介入：日本松下（Sony）公司，英國太古集團有限公司（Taikoo；John Swire &Sons Ltd.）提供獎學金；美國飲食業常在大賣場舉辦美國食品節促銷活動。

四、視友好關係的運作模式：教育部頒發臺灣獎學金，優先給予有邦交的國家（例如：布吉納法索、甘比亞共和國、史瓦濟蘭王國），其次無邦交但友好的國家（例如：德國、美國、日本），最後才象徵性給無邦交又不友好的國家（例如：巴基斯坦）；至於中國，亦敵亦友，從承認學歷、入學名額、獎學金、工讀機會、就業機會、居停留期限等措施設限。

五、國際知名演藝團體或體育明星的號召：例如：美國的 Michael Jackson，德國的柏林愛樂交響樂團，臺灣的歌星張惠妹，運動明星林書豪。

六、凝聚愛國情操的向心力：許多國家將體育水準，視為強身建國的象徵，因此，從奧運成績到各種單項運動比賽，莫不全力以赴，展現陽剛的霸氣；另方面，在音樂的交響樂團，芭蕾舞等項目造詣出色；休閒的服裝設計或餐飲美饌，引人入勝，各方面都會讓人產生驕傲，萌見賢思齊，而生與有榮焉情結。

七、**學術霸權**（the hegemony of academic）：美國學術界強勢主導，透過高等教育機構，一般研究機構，智庫及工業界的推波助瀾，企圖影響全球學術高點；同時，世界各國稍微具規模的國際學術會議，都會看到美國人的身影，而且主動積極發聲，表達美國國家利益立場。

陸、世界三個主要區域的文化支柱：

一、**中華文化**：（一）諸子百家思想；（二）兩漢經學；（三）魏晉玄學；（四）宋明理學；（五）明清實學；（六）道教文化；（七）佛教文化；（八）56個民族特性。

二、**歐洲文化**：（一）古希臘文化；（二）古羅馬文化；（三）耶穌基督教文化；（四）各國本土文化；（五）石頭文化。

三、**東南亞文化**：（一）華人通俗文化；（二）宗教文化（佛教、回教、印度教）；（三）殖民國留下的文化；（四）當地民族特性；（五）稻米文化。

柒、世界三個主要區域的文化表徵：

一、**中華文化**：（一）中醫與中藥；（二）繪畫；（三）書法與篆刻；（四）工藝美術；（五）音樂；（六）京劇；（七）名勝景觀；（八）語言文字；（九）飲食；（十）茶與酒。

二、**歐洲文化**：（一）電影電視廣播；（二）博物館；（三）節日；（四）美術；（五）音樂；（六）戲劇；（七）建築；（八）文學；（九）造型藝術；（十）時代精神（Zeitgeist）。

三、**東南亞文化**：（一）和而不同的華人文化；（二）竹與木的音

樂；（三）作料豐富的飲食；（四）防禦洪水猛獸的高腳屋；（五）優
雅的手指舞蹈；（六）偶然浮現不同宗教間的容忍與矛盾；（七）保
留原殖民國的政法制度；（八）人民較樂天知命。

捌、影響巨大的語文政策（語文霸權）：

語文是文化重要內涵，而且是重要的載具；

一、天主教舊約聖經創世紀篇（Genesis）的巴別塔（Tower of
Babel）記載，「人類妄想與上帝比高，上帝怒將人類的單一語言變化
為許多語言，彼此無法溝通」；羅馬帝國展現強盛的國力，將拉丁文定
為統治地區的國際語文，隨著西羅馬帝國於第 5 世紀（476 年）瓦解而
沒落，但是仍然以菁英的語文繼續在學術界（法律學、哲學、醫學、
生物學及神學）與宗教界廣泛使用。法國在 1960 年，受到所謂的普羅
大眾社會影響，實用性與各地方言的衝擊，而廢止在學校或教會使用
拉丁文，從此拉丁文成為古文矣。波蘭眼科醫生 Lazark Ludwik ZAME
NHOF 於 1887 年研發世界語（Esperanto），隸屬人工語文，但是經過
125 年的努力，因為需要使用大量詞彙，語言無法承載文化內涵，在世
界語文舞台欲振乏力。

二、中華民國立國後為了凝聚愛國心而有了「國語」，中華人民共
和國為了凝聚共識，在 1955 年的『全國文字改革會議』改為「普通話」，
1982 年納入憲法，並向世界標準組織申請編號為 ISO 7089 號；如今，
臺灣使用注音符號（注音拼音）ㄅ、ㄆ、ㄇ、ㄈ及其改良式，中國採用
漢語拚音，各顯神通各擅勝場。

　　三、納入憲法的語文政策：歐洲瑞士的憲法明訂德文、法文、義大利文及羅曼什文（Romansh）是法定語文。比利時的官方語文有Flemish腔的荷蘭語，Walloon腔的法語及德語3種；亞洲新加坡的憲法明訂馬來語為國語，英語為第一語言，華語為通俗語言及坦米爾語（Tamil），都是官方語言，但是英文及簡體漢字是官方文字。以色列將希伯來文，阿拉伯文及英文具列為官方語文；加拿大官方語文有英語與法語。

　　四、推行中華語文的具體作法：在臺灣稱華語文，在中國稱漢語文。

（一）臺灣在國內的做法：

1. 官方：馬英九總統提倡「漢語拼音」，「識正書簡」；主要負責中央部會有：教育部，僑務委員會及行政院文化部。
2. 民間：華語學習補習班，書院，國語日報。

（二）臺灣在國外的做法：

1. 華僑子弟學校散佈全球，另有佛教寺廟附設的中文班，華僑碩彥的私塾家教班；中文報紙雜誌，圖書館美術館等文化中心。
2. 臺商子弟學校：在泰國曼谷（Bangkok），馬來西亞吉隆坡及檳城（Kuala Lumpur &Pinang）；印尼雅加達及泗水（Jakarta&Surabaya）；越南胡志明市（Hanoi, Ho Chi Ming City），設立六所臺商子弟學校；這些學校都已改制為國際學校，准予招收當地各國學生。
3. 臺灣在世界各國大學支援中文系，漢文系，華文系或東亞語系中文組的師資，實驗室及圖書設備。

4.臺灣自 2005 年實施 「華語文能力測驗，TOCFL」，通過檢定測驗，可以抵免外國學生「臺灣獎學金」或華裔學生來台升學的「海外聯合招生」語文考試。

（三）中國在國外的做法：

中國在世界各主要城市廣設孔子學院；中國教育部自 2005 年開始在全世界設立孔子學院，採取與各大學，中學或語文機構合作的方式，推廣中國文化暨中國語文；由中國提供免費中文教師、 教科書、教學設備（電腦，影印機等）。依據中國跨部會「國家對外漢語教學領導小組辦公室」（國家漢辦），中國國務委員兼孔子學院總部理事會主席劉延東女士在 2011 年 12 月在北京召開第 6 屆孔子學院大會的報告【註5】。

（四）培訓中文師資：

1.臺灣的做法：國立臺灣師範大學及其他 22 所大學的華語文師資培育中心。

2.中國的做法：暨南大學（廣州），華僑大學（漳州，廈門）。

（五）設立外國學校的作法：

（一）美國：於 1919 年在埃及開羅設立美國大學（American

【註5】目前，全球大約有 100 個國家超過 350 所大學院校設立孔子學院；在美國，第 1 所的合作大學是 2004 年的馬里蘭大學，其他的著名大學有芝加哥大學、哥倫 比亞大學、史丹福大學，總共已有 24 所大學設立孔子學院，70 所中學開設中文課；所有的漢語教師以志願身分，同時採取留職留薪併計年資外派，以今（2012）年派往泰國為例，泰方提供每人每月 300 美元的生活津貼，住宿及醫療 保險；「國家漢辦」另外再加碼補貼每人每月 500 美元生活津貼，單次安家費 1000 美元及往還機票，健康意外及傷害險，其他相關雜費。

University in Cairo, AUC），在黎巴嫩貝魯特設立美國大學（American University in Beirut, AUB），在巴拿馬的巴拿馬運河特區設立美國軍校（The U.S. military schools in Panama），在全世界重要國家的首都及商業重鎮設立私立美國學校，臺北市與高雄市都有設校【註6】；在全國各大學設中文系，1941 年 11 月的戰爭部（War Department）設立軍事情報語文學校（Military Intelligence Service Language School），第二次世界大戰結束後，國防部（Department of Defence, DoD）設立國防語文學院暨外語中心（Defence Language Institute &Foreign Language Center, DLIFLC），1991 年 12 月國會通過國家教育安全法案（National Security Education Act），隨著美國的國防政策變化，視同影響「國家安全與情報的戰略語文」或有調整，當今以中文及阿拉伯文為主，次及阿富汗方言（Dari），巴基斯坦官方語言（Urdu），北印度官方語言（Hindi）。

（二）英國：在全世界重要國家的首都及商業重鎮設立私立英國國際學校（The British International School）【註7】。英國貿易文化辦事處（British Trade and Cultural Office），屬於英國官方機構，政府負責主要經費預算，於 1934 年在英國倫敦成立英國文化協會（The British Council），現在全世界 105 個國家設置分會，1966 年在臺灣臺北成立

【註6】以科威特美國國際學校為例（The American International School of Kuwait，AIS），是一所私立男女生合校，採取美國課程，招收幼稚園學前兒童（pre--K）到高中畢業 12 年級（K-12）的學生，校長暨教員皆擁有美國教師執照及相關碩士學位，該校在科威特教育部與美國中部各州協會註冊，並具備「提供國際級攻讀學士學位課程組織」的會員資格。

【註7】以土耳其伊斯坦堡英國學校為例，採用英國式的教育制度，招收 2.5 —16 歲的男女生合校，由英國人擔任校長暨教員。

分會，又名：教育文化組（Education and Cultural Section）。

（三）德國：在全世界重要國家的首都及商業重鎮設立公立德國學校或歌德學院（Goethe Institut, Goethe Institute），成立於 1925 年，1951 年採用此名字，1976 年與德國的財政部暨外交部簽訂框架協議書，由財政部支付經費；2001 年兼併功能雷同的 Inter Nationes；總部設於慕尼黑（Munich），目前在德國國內有 13 個分部，全世界 92 個國家設 140 分部，教職員 3300 人，年度預算達 2 億 7800 萬歐元，負責德國語文程度鑑定測驗（Deutsch als Fremdsprache, DaF）；參予歐盟的語文政策（Common European Framework of Reference for Language, CEFRL）；推動德國文化政策「Kulturpolitik」。德國學術交流協會（Deutscher Akademischer Austausch Dienst, German Academic Exchange Service, DAAD）；於 1925 年成立於波昂市（Bonn），宗旨是擔綱德國與世界各國大專院校之間各種形式交流，包含：教授、學生、學術刊物、學術研討會及研究設備。

（四）日本：在全世界設置公立日本學校。大使館在每年暑假舉辦當地國日文教學示範研討會，對象是教日文的老師，不分日本人或外國人，目的是統一教學法。日本文部省授權教授並考試認證的青山日本語學校（Aoyama School of Japanese）。

（五）法國：法國教育部於 1998 年在巴黎設立法國教育中心（Campus France）總部，在全球有 90 個代表處，2001 年在臺北設分處；我國教育部於 2008 年與法國在台協會簽署「法台語言助教交換計畫」。

（六）西班牙：西班牙教育部授權聖塞萬提斯學院（Saint Instituto Cervantes）擔任在臺灣語言能力測驗（Diplomas de Espanol como

Lengua Extranjer, D.E.L.E.）的機構。

（七）土耳其：高雄市成立土耳其的「高雄市私立優佳雙語國民中學」（KIVA M International Bilingual School, KIBS）。由「土耳其太平洋經濟文化關係基金會」在臺灣設立的土耳其國際學校，在全世界有130多所姐妹校，校長暨教員都擁有教師證書暨相關碩士或博士學位，採用國語與英語雙語教學模式，尤其數學、自然科學與電腦不但以英文授課，採納奧林匹亞競賽高標準上課，也招收臺灣學生。

（八）阿拉伯國家：北非的埃及，摩洛哥及突尼西亞；西亞的約旦及阿拉伯半島的葉門都有高水準的阿拉伯語文學校【註8】。

玖、重視教育科學文化的三個國際組織：

一、聯合國（United Nations）：於1945年10月24日在美國舊金山市成立，目前總部設在紐約市，現有193個國家會員。

（一）聯合國教育，科學及文化組織（United Nations Educational, Scientific and Cultural Organization, UNESCO），於1946年11月16日在法國巴黎成立，該組織與588個非政府組織（NGOs）密切合作，並與1200個非政府組織不定期合作；設若臺灣有心與這些非政府組織建立合作關係，機會無限大。

（二）世界遺產（World Heritage）：聯合國教科文組織於1997年制定「人類口頭和非物質文化遺產代表作評選

【註8】本人促成政治大學阿語系學生，利用暑假在突尼西亞的突尼斯大學，進修阿拉伯語文。

法」「保護非物質文化遺產國際公約」於 2013 年 10
月 17 日通過；1972 年 11 月 16 日在法國巴黎通過。中
國有 31 項 列入世界文化遺產，臺灣至今沒有一項遺產
被納入受保護的名單，中國有人建議，以「閩南、粵
東暨臺灣三地共同民俗文化」聯合申報「非物質文 化
遺產」。

二、阿拉伯國家聯盟（Arab League）：成立於 1945 年 3 月 22 日，
總部設於埃及開羅（Cairo），現有 22 個會員國。阿拉伯國
際文化、教育及科學組織（Arab League Educational，Cultural
and Scientific Organization, ALECSO）：依據阿拉伯統一文化
憲章第 3 條，成立於 1970 年 7 月 25 日，總部設於突尼西亞
突尼斯（Tunis）；涵蓋五個相關單位：

（一）阿拉伯化的翻譯、作家暨出版中心（Arab Centre for
Arabization Translation, Authorship and Publication, A
C ATAP），1989 年成立於敘利亞 大馬士革 Dama-
scus）。

（二）阿拉伯化的協調局（Arabization Coordination Bureau, A
C B ）：1970 年成立於開羅（Cairo）；推動非阿拉伯
地區說阿拉伯 話，納入（incorporate）阿拉伯文化暨認
同（identity）阿拉伯。

（三）阿拉伯手稿研究所（Institute of Arab Manuscripts, IAM ）：
1964 年成立於科威特（Kuwait）。

（四）阿拉伯研究暨研習研究所（Institute of Arab Research and

Studies, I A RS）：1970 年在埃及開羅（Cairo）。

（五）阿拉伯語文國際研究所（International Institute for the Arab Language）：分布在每個阿拉伯語系國家。

三、**歐洲聯盟法**（European Union Law, EU）：最初於 1957 年 3 月 25 日在義大利羅馬根據「羅馬條約」成立「歐洲共同市場」（European Common Market）；之後在 1967 年擴充為「歐洲經濟共同體」（European Economic Community, EEC）；今天則自 1993 年第 2 次擴大而依據馬斯垂克條約（Maastricht Treaty）而名為「歐洲聯盟」現有 27 個國家。涵蓋 16 個相關單位：

（一）教育、文化、多元語文暨青年事務的歐洲聯盟委員會（EuropeanCommissioner for Education, Culture Multilingualism and Youth）。

（二）教育與文化總長（Directorate—General for Education and Culture）。

（三）歐洲聯盟委員會（European Commission）。

（四）文化暨教育理事會（Commit ee on Culture and Education）。

（五）歐洲視聽與文化執行署（European Audiovisual and Culture Executive Agency）。

（六）歐洲聯盟青年交響樂團（European Union Youth Orchestra）。

（七）歐洲文化路線研究所（European Institute of Cultural

Routes）。

（八）歐洲廣播電台網際網路（European Radio Network, Euranet）。

（九）歐洲神學暨宗教研究（Europe Nostra）。

（十）歐洲網路資訊中心（European Network of Information Centre）。

（十一）歐洲視聽瞭望（European Audiovisual Observatory）。

（十二）歐洲影片促進會（European Film Promotion）。

（十三）歐洲電影（Europe Cinemas）。

（十四）歐洲影劇聯盟（Union of the Theatres of Europe）。

（十五）歐洲聯盟國立文化研究所（European Union National Institutes for Culture）。

（十六）歐洲藝術同盟研究所（European League of Institutes of the Arts）。

拾、歐洲聯盟的統合教育政策：

原則上，歐盟對外沒有統一的教育政策，會員國的教育政策各自為政，1999 年 6 月 19 日歐洲 29 個國家（歐盟的 27 個會員國＋ 2 個非會員國）的高等教育部部長在義大利波隆那（Bologna）開會，會後「進程宣言」（The Bologna Process），決議每 2 年聚會檢討成果，2009 年在比利時天主教魯汶大學（Catholic University of Louvain）開會時，參加國已增達 47 個，將 1987 年的 Erasmus 計畫（ECTS），擴充為

「歐洲共同體動員大學生行動方案」（The European Community Action Scheme for the Mobility of University Students, ERASMUS）。歐洲委員會於 2004 年構思推動的兩個龐大計畫，向歐洲議會暨歐洲理事會提出，現正逐步實施中：

一、**歐盟教育整合計畫**（Erasmus World, Erasmus Mundus），各國高等教育界在最大的容忍度與最寬鬆的可比較範疇內，彼此合作；計畫的第 1 期自 2004 ～ 2008 年，第 2 期自 2009--2013 年。然而，涉及各國文化背景差異性，經濟條件差距，學術水準參差不齊，成效有限。

二、**歐洲研究委員會**（The European Research Council, ERC）：這是一個有眼光龐大的計畫案，歐洲理事會（European Commission ）依據 歐洲委員會（European Council）的建議，在 2005 年 4 月提出，草擬歐洲卓越基礎研究計畫，經過近 2 年的籌備，旋於 2007 年 2 月 2 日在比利時布魯塞爾成立，提供 2007 ～ 2013（6 年）的預算高達 75 億歐元，及 2014 ～ 2020（7 年）新眼界計畫預算 130 億歐元，開放給全球頂尖專家學者在任何領域提出研究計畫，為人類文明共襄盛舉。

拾壹、推動國際文化教育的三個國際大學：

一、**聯合國大學**（United Nations University, UNU）：由聯合國於 1973 年 12 月 3 日在日本東京設立，校長由聯合國秘書長與聯合國教科文組織秘書長共同任命。

二、**阿拉伯海灣大學**（Arabian Gulf University, AGU）：由阿拉伯半島的海灣合作組織（Gulf Cooperation Council）於 1979 年在第 4 次會

員大會的決議，並由巴林王國（State of Bahrain）的國王（Amiri）第 11
號政令（decree）在首 都 Manama 設立。

三、科英布拉集團（Coimbra Group, CG）：由葡萄牙 Coimbra 大學
在 1985 年發起組合歐洲 38 個大學構成的大學間網際網路。

拾貳、教育消費也是經濟指標：

德國將學生的消費視為安靜的消費群；法國將教育投資當作廉價的
國防預算；美國將教育收益歸類為服務業的第 3 大收入。

根據美國大學學會（American niversity Society）的統計，美國每年
約有 300 萬高中畢業生，這些青年都有志進大學深造，公立大學的學費，
每年約為 2 萬 7,900 美元，在校四年總計 11 萬 1,600 美元；私立大學，
每年約為 4 萬 400 美元，四年總計 16 萬 1,600 美元，正常推算，約有
半數學生需要 6 年多的時間才能畢業，推估的學雜費外加生活費，開銷
非常龐大。

依據美國國際教育研究所（Institute of International Education, IIE）
（成立於 1919 年），Peggy Blumenthal 顧問的統計，2010 ～ 2011 學年
度，美國從外國的學生收取的學費與生活費高達 210 億美元，該學年度
總共有 72 萬多名外國學生進入高等教育體系院校，來自中國的學生有
15 萬 7,588 名（大學部有 5 萬 6,976 名，其餘是研究所及短期班），占
外籍學生總數的 21.8%，排名第一，挹注約 40 億美元；臺灣不遑多讓，
有 2 萬 4,818 名學生，占第五位。

拾參、世界 22 個重要國家編列的教育預算：

一、教育經費（education expenditures）占全國國民生產毛額（Gross Domestic Product, GDP）的比例，在全世界名列前茅的 10 個國家：

（一）東帝汶（Timor--Leste）16.8%；

（二）古巴（Cuba），13.6 %；

（三）賴索托（Lesotho），12.4 %；

（四）馬紹爾群島（Marshall Islands），12 %；

（五）馬爾地夫（Maldives）11.2 %；

（六）聖基茨與尼維斯（Saint Kitts and Nevis），9.6 %；

（七）摩爾多瓦（Moldova）9.6%；

（八）波札拿（Botswana），8.9 %；

（九）吉布地（Djibouti），8.4 %；

（十）蒲隆地（Burundi），8.3 %。

二、我們比較關心的 12 個國家：

（一）法國（France），5.6 %；

（二）英國（UnitedKingdom），5.5 %；

（三）美國（U.S.A.），5.4 %；

（四）加拿大（Canada），4.9 %；

（五）伊朗（Iran），4.7 %；

（六）澳洲（Australia），4.5 %；

（七）德國（Germany），4.4 %；

（八）義大利（Italy），4.3 %；

（九）韓國（Korea），4.2 %；

（十）俄羅斯（Russia），3.9 %；

（十一）日本（Japan），3.5 %；

（十二）中國（China），3.4 %。

三、臺灣占 5.89 %，高於「八大工業國組織」（Group of Eight，G8）及其他四個國家（中國、澳洲、韓國、伊朗）。

拾肆、網際網路對於國際文化教育交流的衝擊：

美國網際網路早在 1986 年用於學術界，1995 年推廣至商業界，1996 年在全世界以「全球資訊網」面貌問世，至今只有短短 12 年，網路文化正方興未艾，徹底改變你我的生活方式。

一、從統計數字觀察：依據德國 Bamberg 大學的研究報告，在網際網路上使用的文字，論數量以英文最多，其使用率，英文占 27 %，約 5 億 6500 萬人，中文占 25 %，約 5 億 1300 萬人；全世界有 29.6 % 運用在教育上，37.3 % 運用在商業交易，然而英文的含蓋面廣被全球已開發國家，中文大部份集中在中國或華人圈；結果，透過網際網路英文的使用程度無遠弗屆，逐漸演變成「美國英文」（Anglicisms, Anglizismus），成為無可替代的國際語言，英語霸權（The hegemony of English），在商業界、科學界、國際政治界已經成形，勢不可擋；儼然真正的世界語，將全球大約 7 千種語文加速度演變成「美國英文」，

有的被貶為方言或有的被淘汰之；根據粗略統計，非洲每 130 人才擁有 1 架電腦，90％的學生沒有接觸電腦，依此進度，加速度拉大國與國間或區域與區域間（北美與西非）的智識鴻溝，或需嚴肅檢討，是否值得推動國際文化教育交流？ 再多的交流努力，無法抗衡網際網路的威力。

　　二、法律演變的角度：美國聯邦最高法院在 1997 年 6 月 26 日認定「通訊約束法」違憲，牴觸美國聯邦憲法修正案第 1 條第 2 項，國會不得制定剝奪人民言論或出版自由的法案，此案例保障了言論自由，但也將這份自由送進了網路空間；歐盟委員會在 1998 年提出歐盟網際網路憲章（EU Internet--Charter），標榜：安全（Sicherheit），保護資料（Datenschutz），密碼化（Verschlüsselung）三個原則；德國在 2008 年 1 月 1 日開始實施由法務部提出的「檔案資料儲存法」（Gesetz zur Vorratsdatenspeicherung），將網際網路的資訊暨發設基地的資料作為政府安全措施的參考，引起軒然大波，德國聯邦憲法法院（Bundesverfassungsgericht）於 2010 年 3 月 2 日裁定違憲，因為違反德國基本法第 10 條第 1 項的「秘密自由通訊精神」。

拾伍、結論：

　　誰教育誰？進步神速的高科技，成為高效率的教育工具，既抱持完美主義又貪婪的人類，不斷努力創造新生事物問世，讓後知後覺的法律界必須面對高科技的發達，疲於奔命於制定或修正的法規，汽車的發明，翻修了整套交通法規，網際網路掀起的資訊革命更加突飛 猛進，將網際網路應用到教育機制，卻將教育功能發揮得淋漓盡致，成千上萬

的思想家發揮創意，將資訊在點撥須臾間呈現在你我眼前，全球數十億人各就各位，同步教育人也被人教育，漪歟盛哉。

　　也許，有一天，隨著全球在政治上，文化上的趨勢，從認同（identity），歸向「同質化（convergence），以致於同化（assimilation）。這個世界的「同中有異異中有同」或「你中有我我中有你」的文化現象，本人寧願辛苦致力於「國際文化交流」使命，縱然如古希臘神話的 Sisyphus，永遠嘗試在忽焉失敗卻又成功的推上落下石塊志業；而讓這個多采多姿的世界綻放光芒，誘導人類發揮無限幻想力吧！對臺灣而言，推動國際文化教育的機會無限大，成功與否，存乎一心。

參考文獻：

一、中文文獻：

（一）專書：

　　1.丘宏達 著，陳純一 編，書生論政——丘宏達教授法政文集，三民書局，臺北市，2011 年 10 月初版，頁 19—26，128—129，418--420。

　　2.那思陸／歐陽正 合著，中國司法制度史，國立空中大學，臺北縣蘆洲市，2001 年 2 月初版，頁 3—111，245--259。

　　3.李道湘／于銘松 主編，中華文化概要，上海三聯書店，上海市，2007 年 1 月初版，頁 3，25，157--170。

　　4.苗永序 著，各國政府制度及其類型，專上圖書公司，臺北市，

1997 年 4 月再版，頁 44—54，139--142。

　　5.林益山 著，國際私法與實例解說，國立臺北大學法學叢書編輯委員會編印，臺北市，2002 年 7 月，修訂 3 版，頁 93--118。

　　6.姜文奎 著，中國法制史要，元一公司，臺北縣永和市，1991 年 10 月初版，頁 10—16，114—123。

　　7.施茂林，劉清景 編著，法律精解大辭典，世一文化公司，臺南市，2010 年 1 月初版，頁 163—168。

　　8.高惠珠 著，阿拉伯的智慧，新潮社文化公司，臺北市，2004 年 6 月初版，頁 120--153。

　　9.宮宏祥 / 郭建蘭 編著，中國法制史，中國社會出版社，北京市，2005 年 5 月初版，頁 133，183，23。

　　10.郭洪紀，文化民族主義，揚智文化公司，臺北市，2000 年 8 月初版　二刷，頁 136--173。

　　11.陳瀅巧 著，圖解文化研究，城邦文化公司，臺北市，2007 年 1 月 24 日 初版 6 刷，頁 12—21，170--175。

　　12.陳新民 著，憲法學釋論，三民書局，臺北市，2008 年 9 月修訂 6 版，頁 115—184，897--956。

　　13.曾令良 著，歐洲聯盟與現代國際法，志一出版社，臺北縣新店市，1994 年 10 月初版，頁 133—148。

　　14.傅啟學 著，中國古代外交史料彙編（上冊與下冊），國立編譯館中華叢書編審委員會，臺北市，1980 年 9 月印行，頁 1336--1348。

　　15.張淑娟 著，圖解教育學，城邦文化公司，臺北市，2006 年 3 月 14 日 初版，頁 10—17，72--75。

16. 錢穆 著，中國文化叢談，三民書局，臺北市，2004 年 8 月二版一刷，頁 29—48，110--126。

17. 劉小明 著，德意志的智慧，新潮社文化公司，臺北市，2004 年 5 月 初版，頁 47—51，79--84。

18. 劉定一 著，三十年歐美文教交流回顧，致琦公司，臺北縣永和市，2009 年 2 月初版，頁 147--151。

（二）譯著：

1. 李振昌，林淑慈 譯；哈瑞森（Lawrence E. HARRISON ）＆ 杭廷頓（Samuel P. HUNTINGTON）編著；為什麼文化很重要（CULTURE MATTERS--How Values Shape Human Progress），聯經出版公司，臺北縣汐止市；2005 年 4 月初版第三刷，頁 63，325 ～ 328。

2. 岡本光生 著／劉錦秀 譯，中國經典一本通，商周出版，臺北市，2006 年 2 月初版，頁 13 ～ 44，265 ～ 298。

3. 惠頓（Henry Wheaton）著，萬國公法（國際法原理，Elements of International Law），中國國際法學會，臺北市，1998 年 5 月重印初版，頁 01 ～ 09。

4. 楊佳陵 譯，Lawrence M. Friedman 著，美國法導論（American Law：An Introduction），商周出版，臺北市，2004 年 3 月初版，頁 80 ～ 86，381 ～ 391。

二、外文文獻：

（一）The CI A World Factbook 2012, Central Intelligence Agency, Skyhorse Publishing, Inc., New York, New York, 頁 168, 383, 425, 554, 637。

（二）Kuwait Pocket Guide, 2011, 24th edition, M inistry of Information, 頁 128。

三、期刊論文：

（一）陳長文／馬英九 主編，認識超國界法律專文集，中國國際法學會，臺北市，2004 年 12 月初版。頁 1 ～ 16，55 ～ 64，133 ～ 154。

（二）程其偉 編著，中華民國教育年報（民國 93 年），第 12 章：國際文教交流，國立教育資料館發行，臺北市，2005 年 9 月出版，頁 458—494。

（三）程其偉 著，國際文化教育的前景，貴州文獻，臺北市貴州同鄉會，臺北市，2008 年 2 月 6 日出版，頁 85 ～ 90。

四、研討會論文：

（一）陳嘉瑜 著，閩粵臺可聯合申報非物質文化遺產，2009 年南澳論壇，汕台經濟文化產業交流合作研討會論文集，頁 253 ～ 258。

（本文載真理大學「真理財經法學」第九期，2012 年 9 月於淡水，頁 49 ～ 93）

3.
國際文化教育的前景

　　「教育」的定義，可以從兩個方向思考，廣義的教育，泛指透過運用一切傳播工具而學習人類文明的成果——各種知識、生存技能及生活經驗，而將個人融入社會或將社會演變為更符合群體生活水準，狹義的教育專指學院派的制式化學校教育。又謂：廣義教育乃是：在人類豐富的生活世界中，人們在不知不覺中會透過許多不同的方式累積經驗，習得語言，組織個人的觀念與價值，這些社會化的過程都是教育的功能；狹義教育，通常是指學校教育而經由有組織的環境，提供有計劃的內容，達到特定的教育目的。簡單來說，教育是一種使人向善、發揮潛能的歷程與結果，教育一詞隱含了正向的價值取向。教育的宗旨：保障人類的努力成果永續發展且進步，激化社會的不斷變化及給予人類更多的選擇機會。所以「教育」是以合情合理的方式與內容引導人發揮潛能，使其成為一個真、善、美兼備的人。就邏輯上而言，教育是一種理念、現象、事實。

　　中國最早出現「教育」名詞載於孟子盡心篇的「君子有三樂」，其一就是「得天下英才而教育之」。根據《說文解字》的闡釋「所謂教，乃是上所施，下所效也；育，養子使作善也」。由此可知，教育在古代的中國是指：在上位者以良好的榜樣提供在下位者模仿，使在下位者能

表現出良善的行為。

　　教育學是研究與教育相關的人、事、物，所彙整的系統性知識，也是希望透過系統性的研究，能提出積極性的教育理論，協助教育的實務變得更好。一個國家的教育發展、教育問題的解決、教育資源的分配等事務，可說均有賴教育政策的制訂與引導，教育政策是為促進社會發展中的重要一環。教育政策不僅反映出社會從過去、現在到未來的發展核心，用以因應社會發展需要，負有引導轉移社會的使命。而教育制度為社會中的重要結構之一，所以教育政策的制定必須衡量整個社會的發展。在政策制定過程中，必須符合民主參與的原則，廣納各方意見為基礎，而為了使教育政策能確實落實，教育政策需有次序、有組織地處理社會公認的問題或關切的事務，讓執行有依據與秩序。美國社會學會會長柯爾曼（James Samuel Coleman, 1926 ～ 1995）在《教育與政治發展》書中指出「有其國必有其教育」，因為學校教育就像一面鏡子，可以反映出國家的政策。獨裁政權下的教育制度是政府為鞏固政權的工具，其教育的目的在於灌輸人民某種政治意識型態，偏重實用教育，輕視人文學科的思考培養，人民只知其然而不知其所以然；反之，在民主社會下的教育，教育是現代國家體系中的一環，更是人民的基本權利，教育重視個人潛能的啟發，也重視人民參與社會公共事務的能力。所以，儘管教育政策一部分是政治運作下的產物，但人民還是可以透過適當的管道表達對教育的關心，避免教育淪為政治的操弄手段。

　　我們生活在一個全球化快速流動的世界，從事國際文化教育是一個日漸重要的議題。國際文化教育的角色在海外居留與學習可以讓學生們更接近不同的文化與教育體系，幫助學生們獲得全球觀，也幫助同學們

更瞭解自己的母國。國際文化教育政策是整體教育政策的一環，但是其影響的天地不限國內，而是廣被四夷，甚至於對岸；因此要有「立足臺灣、放眼天下、行動全球」的氣慨，同時採取「大膽研擬政策、量力而為、精準評估過程與結果」期能達到卓越成就，既發揚教育之光更宣揚國威。

我們苦思焦慮研擬國際文化教育政策不可空中樓閣，或海市蜃樓，既非假象亦非虛幻，必須縝密思量主客觀條件；我們將優雅的中華文化推廣海外，不再像古人借助武功，劍鋒指處政治文化隨之，借赫赫武功盛震藩邦，同化蕃夷廣澤黎民，今天則經由勁踏異域的遊客，廣銷五湖四海的商賈及文化大使、留學生、及學者將中華文化隨著人的行蹤或物的落點飄洋過海；反之，我們廣召天下英才來台求學、訪問或晤談，以華夏上國衣冠文物、以學宮殿堂教化之。惟推動對外文化教育工作寧非易事，一方面必須依循我國文化政策，另方面必須顧及我國及駐在國兩國的外交政策，又需注意我國及駐在國兩邊的大陸政策。

文化，簡單來說就是人類的生活方式，像是有些族群的文化講求和平，有些則力主暴力。隨著社會的演進，某些生活方式就會顯得不合人民期待，而教育就是可以改變文化的一種方法。所以，教育的內容應選取文化的精髓，讓符合社會人民需求的文化得以保存延續，不合時宜的文化加以淘汰或修訂。每個時代的文化也決定了教育的目標，如重視經濟發展的文化就強調教育的經濟功能。由此可知，教育具有選擇、傳遞、更新、創造文化的功能。同時，文化也具有非正式的教育作用，校園只是狹義的學校教育場所，整個社會是廣義的社會教育場所，像是大眾媒體傳遞了現今社會的流行文化與價值觀，其影響可能比學校、家庭

還大。文化的目標在於人類接受教育薰陶，獲得內在自我控制的知識力量，內心深處的指引。文化經由群體創造，反映回群體或個人的生活方式。文化交流指向 1. 環境變化，2. 接觸其他文化，3. 發明，4. 從自我文化推陳出新。以中華文化為例，可以分為三大階段反映三大顯學：

1. 甲骨學——代表夏商盛世的古文史文化之學。
2. 敦煌學——代表大唐盛世的藝術哲學的文化之學。
3. 紅　學——代表清代康乾盛世的思潮世運的文化之學。

中華文化的光彩和境界是天造地設的偉大景觀，就如蘇東坡說的：「自其變者而觀之，天地曾不能一瞬；自其不變者而觀之，則逝者未嘗往也。」我們向全世界傳播博大精深的中華文化，使人類認識它的偉大、精嚴與美妙。中華文化優雅，不再靠武功。立足臺灣，放眼天下，行動全球。論及文明的目標在於人類生活環境因科學的發達而擁有控制大自然的力量，帶領人類走向外在世界。文明的演變著重因科學化而更高級的生活方式。地球文明受到 1969 年 7 月 20 日美國太空人阿姆斯壯（Neil Armstrong）登陸月球的震撼，太空文明造成地球的典章制度轉化為太空星球間的星際法律，太空文明因「個人一小步，人類一大步」於焉誕生，今後的星際旅行將前往火星、水星乃至於天王星。

論語述而篇，孔子曰：「三人行則必有我師焉，擇其善者而從之，其不善者而改之。」故弟子不必不如師，師不必賢於弟子，聞道有先後，術業有專攻，如是而已。韓愈說：「古之學者必有師。師者，所以傳道、受業、解惑也。人非生而知之者，孰能無惑？惑而不從師，其為惑也終不解矣。生乎吾前，其聞道也，固先乎吾，吾從而師之；生乎吾後，其聞道也，亦先乎吾，吾從而師之。吾師道也，夫庸知其年之先後生於吾

乎？是故無貴，無賤，無長，無少，道之所存，師之所存也。」從大自然，動植物啟發行為與思維；人類見賢思齊模仿楷模的本能，學習週遭人與物，受到團體感染。人類的野心永遠不滿足眼前的世界，於是跨國越洋遠行，進而邁向無垠的太空。然而樹高萬丈葉落歸根，太空實在太遙遠又太單調，只好回頭與人類共同學習。

我國有四位典範型的留學生：

第一位是高僧玄奘三藏大師出生於隋文帝仁壽 2 年（602 年）河南省人，於唐太宗貞觀元年（627 年）西行印度求法，時年 26 歲，留學印度達 12 年，唐貞觀 19 年（645 年）返抵長安，帶回經論 657 部，召集人才，完成譯場組織，開始譯經。麟德元年（664 年）示寂於玉華寺。

第二位是容閎（1828～1912 年）廣東香山縣南屏村（今珠海市南屏鎮）人，是中國近代史上首位留學美國的學生，緣起於美國教育家勃朗牧師（Rev. Samuel Robbins Brown）於 1847 年來澳門傳教，回美國時帶容閎、黃寬及黃勝三人同行，其後只有容閎一人留在美國升學，於 1854 年在耶魯大學畢業，有中國留學生之父的雅號。兩年後回中國與太平天國的洪玕會面，主張教育立國，提出以西方文明引入中國的「治國七策」，洪秀全授予四等爵位的官印，但容閎拒絕賜封而離開。他後來先後在廣州美國公使館、香港高等審判廳、上海海關等處任職。1910 年邀孫中山赴美商談，表示支援革命。1911 年，辛亥革命成功，孫中山請容閎歸國，但惜於 1912 年 4 月 21 日在美國去世。

第三位是嚴復（1854～1921 年），福建侯官（今閩侯）人，於 1877 年赴英國留學，主張信達雅是翻譯的準則。1912 年京師大學堂更名北京大學校，擔綱首任校長，1921 年在福州因孝喘病過世，終年 69

歲，一生從事輪機、辦報、辦學、主張變法、支持袁世凱復辟帝制、礦務、翻譯等工作，主張翻譯必須重視「信達雅」的境界，乃著名的思想家及翻譯家。

第四位是李遠哲，於 1936 年出生於臺灣新竹市，1965 年獲得美國加州柏克萊大學化學博士，1968 年獲得諾貝爾化學獎，1994 年回國擔任中央研究院院長兼全世界十多個科學院的院士，榮獲近四十所大學頒贈的榮譽博士學位，曾發表四百多篇論文，在化學動力學、反應動態學、分子及光學等物理化學領域有卓越成就，他對於學術研究、社會服務、教育改革、兩岸關係、地球暖化等問題頗為關心。他嘗謂「自從我獲得諾貝爾獎後，許多人問我我知道的東西，但是有更多的人問我我不知道的東西」。

早年天主教耶穌會（Jesuits）藉助辦學傳教。但也有主動向外邀請西方學者協助國內現代化的特例：著名的泰國國王拉瑪四世（Ramma IV）又名孟谷特（Mongkut 1804-1868）對西方知識充滿興趣，學習拉丁文、數學、天文學；向美國傳教士布萊德利（Dan Beach Bradley）學英文，之後孟谷特決心讓子女接受西式教育，聘請英國籍女教師安娜‧里昂諾（Anna Harriette Leonowens）擔任五年的皇室家庭教師，孟谷特對西方文化的開明態度，奠定了後來暹羅政治社會的改革基礎，他的兒子楚喇龍恩（拉瑪五世）的改革是今日泰國現代化的雛形。後來安娜將這段經歷寫成回憶錄，這個故事曾三度拍成電影，第一次是百老匯音樂劇「國王與我」（The King and I），第二次是故事劇「安娜與國王」（Anna and the King of Siam, 1994）第三次是卡通版「國王與我」。

今天的美國不斷在國內主辦大量國際會議，派遣成千上萬的客座教

授及英文（美文老師）到全球各個角落教書，並踴躍出席散佈在全世界的國際會議，使全球到處看到美國人也深受美國文化影響。美國在全世界的國際舞台稱霸，帶動美國的文化、教育、經濟領銜全球，而每年全世界約有 200 萬莘莘學子出國留學到心目中更高的學府深造，其中約有 60 萬名到美國，每人每年支付 2 萬美金學費，總計 120 億美金落入美國人的荷包，為美國服務業第三大收入。既然我們大家都有出國留學機會，是福是禍未卜，端視個人對時代的認知對環境的適應，命運掌握在自己手中。有朝一日出國必須拿出無比的毅力，沒有痛苦就沒有收穫（No Pain, No Gain）。吃得苦中苦方為人上人，既然出國就應該敞開心胸，不具成見，納入不同的思想與事物。盡量汲取新的奇怪的事物。善做比較，想像異同，宏觀國際。洋為我用，洋為我師，洋為我惕；有了全球觀回首祖國而更瞭解更愛母國。

　　我們臺灣也有許多學者、留學生出國，根據統計，歷年出國學生約在 50318 人，目前尚有 30728 人滯留國外，同時也有許多外國人來臺灣留學，目前在台的外籍生有 5109 人，主要學習中國文化與歷史，還有許多僑生來台升學，目前有 11969 人，主要學習理工及商業管理。各國為因應本國子弟在臺灣銜接母國教育，他們在臺灣設置 17 個國際學校，主要集中在臺北市，私營的以美國學校為代表性，公立的當以日本學校為典型。政府在全世界格於國際政治的波動，只有 24 個邦交國，但在全球 123 個國家設置代表處或辦事處，以推動文化教育或經濟貿易業為主軸，並在全球設置 25 個文化組，依據外交部的統計資料，我國參加的非政府間（民間）國際組織有 811 個，與文化教育有關的佔 289 個，約三分之一強，其餘為經濟貿易方面的組織，可見今天我國的國際舞台

以教育文化暨經濟貿易為主導，為了照應東南亞的臺商子弟，在 6 個城市設置臺商子弟學校，如：泰國曼谷、馬來西亞吉隆坡、馬來西亞檳城、印尼雅加達，印尼泗水、越南胡志明，又為了照顧在大陸經商的臺商，設置 2 所臺商子弟學校，分別為廣東省東莞市及江蘇省崑山市。散佈在全球的炎黃子孫，在世界各個角落設置 3681 所華僑學校；中國亦在世界各地廣設「孔子學院」約達 200 所，可見華人不忘本堅持傳承中華文化。

　　政府採取多管道推動國際學術交流業務，在教育部、經濟部、外交部、僑務委員會、行政院國家科學委員會、行政院青年輔導委員會、行政院新聞局、行政院文化建設委員會都在承辦國際學術交流業務；教育部承辦國際業務包括：國際文化教育事業處、高等教育司、中等教育司、國民教育司、技術及職業教育司，可知政府對於國際文化教育之重視程度。此外，政府提供的獎助學金包括，每年 85 名的公費留學、低利的國外助學貸款，就讀國外頂尖大學的獎學金；推動國內各大學院校與外國大學雙聯學制；根據統計，本國學生到國外留學以美國最多，次為加拿大，以下為日本、英國及澳洲。政府也在國內強力推動英文，以全民英檢（GEPT）作為許多升遷制度的參考，並且引進外國檢定英文程度方案，例如：美國的托福（TOEFL）及多益（TOEIC），英國的雅思（IELTS）、艾爾莎（ELSA）、商業英文（EFB）、工商口語英文（SEFIC）及旅遊英文寫作（WEFT）。甚至要求各大學院校在研究所推動全英語授課，在大學部推動每一學系至少一門全英語授課，加速臺灣國際化。

　　在知識爆炸的時代，每個人都渴望獲得更多的知識，一項讓我們免費又容易獲得知識的措施出現了，美國的 GOOGLE 公司投資 1.5 億美

元將美國的哈佛、史丹佛及牛津等著名大學的圖書館，大約 54 萬冊館藏，還附掃描放在網路上免費供人參閱，正面思考有助於加速大量傳播人類知識，但反面思考，美國的觀點就如「一言堂」，正日日夜夜分分秒秒地在洗你的腦，GOOGLE 表面是商業利益，實質上人類的知識已逐漸被美國化了，英語的霸權表象裏藏美國文化的內涵，今天你 GOOGLE 了沒有？滑鼠在我掌中，世界在我腦海裡翻騰，吾等在運用 GOOGLE 資料的同時，是否考慮一下美國的立場。類似的情形卻已發生在亞洲的日本、韓國及臺灣，正不斷以另類思維模式重新評估或批判早已經典化千錘百鍊的歷史。

第二個龐大資訊來源：維基百科（Wikipedia）於 2001 年 1 月 15 日由維基媒體基金會在美國佛羅里達州登記，是一個免稅非營利慈善機構，創始人是 Jimmy wales, Larry Sanger，起初只有英文，現已增達 50 種文字，闡釋人名、地名、物名為主，中文部分始於 2002 年 10 月，目前已有 15 萬 4983 條目。

第三個龐大資訊來源：中國第一個基於互聯網出版的知識搜索引擎，號稱：「天下文章一網打盡，百家觀點一鍵查新」，是全球最大的中文知識門戶網站和數字圖書館，推出的口號是：今天你「知」了嗎？

隨著高科技的突飛猛晉，美國在通訊技術及交通技術的突破，使得廣闊天地濃縮為迷你世界，我們在心理上感到世界沒有距離，萬物在全球的流動既快速又經濟，再加上全球廣泛使用網際網路，使得人類的知識大量相互流通，第二次知識革命隨著網際網路的發達，已然在你眼前。

中國貴州省的風景如畫，有千姿百態的荷花之美，晚清兩廣、湖廣、

兩江總督張之洞在「半山記亭」中描述荷花之美,「沙明荷淨,舞翠搖紅,柳眉煙鎖,荷蓋聲喧」;有流瀉千里的黃果樹的瀑布濤聲如雷,銀雨灑金街,白雪映川霞;有雄壯的萬峰林峰巒羅列,瑰奇峻嶒。如今我們不遺餘力設法高速累積財富,將不只在工廠、土地或機械等「有形資本」上努力,而是透過知識、技術、智慧財產權等「無形資本」,以美國為例,美國的無形人力資本,價值高於有形物質的資本 3 倍以上,因而對貴州省而言,山川雖秀麗物產雖豐饒,財富的累積必先普及教育,電腦教育是發展教育的基礎措施,使用低空衛星與寬頻網路的數據傳輸前述的三個電腦資料庫,創設網路虛擬大學,將知識經由網際網路傳播到貴州省的各個角落,例如在每村莊設置「網咖」資訊中心,成為每個人的知庫,也可以成為該村莊的社交中心,預計三五年之內必有可觀成就。

(本文刊載「貴州文獻」第 33 期,臺北市貴州同鄉會,2008 年 2 月 6 日,於臺北市,頁 85 ～ 90)

4.
略論推動兩岸「文化教育交流合作」的具體方案

　　人類對於自己陌生的事物，有某種程度的憧憬或排斥，國際間文化教育的交流與合作；總有其軌跡可循，海峽兩岸的文化教育交流合作亦然，在推動兩岸「文化教育交流合作」的前提，本人建議首需建立一個觀念，就是：以尊重、欣賞暨學習的心態推動之。繼而衍生二個體認：第一、世界各地文化皆有其特殊性與差異性、同中有異異中有同，打破傲慢（pride）與偏見（prejudice）的心態。第二、人類的創造力發端於自由思想，世界各地文化毋需大一同，也無法統一，我們沐浴在璀璨的大千世界，該有多幸福啊！之後，我們面向三個層次：第一層次，保守的官方考量；在制定政策、訂立法規較費時又周延。第二層次，活潑的民間交流：全球華人，以各式各樣的型態相互觀摩學習。第三層次，身不由己的國際浪潮：兩岸各自與世界交流，或迎取或推拒外來文化，彼此知所調整交流的方向及步調。

　　關於較為具體的做法，也許以下八個方案或可一試：

第一、在草擬兩岸「文化教育政策」方面：

1. 就制定政策方面，馬英九總統在 2011 年 9 月 29 日宣布「黃金十年，國家願景」計畫，要提升「優質文化」與「教育革新」，尤重「文化創意產業」（cultural and creative industry）；中國的第十二個五年計畫（2011～2015），視為中國的「十二轉型計畫」，案內「新興文化創意產業」所占比例甚高，可見兩岸都重視文化教育事業。

2. 在立法部門，就「國際私法」而言，臺灣的「涉外民事法律適用法」修正案，已於 2010 年 4 月 30 日經立法院通過；中國的「中華人民共和國涉外民事關係法律適用法」經全國人民代表大會於 2010 年 10 月 28 日通過；在審理過程中，兩岸國際私法學者交流頻繁，使這次修正與立法，都尊重對方的立場，並顧慮日後運作的困難，這是一個很好的合作模式。

3. 再就合作方面，兩岸已於 2010 年 6 月 29 日簽署海峽兩岸「經濟合作架構協議書」（Economic Cooperation Framework Agreement, ECFA），本人建議：兩岸似可順水推舟，簽署「文化與教育合作架構協議書」（Cultural & Educational Cooperation Framework Agreement, CECFA）；蓋從經濟合作邁向政治合作，或有其困難度，也許將文化教育作為緩衝的步驟，似乎自然些。

第二、在相互承認方面，兩岸並不對等，只需修正若干條文，容易切入。

1. 教育法規：例如：臺灣的教育基本法及臺灣地區與大陸地區人民

關係條例等系列法規，或需調整。

2. 學歷承認：臺灣有整套的求學機制，從小學、中學、大學的求學考試功能而獲得文憑，有待調整。

3. 職業證照承認：涉及就業與敘薪的問題，兩岸已經相互承認對方部份證照；短期內似乎不易達到全面承認局面；兩岸各自與世界各國互動，產生多邊承認的效果；也許兩岸嘗試共同制定專門職業證照制度，以利與世界接軌，帶動世界行業整合及劃一水準，（例如：鑑定「書畫師」的制度）。

第三、兩岸宜共同保護並發揚屬於中國人的古文物

中國的「文物保護法」與臺灣的「文化資產保存法」同在 1982 年通過；例如：貴州省錦屏縣庋藏約 30 萬份清朝的「林業保護協議」，乃很好的法制史材料，有待共同整理分析運用。

第四、兩岸合作與「聯合國教育、科學及文化組織」（UNESCO）或阿拉伯文化，教育及科學組織（ALECSO）暨歐洲聯盟（European Union, EU）申請案子：

1. 兩岸與「聯合國教育、科學及文化組織」合作，例如：兩岸以「閩南、粵東暨臺灣三地共同民俗文化」聯合申報「非物質文化遺產」。

2. 兩岸與聯合國教科文組織的 1788 個「非政府組織」定期或不定

期合作。

3.兩岸與阿拉伯文教科組織所屬的 5 個機構合作。

4.兩岸與歐洲聯盟所屬的 16 個機構合作。

第五、主動積極參與兩岸主辦的學術活動：

1. 主辦或協辦研討會：訂出兩岸都能認可的會議準則，作為升等或榮譽的參考。

2. 發表論文於學術刊物：訂出兩岸都承認的論文審查標準，作為升等或榮譽的參考。

第六、兩岸合辦大學、中學或小學：

1. 訂定兩岸都認可設立各級學校的標準。

2. 訂定兩岸都認可校內學術刊物或研討會的標準。

3. 舉辦青少年活動：（1）臺灣救國團模式。（2）目前兩岸大學生在同濟大學（上海市）合作模式。

第七、運用「自然科學」技術，研究「社會科學」暨「人文科學」，採納「編碼社會科學」（Statistical Package for the Social Sciences, SPSS），或雲端運算（cloud computing），兩者裨益研究頗大。

第八、思索兩岸都認可的時代精神，又名時代思潮（Zeitgeist, the spirit of the times, the spirit of the age），將當代文化精

神與創意產業結合；創造兩岸共同的價值觀。

　　夫文化的傳承與創造常處在新舊之間既和諧又矛盾，今天的中國文化不需要與傳統的雷同，乃揉和其他的文化逐漸蛻變為新的中國文化（蓋文化的演變是活的、進行式的、永無止境的）。臺灣的文化亦然，在不同的時空下，當然會發展出自我的模式。質言之，海峽兩岸毋需在冀求「大同」的大前提下，要求對方從「認同」（identity），歸向「同質化」（convergence），以致於「同化」（assimilation）；文化走向；同文同種可以成為一個國家，也可以成立不同的國家，例如：英國、澳洲；許多國家也可以在不同種族文化基礎上，成立單一國家，例如：瑞士、美國。

　　中國文化隨著華人移民全世界，傳播到地球的每一個角落，在中華文化摻進許多當地文化，當然與原始風貌產生差異，這是無可奈何的現象。以美國文化為例，承襲吸納歐洲文化，但是經過 200 多年向全世界求經，透過消化咀嚼融入外來文化，自我「去蕪存菁，推陳出新」，如今「青出於藍而勝於藍」，創造出新而獨特的美國文化，自然會在全世界引領風騷。因而，文化教育的交流合作，在取捨之間，興動心忍性之念頭，常在一念之間同化他人或被同化矣，因而，如何創造維持優質文化，真是兩岸努力的大課題。

（本文發表於「第 11 屆兩岸關係研討會」，該會由海峽兩岸關係研究中心於 2013 年 3 月 21-23 日，星期四～星期六在福建省平潭縣舉辦。）

5.
祝賀貴州大學中國文化書院
成立十周年大慶

　　恭喜貴州大學在西元 2012 年的 9 月 12 日慶祝建校 110 年（創辦於西元 1902 年，清代光緒 28 年），這不但是學校的大喜日子，也是中國在西南地區高等教育界的盛事，特別值得大書特書的美事。2002 年，貴州大學在各方呼喚下隆重成立「中國文化書院」，俗謂「十年樹木，百年樹人」，「十年磨一劍」；我們慶祝貴州大學暨中國文化書院的成就輝煌郁郁可觀，期待您們百尺竿頭，更進一步，再創新的百年暨十年璀璨歲月。

　　盱衡當今國際經濟情勢，兩岸宜掌握目前合作契機，臺灣服務業的產值占國內生產毛額（GDP）73%，高於德國的 72.5%，已與美國的74% 很接近，但比中國的 41% 高得多，預估中國將在 2050 年提升到50%；基此，兩岸在服務業的合作空間非常大；所幸兩岸已於 2010 年6 月 29 日簽署海峽兩岸「經濟合作架構協議書，Economic Cooperation Framework Agreement, ECFA」，將兩岸的經濟貿易活動納入制度化；今後努力的大方向乃文化教育，本人建議似可簽署海峽兩岸「文化與教育合作架構協議書，Cultural & Educational Cooperation Framework Agreement, CECFA」；預期今年底可望簽署「服務貿易協議」，其中有

13 個行業隸屬「文化創意產業（cultural and creative industry）」，馬英九總統於 2011 年 9 月 29 日宣布「黃金十年，國家願景」計畫，列出八大願景，第四個願景要提升「優質文教」；臚列 31 項施政主軸，第 15 項由文化部將「文化創意產業」納入政綱；第 16 項由教育部將「教育革新」納入政綱。中國從 1993 年 2 月 13 日推動的「211 綜合重點工程建設計畫」以及從 1998 年 5 月 4 日推動的「985 工程計畫」，對於中國的第十二個五年計畫（2011～2015）有所助益，視為中國的「十二轉型計畫」，案內新興的文化創意產業所占比例甚高。以美國為例，在企業界最著名的 400 家公司，有 72 家隸屬文化教育事業，獲利占國民總生產值的 1/3。特別在教育服務業的高等教育部門，每年收入高達 7 兆美元，位居美國服務業的第 5 大收益項目。

中國文化書院外牆屹立著貴州省錦屏縣贈送的碑刻鎮院之寶，鐫刻「貴山書院」四個大字，該院創立於西元 1735 年（清代雍正 13 年），之前是明代武宗帝（正德年間）的「陽明書院」，今天就是鼎鼎大名的貴州大學，具有承先啟後的深遠意義。書院正門前豎立孔子銅像守護神，由香港孔教學院饋贈；大門右側牆後有「禮運大同篇」石刻乙片，乃臺灣的貴州同鄉會贈送。王陽明學說之興起，緣明代王守仁（號陽明子，1472～1529）於（西元 1509 年，正德 3 年）在貴州龍場（貴州省修文縣）創辦龍岡書院，開啟私人講學風氣，同時在貴山書院（今天的貴州大學）講學，集心學之大成，提出「心即理」斷言「夫萬事萬物之理，不外於吾心」；倡導「致良知」的為學與修養方法；強調「知行合一」，逐漸形成明代哲家思想體系，經過漫長歲月淬煉，在世界哲學界擁有一片天，指引後人思想方向；五百年來，培養無數的經綸人才。

　　本人建議中國文化書院，也許可以轉型肩負智庫的功能，「智庫」（英文：think tank, think factory, policy institute 或 brain box；德文：Denkfabrik 或 Gehirnkiste），我們用當代的新名詞（智庫），將老舊的名詞（策），賦予新的功能，在歷史上常用「策、智囊」的名稱，達到「借箸代籌」的目的；三國演義諸葛亮為劉備提出「隆中策」對上了魯肅為孫權提出的「榻上策」，都成功達到稱帝一方的霸業；宋朝蘇軾的「安萬民六策」，明朝劉基（劉伯溫）為開國皇帝朱元璋提出「時務十八策」，清朝乾隆皇帝的「萬全之策」；至於，三國志魏國曹植的「算無遺策，畫無失理」，亦未可知也；從此奠定「智庫」審時度勢的典範。目前全世界大約有 5,500 家智庫，泰半成立於 1980 年代之後；美國擁有約 1,800 家，其中約 350 家的會址在華府；臺灣有 57 家，中國也有上百家智庫。智庫的內涵與功能，依據其成立宗旨或需求而調整，中國文化書院也許可以用智庫的身分與聯合國教科文組織，歐洲聯盟的學術單位或阿拉伯聯盟教科文組織合作及交流。

　　孫中山先生的三民主義在 1947 年元月（民國 36 年 1 月）納入憲法，21 年後，在 1968 年（民國 57 年 2 月）才在臺灣開始設法嘗試學術化，也就是將三民主義的理論，運用科學化，有系統有步驟地分析，發表一系列論文著作，例如：就社會科學的範疇，設法建立：三民主義的法律學，三民主義的經濟學，三民主義的社會學，三民主義的政治學，三民主義的哲學。當時從中央研究院到公私立大學院校紛紛設立「三民主義研究所」，然而僅憑革命口號，不思從學術體系導入，浪費漫長的 32 年，只好將「三民主義」徘徊在學術圈外，之後，雖然將名字轉化為「中山思想學說」，「國父思想」，或「國父遺教」，終於在 2000 年（民國

89 年 9 月）退出各級學術殿堂，從此「三民主義」四個字，只有短暫的半個世紀，沒落而走進歷史矣；我們回顧或檢視學術的理論體系與架構，極為嚴謹，經得起考驗：許多外國專家學者將「毛澤東思想（Mao Zedong Thought）或毛（澤東）主義，（Maoism）」列入當代重要思潮，從各種角度研究，至今對中國與世界影響之深遠，尚無定論，作為當代臺灣學者，難窺堂奧，也沒有資格月旦千秋大業。

謹就以下 10 點，願與諸君共勉之：

一、建立錯綜複雜的合作關係：中國文化書院宜與貴州大學校內各單位、貴州省各研究機構、全國同性質的研究機構暨世界各國的研究機構建立合作關係並擔綱樞紐角色。

二、運用自然科學研究社會科學及人文科學：

（一）採納雲端技術，使用雲端運算（cloud computing），將朵朵文化雲運用在資訊的蒐集、儲存、分析與傳達，「雲端運算」不但能縮短資訊傳輸時間，也加快了開發新產品趨勢的速度，代表的是利用網路使電腦能夠彼此合作或使服務更無遠弗屆。

（二）電子化（E 化—electronic）的世界：

1. 虛擬教室（E—Learning）：透過網際網路進行遠距教育與訓練；配合大學校務評鑑機制，鼓勵教師自行製作數位化線上教學教材。

2. 電子服務（E—Services）：宜注意，會對文化、社會及倫理產生難以預期或掌控的牽動局面。

3. 電子政府（E—Government）：政府運用網際網路

將部份公務系統電子化，有利政務透明化，節省費
用及時間，提高效率。

4. 電子商務（E － Commerce）：將傳統商業活動的
各個環節電子化。這四個 E 化作業，也許裨益大學
校務行政；例如：我國明代王守仁大儒，是兩岸都
極尊崇的哲學家，教育家兼軍事家。偉大的王陽明
學說距今已悠悠 503 年，長年累月留下的經典古籍
（王文成公全書）與中外專家學者的研究成果，汗
牛充棟，設若運用「網路書店」的優勢，製作成電
子書，亞馬遜網路書店（Amazon.com）是很好的合
作夥伴，擴大其影響力。

三、提升現有兩大刊物的水準，將「陽明學刊」與「人文世界」
的稿件，作為評鑑師資升等的標準或與世界學術界競爭的
指標性刊物，例如：科學引文索引（Science Citation Index,
SCI）、社會科學引文索引（Social Science Citation Index,
SSCI），文學與人文引文索引（Arts& Humanities Citation
Index, AHCI），工程索引（Engineering Index, EI）及期刊索
引報告（Journal Citation Report, JCR）等高水準刊物，或臺
灣的社會科學引文索引（Taiwan Social Science Citation Index,
TSSCI），中國的中文社會科學引文索引（Chinese Social
Science Citation Index, CSSCI）。

四、關於學報的審稿與徵稿：

（一）審稿方式：宜設立「論文審查委員會」，以作者與評審

人都匿名之雙盲方式（double blind）進行。

1. 聘請與著作內容相關領域之專家學者審查，通過後刊登。
2. 採嚴謹客觀、公平及公開，審查意見通知作者。
3. 審查結論：（1）推薦刊登、（2）修改後刊登、（3）修改後再送原審查委員複審、設若通過則刊登，否則不予刊登、（4）不同意刊登。
4. 審查要點：（1）資料出處、（2）研究方法、（3）文字敘述、（4）整體組織架構、（5）創見或發明、（6）學術及實用價值與貢獻、（7）研究材料豐富周延、材料之引用及處理。

（二）徵稿方式：必須具有創見之論說稿件，宜採「來稿論文」，「邀稿論文」及「推薦轉載稿」三類；訂出撰稿凡例，俾便統一格式。

（三）將成果以摘要方式譯成外文或僅將論文題目譯成外文；使用的外文暫時以英文為宜。

（四）用光碟片將中國文化書院介紹給各界：例如：1. 書院簡介、2. 書院優勢、3. 書院使命、4. 教學特色、5. 師資陣容（老師的學經歷、專長及網頁）、6. 師生榮譽（學院師生榮獲校內外各項比賽獎賞）、7. 課程結構（因應社會變遷時代需求，培育具有前瞻性的學生，總共128個學分）、8. 關心學生出路、9. 照顧學生措施、10. 美麗的校園景色、11. 社會服務。此外，將研究成

果著作，納入院內外圖書目錄，與各地學術機構共享資源，參加國際或國內圖書資訊交換中心。

（五）開闢小型陳列室，展覽重要作品，紀念品及聲光電宣傳品。

（六）主動積極參與各地文學歷史哲學研討會活動。

（七）經辦兩岸、區域、全國或國際會議。

（八）與貴州大學，國內外大學合作辦理長短期訓練班；篩選貼近社會迫切需求的科系課程，讓學生畢結業能順利進入職場。

（九）與貴州大學合作或自行建立約聘制度，聘請校內外或國際朋友擔任客座教授。

（十）製作象徵書院的標識（logo）、歌、徽章、色系、明信片。

民意調查可以反映民心的好惡，運用問卷調查（Fragebogen, questionnaire）：從統計學研發出來的，統計產品與解決服務方案（Statistical Product & Service Solutions, SPSS）對於社會科學暨人文科學的教學研究幫助很大，作為研究方向的參考。使用甘特圖表，又名條狀圖表（Gantt chart, Bar chart）：有助於調查研究與計算分析各種管理項目。日本人的庶民遊戲，從 1995 年開始，在每年 11 月 24 日起至 12 月 13 日止（20 天），由國民投票，選出一個字，代表過去一個年度發生的事情，足以影響全國老百姓生活，而獲得集體認同；2011 年是「絆」字。臺灣從 2008 年也開始玩，而選出「亂」字，2009 年的「盼」字，2010 年的「淡」字，2011 年的「讚」字；中國也在 2010 年欣然加入，

當年的字是「漲」，2011 年的國內字是「控」，國際字是「債」。我們可以輕鬆地測試人民心中想什麼？也許貴州大學或中國文化書院也可以在貴州省內適度向省民或全校師生探求民意或校園心聲，請大家選出一個字，瞭解他們對貴州大學或中國文化書院引以為榮，推演出無限期待的心願。

夫大學教育的宗旨是：研究學術、培育人才、提升文化、服務社會、發展學術、促進國家發展；我們年青的時候志向很小，面對考試只求及格獲得高分，俗話：「傻傻的讀，傻傻的考，傻傻的畢業了。」如今，有機會在高等學府服務，須知，今天的大學黌宮已非昔日的象牙塔，從事學術工作不是只求溫飽的職業，而是一份神聖的事業，應秉持虔誠的心態，神聖的使命感；做到大學賦予我們的任務。關心社會，服務社會，擔綱社會責任，教育與文化在服務業的範疇，對社會的影響最深遠。例如：考據貴州省錦屏縣庋藏約 30 萬份「林業保護協議」，乃清朝政府與當地村民所訂的契約，這些民間文書檔案是很好的法制史材料，中國的「文物保護法」與臺灣的「文化資產保存法」同在 1982 年通過，日本早在 1950 年就已通過「文化財保護法」；目前這批「寶藏」由中山大學（廣州市）與英國牛津大學共同繼續徵集整理分析中，是否應請貴州大學共襄盛舉，忠實地保護與發揚「古文物」，用最佳的方法將成果轉化為實用價值。

時代精神，又名時代思潮（Zeitgeist, the spirit of the times, the spirit of the age）：源自德國哲學家，詩人暨文學評論家赫德（Johann Gottfried von HERDER, 1744 ～ 1803）於 1769 年在拉脫維亞（Latvia）的首都里加（Riga）（當年隸屬蘇俄，但官方語文是德文）所發表的文

章「Kritische Wälder oder Betrachtungen, die Wissenschaft und Kunst des Schönen betreffend, nach Massgabe neuerer Schriften vom "Zeitgeist".」。1967 年英國有一條流行歌曲，首次出現「清新英國（Cool Britannia）」的名詞，沒想到 30 年之後，卻在 1997 年被衝上政治舞臺的英國工黨政府作為具體推行創意產業（creative industry）及文化政策的新措施，時年只有 43 歲的布萊爾（Tony BLAIR，1953--）推出「流行時尚（fashion）」運動，倡導「清新英國」，將流行文化與文化明星刷新古老英國的保守形象，以文化概念更新舊工業城的面貌，接納多元文化。積十年之功，使英國綻放充滿活力的清新文化（cool culture），例如：奇幻小說的哈利波特（Harry POTTER）、星光大道選秀歌星蘇珊鮑伊（Susan BOYLE）、英格蘭足球超級聯賽（FA Premier League）的成就，讓世人對英國的形象刮目相看。日本則東施效顰，從 2002 年 5 月開始推動「酷日本（Cool Japan）」的軟實力戰略，當時政府、學界及媒體廣告等相關單位與企業界通力合作，磨拳擦掌地想藉由日本的次文化進軍世界，不但贏得海外市場，同時建立文化大國的形象，例如：凱蒂貓（Hello Kitty），秋葉原（Akihabara），膠囊旅館（Capsule Inn）的例子大為成功。貴陽市於 2007 年 8 月 31 日獲選為中國避暑之都，最近中共貴陽市委宣傳部與貴陽市人民政府新聞辦公室聯合推動「爽爽的貴陽（cool Guiyang）」，介紹給全世界；本人建議，何不及時推波助瀾，擴大發起「清新貴州（cool Guizhou）」運動，既符合今天兩岸同步推行「文化創意產業（cultural and creative industry）」政策，也讓貴州大學與中國文化書院的學術研究更符合貼近社會需求的期待，相信，在官方（貴陽市黨部與市政府），學術界（貴州大學鄭強校長與中國文化書

院張新民院長）暨產業界合作，一股清流將改變人們對貴州的看法，嶄新的文化面貌有待大家同心攜手共同努力，深信貴州省的「貴州文化」必將發揚光大，蛻變為「文化大省」的形象指日可待，貴州省的「創意經濟體系（creative economy）」已然在望。恭喜！恭喜！

（本文刊載「貴州大學 110 周年校慶暨中國文化書院 10 周年院慶 - 學術研討會論文集」，主題「中國文化的繼承，發展與開新」，2012 年 11 月 11 日於貴州省貴陽市，頁 348 〜 352）

6.
易經教育陶冶中華文化而情深文明

　　吾人論述人類之永恆進步，首須區分文明與文化的相異點。文化的目標，使一個人在接受教育的薰陶後，而獲得內在自我控制的知識力量；文化係由群體創造，反映回群體或個人的生活方式，文化係人類內心深處的指引。易經說：「開物成務」，孔子的闡釋：「夫易何為者也？夫易開物成務，冒天下之道，如斯而已者也。」；易經的賁卦說：「觀乎天文，以察時變；觀乎人文，以化成天下。」即「人文化成」。中庸說：「致廣大而盡精微」又說：「極高明而道中庸」。文明的目標，使整個環境因科學的發達而獲得統治大自然的力量，小戴禮說：「情深文明」。文明只是一些色彩或花樣，花樣色彩配合得鮮明，使人看著易生刺激，這就是文明，情不深就文不明，文明則帶領人類走向外在世界，文明則著重在因科學化而更進步的生活方式。西元 1969 年 7 月 20 日美國太空人阿姆斯壯（Neil Alden Armstrong）成功登陸月球，開啟人類與月球乃至太空的關係，沒有文明就不可能完成星際旅行，登陸月球使人類的地球文明因高科技的發揮邁向太空文明，地球上的典章文物制度因為高科技的發達在太空蒼穹失效，文明震撼於焉爆發。

　　綜觀人類文化史，從相互觀摩、製造、使用工具開始，繼則相互學習耕耘，然後建立城市定居，最後發展出文字功能，夏鼐在「中國文明

的起源」書中點出：商代殷墟文化是一個燦爛的文化，具有都市、文字和青銅三大要素。文化交流催化了文明史，文化交流的因素來自於四個方向，第一是環境變化，古代阿拉伯半島是叢林地帶人民過著務農生涯，如今良田變沙漠，整個生活型態只得變成遊牧民族；第二是接觸其他文化，兩種以上文化的交流與融合而形成新的文化；第三是發明，發揮人類乃萬物之靈的無限上綱幻想力；第四是從自我文化推陳出新；文化變化有其延續性，但時快時慢，然而科學與技術的進步神速，甚至於凌駕非物質的文化，自然科學跑得比社會科學、人文科學快，科技文明帶動人文文明，每個文化都會建立制度以分攤權力與責任，包括社會階級與政府組織，人類從學習轉化為訓練乃至教育，逐漸成形，懂得有系統地將知識累積、儲存、變化、發展，從一個文化演變為另個文化，再從一個文明進化為另個文明；有趣的是人類正在凜於教育發達而趨勢一個同質的「世界文化」（例如：美國式的生活型態）之際，在創造「地方文化」之速度不亞於走向「世界文化」；蓋「世界文化」僅能涵蓋一個眾所皆知的極限文化範疇，「世界文化」的流傳正好推展滋潤興盛「新地方文化」。

　　我們中華文明有其璀璨悠久的歷史，廣土眾民，高品質的民族，經歷五千年億萬子民的胼手胝足，在這片嬌美的江山，締造偉大永恆傲視全球的中華文化，不但是中華民族的寶貝亦為全人類共有共享的資產，然而人類的文化不是唯我獨尊，有其共通性與整體性，因此我們對不同的文化應秉持「愛其所同，敬其所異」的態度，虛心相容，以人之長補己之短，否則久之將無競爭、無比對的觀摩學習，獨大則造成不進則退而如花之自我枯萎，必也，與其他文化相互接觸瞭解融合提升，對於弱

勢的地域性、宗教性或孤僻性文化則帶吸收接納，融合我中華文化，而我中華文化之能博大精深即經歷這些過程，江河之壯闊即應不擇涓滴細流，終能造成氣勢滂薄之氣慨。

　　歷史上，不論中外對於文化之傳播衡經由兩種途徑，或隨著赫赫武功，劍鋒指處文化隨之，我國的征服鎮壓化外之民，對外國採取軍事、政治、文化三部曲，即為明證；為我國先賢們的治世法則，秉持崇高政治理想，採取恩威並重的措施，就對外關係方面以文化融合（Cultural Synthesis）的「萬國咸寧」睦鄰政策及「聖人感人心而天下和平」的精神感召，冀從文化交流切入，以達世界永久和平。今日世界已無法單憑武力竟全功，而教育之功能興起，美國將教育不但視為傳播美國文化的第三大服務業，在國內的 3,200 多所大專院校，海外無所不在的國際性美國學校，其功效早已超越古代歐洲借助教育傳播宗教的威力，如：天主教的耶穌會，因而今天教育的力量將主導傳播文化的功能。目前全世界有 3681 所華僑學校遍佈全球每個角落，是全世界除中國、臺灣之外宣揚中華文化的最佳據點，尤其在東南亞的泰國曼谷、越南胡志明市、馬來西亞的吉隆坡與檳城暨印尼的雅加達與泗水等六所臺北學校，中國在全世界廣設孔子學院，更是旭日在全球每個角落升起時，中華文化隨之冉冉而上，如雲蒸霞蔚澤被四夷。

　　美國在北非埃及首都開羅設美國大學（American University of Cairo, AUC），在西亞黎巴嫩首都貝魯特設美國大學（American University of Beirut, AUB），並在中美洲巴拿馬運河佔領區設軍校，都是典型文化侵略，吸引了該地區的精英加以教之育之，變成未來美國在該國或該地區的代言人，譬如前任聯合國秘書長蓋里（Boutros Boutros-

Ghali）博士就是出身埃及的美國學校；另一個文化交流的管道是國際貿易，隨著各國商人將貨物暢其流，自己亦流浪足跡遍天下，貨物與商賈在世界各地帶動文化傳播，這種交易買賣行為如今更是空前活躍，有時更甚於商旅之推動，例如美國的可口可樂飲料、伊朗的地毯、孟加拉的老虎；然而有時早期外傳的物品常被改頭換面，重新包裝被人誤以為別人的東西，例如被誤認為德國典型食物的馬鈴薯，事實上早在十五世紀中葉由玻利維亞傳到歐洲，我國的獼猴桃傳到紐西蘭，當初被呼為鵝蛋（Goose egg），後來被改名為奇異果（Kiwi），可知傳播以訛傳訛盜用的可能性；因而教育肩負傳播文化廣告文化之責，展望21世紀，教育更負闡釋雙重文化主義（biculturalism）或多重文化主義（multiculturalism）之任務。

至聖先師孔子生於春秋末期是世界上最早的自由講學者，也是最早將學術公開給平民子弟的教育家，漢代以還，被國人尊為「大成至聖先師」，孔子整理六經，刪詩、書，定禮、樂，作春秋，遂集古代中國文化之大成；他在晚年獨鍾易（周易·易經），由於孔子的闡述，易學昌明成了中國哲學的核心，陶融中國民族性，孔子弘揚功勞極為偉大。易經不但是哲學的也是科學的；孔子讚揚「十翼」，「翼」就是幫助輔佐的意思，從十種不同的角度或方法來解釋深奧微妙的卦象卦辭，其六十四卦以乾坤為首，以乾元統天，乃能開創資始；坤元配地，能順承資生，乾坤配合，以生以成，以孕以育。系辭曰：「古者庖牺氏之王天下也，仰則觀象於天，俯則觀法於地，觀鳥獸之文與地之宜，近取諸身，遠取諸物，於是始作八卦，以通神明之德，以類萬物之情。」故易學是天人合一之道，更是宇宙萬物科學探索之原理。

　　《易經》為群經之首，乃中華文化的準繩，是民族精神的理念中心，具中華文明史最有影響力的著作，也是西方流傳最廣且最著名的中國經典著作，僅英譯本就有三十多種，其中多數注重《易經》的占筮，很受廣大讀者的歡迎。少數譯本注重易學的理論，「抽象」還原為「具象」的六十四卦辭和三百八十四爻辭的文學意義。有趣的是西漢時焦延壽所著的《焦氏易林》將六十四卦象如何演變成另六十四卦象，寫成有預言性質的四千零九十六首（六十四平方）四言詩。在四言詩的創作上，可說是我國文學史上的奇葩。

　　孔子曰：「一陰一陽之謂道」，今日電腦採二進位運作，定的基本概念是從一開一關而來，開用「1」，關用「0」，實則就是一陰一陽。易經啟蒙了瑞士數學家（Jakob Bernoulli, 1654 ～ 1705）創造了「二項式定理」（Binomial theorem）的公式，乃易學中卦象排列的變象有助於現代統計學及企管學。之後《易經》影響德國數學家萊布尼茲（Gottfried.Wilhelm.Leibniz, 1646 ～ 1716）二進讀數制度的關係，是易學史上的一件大事。他在西元 1679 年寫出「二元式算術」二進制「0」與「1」代碼，由於其佔用計算機的元件少，性能狀態最穩定、運算簡便等優點，而被現代計算機廣泛地應用。西元 1701 年 11 月他看到伏羲六十四卦易圖，發現了易圖中的陰爻與陽爻分別以「0」與「1」代表，不就是0至六十三的二進制表；於是他在1703年的論文（談二進制算數）中發表了易圖結構二進制算數的一致性觀點。西元 1945 年 3 月美國人馮‧諾伊曼將十進制改為二進制，大幅度簡化了計算機（computer，我們又稱電腦）的結構和運算過程，今天，用「奔騰」蕊片製作的多媒體計算機，號稱「諾伊曼機」使他成為電子計算機之父。

　　易經曰：「河出圖，洛出書，聖人則之。」河圖是天地自然氣數所賦而成其自然之象；洛書與河圖同類而異象，由一至九相同，惟欠十。電腦學理源於「河圖•洛書」。河圖的勾股弦，徵諸希臘的畢達哥拉斯定理（Pythagoras theorem）線型程式設計法（Linear programming），蛻變為陰陽相濟，執兩用中，平衡點的求算。洛書是八卦佈位的基礎，乃三三魔方陣的創作，西元 1261 年浙江錢塘人楊輝在「詳解九章算法」乙書中依據洛書原理排出四四方陣、五五方陣及十二方陣（百子圖），253 年後，西元 1514 年德國畫家（Dürer Albrecht, 1471 ～ 1528）創作魔術方陣（magic square），縱橫各四格，總共十六格，散佈在各個格子的數字，無論從縱橫對角相加均為三十四數目字。

　　根據中共中央宣傳部在西元 2003 年 6 月 8 日的「三個代表」重要思想學習綱要，就中國特色的社會主義文化，是凝聚和激勵全國各族人民的重要力量，是綜合國力的重要標誌。在當代中國，發展先進文化，就是建設社會主義精神文明。精神文明建設完成，人心凝聚、精神振奮，經濟建設和其他各項事業就會全面興盛。在社會主義條件下，物質文明、政治文明和精神文明彼此緊密聯繫而又有各自的發展規律，互為條件、互為目的、相輔相成。物質文明的發展處於基礎地位，政治文明為物質文明的發展提供政治保證和法律保障，精神文明為物質文明的發展提供思想保證、精神動力和智力支持，它們對物質文明的發展能夠產生巨大的促進作用，建設中國特色社會主義是經濟、政治及文化全面發展的過程，物質文明、政治文明和精神文明全面建設的進程。

　　質言之，今天我們透過「教育」發揚「易經」從內在的「文化」而形諸外在的「文明」，或精神的「文化」而轉化為物質的「文明」，彰

顯偉大的「中華文化」，不但影響人類文明，更達宇宙文明；與所謂的「西方耶穌基督教文化」或「西方民主法治文明」同中有異、異中有同；其思維方式或內涵結構與傳統的中國說法有差距，亦與當代的中國不盡相同。名詞的解釋在時空的變化中總需配合主觀願望或客觀事實的差異性。

（本文刊載「新易雜誌」第 16 期，中華新文教協進會，2006 年 9 月 4 日於臺中市，頁 28 ～ 31）

7.
關於「國際私法」學門（Fachgebiet）的授課經驗及展望

　　這個世界的時序，在進入西元 20 世紀 80 年代前後發生了五件關鍵性大事。第一、中國在 1978 年鄧小平宣布「對內改革，對外開放」；第二、美國民主黨雷根總統（Ronald Wilson Reagan）提倡雷根主義（Reagan Doctrine）導致 1991 年結束冷戰；第三、德國柏林圍牆在 1989 年倒塌；第四、日本經濟在 1990 年泡沫化；第五、蘇聯在 1991 年 12 月 25 日解體。臺灣洞察先機風雲際會與世界各主要國家幾乎同步推動世界和平，李登輝總統在西元 1987 年宣布解除戒嚴。從此「全球化」的名詞已非口號，借助「強大的世界衝擊」使得全球「交通技術」與「資訊技術」加速度人力與物力交流與累積，整個世界的時空受到壓縮，世界各國追隨潮流，紛紛修正「國家政策」，高舉的「人權」大纛，一時重新成為時尚名詞，就「教育政策」而言，推動「學術自由」成為象徵性的指標。

　　日本經濟學家大前研一指出「民族國家的結構」可能將受到「國際經濟組織」的挑戰，而改變世界新的組合，但是，本人認為真正有可能瓦解「國家組織」而影響全世界的是民族力量結合宗教力量強過經濟力量。今天，聯合國已有 193 個會員國（含：最新的南蘇丹共和國、

Republic of South Sudan），卻沒有一個國家是真正的單一民族國家，每個國家都擁有兩個以上民族或宗教，而每個民族或宗教卻又不一定只生活在一個國家，今後縱然再分裂為更多的國家，恐怕仍然無法滿足真正「一個國家一個民族一個宗教」的或然率；每個國家總有或多或少的民族問題或宗教問題，可謂同中有異，異中有同的矛盾。

　　盱衡臺灣解除戒嚴後的最新形勢，基於政策的需要，法規從配合修正或廢止方向大幅度改變，1994 年修訂的「大學法」朝向「教授治校」與「權力下放」兩大主軸推動，於是衍生出「大學自治」、「學術自由」及「大學法人化」的運作。李煥在 1984 至 1987 年間擔綱教育部長時，曾規劃「國立大學朝研究型大學化」與「私立大學朝教學型大學化」施政，但是由於社會上的反對而作罷，其構想或許參考英國高等教育的理念運作，將「大學」區分為「研究型大學」與「教學型大學」；英國在殖民時期將國內的大學區分為「研究型大學」與「教學型大學」兩大類，而將殖民地大學的功能僅侷限於「教學型大學」，星加坡曾經被英國殖民，當年星加坡大學被定位在教學型大學，獨立後，政府將該大學轉型為「研究型大學」，將星加坡的各行各業領導，從萬分之一的人口比例提拔出來，這些人才必須出身星加坡大學再賦予長期觀察栽培成之，其他各大學院校則負責培養「就業人材」。

　　今天臺灣的高等教育思索符合「全球化」標準，難矣哉，實因臺灣的公立大學既要走學術路線，又要培育優秀學子，私立大學總在經營方針上徘徊，難在研究上有所突破，辛苦培育出來的學生卻良莠不齊。歐洲各國在第二次世界大戰之前一向採精英制，如今「市場化」大行其道，從過去的「精英制－菁英主義」轉化為「普及制－普及主義」；臺灣既

想將大學定位於「象牙塔式的學術研究殿堂」，又要顧慮「實用市場的職業訓練機構」，配合日新月異的職場生態與社會環境，於是乎大學教育被「社會經濟」牽制。德國亦逐漸揚棄行之已久的 Numerus clausus 高等教育政策，乃行政機關透過行政法規，嚴格篩選限額的學生進入特別的院系研習特別的課程之措施。德國哲學家馬克斯（Karl Marx、1818～1883 年）的「量化質變論」，高等教育的大量擴充，導致當下普通大學趨向技職化，技職教育向補習班傾斜，使得整體教學品質下滑，社會用人單位只好採取職前訓練或在職訓練因應之。

　　本人在高等教育機構的各種班次講授法律學科，曾經做過多次口頭或書面問卷調查，發現同學們對於大學所開的學科，認為最枯燥無助於日常生活的科目是數學，然而根據美國有線電視新聞網（Cable News Network, CNN）的統計報導：「今天美國名列前 15 名的高薪水行業，都需要數學的基礎與技巧」；其次就是法律，認為法律雖單調難懂，但有助於日常生活，以此類推，設若今天臺灣的高薪行業需要法律的基礎與概念，也許大學生對學習法律的興致會高些。教育部的大學評鑑，向採左手持棒子，右手拿紅蘿蔔政策，扮演既監督又鼓勵的角色，如今推出評鑑制度，雖由社會上第三者立場主導，但教育部仍介入頗深。例如，研究機構的健全、教學人員的水準、畢業生就業的追蹤及圖書實驗設備的充實。本來大學教育的宗旨是：教學、研究及社會服務，就大學的成員結構，有授課老師、行政人員及學生三大群體，第一流大學的評鑑成績，視大師級的學術表現最受矚目，依此推論，優良的老師應是大學教育的關鍵因素，我們法學老師應如何扮演這個角色呢？《禮記·學記》第十八篇點出：「君子既知教之所由興，又知教之所由廢，然後可以為

人師也。故君子之教喻也，道而弗牽，強而弗抑，開而弗達。道而弗牽則和，強而弗抑則易，開而弗達則思，和易以思，可謂善喻矣。」

　　許多老師懷着滿腔熱血，掌握專業知識，進入大學殿堂，期能一展教與學、研究與服務的鴻圖大志，然而針對崇高的信念，大學教師應警覺，在這個急遽變化的社會，不能與小時候所看到而憧憬的角色對比，世界悄悄地在變化中，如何做個「快樂」而「稱職」的大學老師，值得深思熟慮。就時代而言，我們所面對的「學生」，不是當年的「我」，應檢討的是今天「我的教法」，似乎無法滿足「今天的學生」，因為「時代在變」，而「我的理念、堅持及感覺沒有變」，結論是我必須「自我調整」，提升「教學品質」。俗諺「20 年如一日，我們長期居住在熟悉的社會，對於這個社會的觀察是遲鈍的」，反之「一日如 20 年，我們離開這個社會，在另外一個社會生活了 20 年，回來時，發現這個社會變化極大而驚訝不已」；我們的大學嘗試用各種方法輔導新進教師提升教學品質，例如：博士論文的審查，進用前的試講，研讀教師增能手冊（美國稱教學資源手冊），每學期開學前一天的師資增能講習，學期中隨時舉行師資增能活動，每三年的升等壓力，出席國內外專業研討會並發表論文的記錄等等。假以時日教師們的成就也許將符合《禮記‧學記》第十八篇的效果如文：『雖有嘉肴，弗食，不知其旨也；雖有至道，弗學，不知其善也。是故，學然後知不足，教然後知困。知不足，然後能自反也；知困，然後能自強也。故曰：教學相長也。《兌命》曰：「學學半。」其此之謂乎？』

　　然而當一位初任法學老師，理應尊重老師的專長開課，學校行政或人事糾葛，常影響學校或系上的運作，不應從課程找老師或因學分數而

加減某些學科的鐘點數，所以導致，本文討論的「國際私法」課程，當然應該安排在法律系，可是也會在一些不相干的科系出現，卻不知其適當性，而學分數，從最少 2 個小時到最多 4 個學分的 72 小時都有，對於授課老師的衝擊頗感無奈。質言之，如何才能成為快樂而勝任的老師，最終成為大師級學者，實應自我具備：

　　第一、神聖的使命感；第二、專精的學業知識；第三、堅強的毅力；第四、既熱心又有耐心；第五、冷靜的思維模式。套句德國大學校園的說法，教授是「年年留級的學生，也是幫學生讀書的書生」，我們今天在大學培養人才，栽培一個大學部畢業生應具備「人生開始自我學習成長的能力」，一個碩士班畢業生應具備「自我獨立研究某學科的能力」，博士班畢業生應具備「充分掌握專精各相關學科的知識，並具整合應用批判的訣竅」。唐代文學家韓愈在「師說」提到：「師者，所以傳道、授業、解惑也。」今天老師擔綱的角色，只是推動學習的動力，設計一個容易學習的環境，而非知識的傳播者，如今的大學生懂得經由數位與媒體獲取資訊，有其方便性但亦有其盲點，這時老師應該指導同學汲取正確資訊加以整合而為己用。這套理論應用在今天資訊發達的時代，略有差異，在古代，知識的累積有賴老師用加法模式，一點一滴傳授莘莘學子，今天宜採「先博後約」，用過濾式遞減法，老師將排山倒海堆積如山的知識，透過梳理、評估、回饋、篩選出有價值的知識回授學子。

　　夫人類之異於禽獸，因為人類懂得思考、保存、記憶、儲存，再推陳出新，知識於焉誕生，德國學術界將知識區分為自然科學（Naturwissenschaft）、人文科學（精神科學）（Geisteswissenschaft）及社會科學（Sozialwissenschaft），法律學來自社會回歸社會，解決規

範社會問題的學問。對於「法律學」在「法律教育」的定位，在「社會科學」的重要性，早獲肯定毫無疑問，許多人誤以為學習法律必須具備強大的記憶力，做為記憶多如牛毛的法律條文，這就錯了，事實上「法學」有它的「幻想性」幻想未來新世界與「促進功能」推動新理想，以我國憲法第 166 條與第 167 條的「發明與創造」為証，有「創新性」、「未來性」與「潛在性」，再以我國醫療法第 56 條與第 57 條，有關「人體試驗」可為明証；德國著名的童話文學家格林兄弟（Jakob &Wilhelm Grimm）都是出身法學家，可見撰寫童話與研擬法案都需要無限的幻想力。

　　法學教育有它自成獨特的一套授課訣竅，就是在臺灣、中國大陸、日本、美國、德國及中東各國共通執行的「蘇格拉底法」（The Socratic Method），蘇格拉底（Socratic，西元前 469～399 年）是古希臘哲學家，與我國孔子齊名，東方西方兩個世界的大哲學家、教育家，相互輝映照亮全球思想界，但是蘇格拉底終身述而不作，一生的成就由愛徒柏拉圖（Plato，西元前 427～347 年）發揚光大。蘇式風格就是「反詰法」又名「詰問法」（irony），採取「假裝不知故意盤問學生的風格」，第一步，提出「質疑」，第二步，提出「問題」詢問，為什麼必須懂得這些知識？第三步，「發言論述」，第四步，因「不了解」而求取「証明」；德國法學論述總在「前言」用「提問」（Fragestellung），日本在「前言」用「問題の所在」作為破題之引言，我們也採納「只有經過法律檢驗的生活」才是「合乎法律準則的生活」，卻常常在思維過程「自問自答」，打破砂鍋問到底，最後走火入魔，「自己將自己問倒了」。質言之，大前提，尤應將取「啟發式教育法」（heuristic）、「答辯法」（finding）、「辯

証法」（dialectic）務必求取「定義精準」、「思維清晰」、「分析透徹」、最後「歸納法」（inductive）找出結論。

關於「國際私法」只是學科名稱，然其法律面貌在世界各國則五花八門，我國唐律有「名例篇」，「名者，五刑之罪名；例者，五刑之體例」，內涵是「諸化外人，同類自相犯者，各依本俗法；異類相犯者，以法律論。」民國 7 年頒布施行「法律適用條例」，民國 42 年 6 月 6 日公布施行「涉外民事法律適用法」，民國 99 年 5 月 26 日修訂增至 63 條。其名稱源於德文「Internationales Privatrecht」，德國的學科名稱採納「國際私法」，「法律條文」卻為「民法導法」（Einführungsgesetz zum Bürgerlichen Gesetzbuch, EGBGB），繼受德國法的日本與韓國，學科名稱亦用「國際私法」，法國使用「Droit International Privé、國際私法」又稱「國際民法」；英國使用「Private International Law」，美國使用「Conflict of Laws」早年學生修習這門課大都安排在 3 年級，之前的第 1 學年與第 2 學年，需先修習法律基礎課程，至於不及格則不准修「國際私法」，這種「擋修」的作法頗具成效，如今被取消了，有些系將這門課排在 2 年級，不用功的學生連基礎法律學科都不及格，到 4 年級還在補修民法總則，而 3 年級的「國際私法」照修照及格令人嘆息。

至於以什麼先修課為主，本人認為應以法學緒論，全套私法體系（含：實體法與程序法），同時修習行政法（含：稅法、土地法、國籍法、公司法、智慧財產權法）、國際訴訟法及國際公法（著重：人權問題、環保問題、衛生與產品標準化問題），至於搭配的課程應含：理則學、經濟學原理（含：國內外經濟狀況）、政治學原理（含：國內外政治時勢）及社會學原理（含：國內外社會現象）。到了第 4 學年，學生可以

修習國際經濟法、國際貿易法、國際投資法及跨國企業法等較高深實用的課程，最重要讓同學了解，這門課是承上啟下的連繫課程，第一、它將「國內的法律系統」與國際接軌；第二、它在「國際司法體系」運用「規避法律手段」，將「某些案子」或「搶」或「推」以爭取「最大利益」；第三、它將「國際經貿法則」在「某種客觀事實」壓力下，被迫納入「主觀願望」，帶回國內運作。設若要將這門課發揮淋漓盡致，同學們應俱備優良的英文程度，甚至多修一門外語。老師應認清自己扮演的角色，乃是：老師與學校之間的教學契約，學期開始，將課程的「目標」宣佈，教學大綱（syllabus）按照教學進度公告，接著提出選用「教材」及「學習資源」，大致有：

　　一、教科書，中文以馬漢寶大師的「國際私法總論」與林益山教授的「國際私法與實例解說」為範本，英文以 Albert A.Ehrenzweig 教授的「Conflicts In A Nutshell」為範本，德文以 Gerhard Kegel 教授的「Internationales Privatrecht」與瑞士 Kurt Siehr 教授的「Internationales Privatrecht」為範本；法文以曾陳明汝教授所譯述的「國際私法各論，Henri Batiffol 原著」為範本；二、網站訊息；三、期刊；四、新聞報導；五、統計資料；六、法規命令；七、研究論文；八、個案報告；務必灌輸同學，法律學不是一門孤立在象牙塔內孤芳自賞的學問，而是來自社會回歸社會的知識，運用「自然科學」技術，謹慎地處理「這個社會」，所以，採納「編碼社會科學」（Statistical Package for the Social Sciences, SPSS），根據一定規格，將「研究資料」轉換成可進行「統計分析」的數碼資料，作為「統計計畫」的依據。至於聲光電的輔助教學工具，從早年的幻燈片、錄影帶、投影片（簡報軟體－Power Point）、隨身碟、

平板電腦，到今天的雲端運算（cloud computing），使得授課效果大幅提升；至於情境教學，美式的模擬法庭（Moot Court），實際使用率不高，設若多費心思，應能帶動同學感受身歷其境的踏實感，再就是讓同學知道與教授晤談時間（Sprechstunde, office hours）及 E-mail，裨便回覆疑難雜症，最後介紹教學助教（wissenschaftliche Hilfskraft, teaching assistant, TA），有時同學基於年齡，學識差距更願意與他們接近，而對教授持膽怯仰之彌高排斥心態。

本人建議研讀二個令人著迷且對認識法律幫助極大的學門，第一、語言學：例如：英國劇作家莎士比亞（William Shakespeare）以洗煉的筆觸寫劇本，德文的「詩」（Dichtung）有「濃密」的意思，詩歌將語言的精華濃縮了；法律措詞就應像法律條文扣緊「簡潔精準，不蔓不枝」的標準。第二、數學：也許比法律更枯燥的學問，但是我們在研究法律，需要以統計學為基礎，生活上需要以數字來轉化表達各種現象，例如：MP3 播放器，將音樂轉化為數字，摘取音頻中的 1/12，去除其餘不需耳朵吸收部分的數位音樂，當我們在欣賞高品質的音樂時，處理國際侵權行為，評估損害賠償，是否更精準點了。

我們研究「國際私法」的理論，回顧歷史的演變，「法律衝突」早已存在世界各統治領域；中國早在周武王時代發端，春秋時代逐漸成型，戰國時代發揚光大，古希臘的希臘法在西元前 500 年，對內的城邦間暨對外與埃及間都具「國際私法」的理論與實踐。如今時空兩變，臺灣自從於 1972 年退出聯合國，從此退出世界上「最大的國際政治組織」，本可與中國大陸對調「和尚打傘，無法無天」之作法，奈何主客形勢丕變，就連「政府對政府之間關係，government to government」的國際公

法既無心又無力，而「人民對人民之間關係，people to people」的國際私法雖有心但無力；導致「國際私法」的定位及重要性總被質疑，臺灣的「涉外民事法律適用法」遲滯了 58 年才修正完成，中國大陸的首部「涉外民事關係法律適用法」已於 2010 年 10 月 28 日通過並在 2011 年 4 月 1 日施行，總共 52 條，具有中國特色的社會主義法律體系在涉外私法領域初見成型。

　　本人建議「國際私法」的教學可着重三大方向：第一、以今天的高科技時代，自然科學理論研發出許多學習法律的輔助教材，實務上，有待吾等開發出一系列易學易懂生動活潑的教材推廣運用，對於強化法學教育大有裨益。第二、「國際私法」研究的內涵宜將重點置於：從法學理論較先進的國家切入，例如：德國、法國、日本、美國。從臺灣交往比較密切的國家切入，與臺灣經貿，旅遊頻率較高的國家或地區合作，例如：美國、日本、德國、法國及英國。第三、特別重視與中國大陸的關係，隨著臺灣的「涉外民事法律適用法」與中國大陸的「涉外民事關係法律適用法」，分別在 2011 年 5 年 26 日及 4 年 1 日開始公布施行，唯對「中國行政區域」的 6 個「自治區」之特殊地位及「香港特區」與「澳門特區」之特性需要多加考量。這次臺灣的修正幅度巨大，內容架構體系完備，充份配合國際新局勢與經濟新型態，條文精神著重涉外商務及兩性平等兼保護本國子女以達明確度與合理性。中國大陸的條文具標誌性法律且符合專業法律，在全球化、改革開放及跨國民事交往頻繁的時機，充份注意到網路侵權、產品責任及智識產權的問題。中國工商界適時提出「企業社會責任」觀念，絕對裨益中國產品在全球的信譽。

　　1957 年諾貝爾物理學獎獲獎人李振道指出：科學，就是以最簡單

的道理揭示大自然深奧的規律；藝術，就是以單純的形式描述人類最複雜的感性。為了啟發學生如何將不同領域之知識，作跨科際整合之思考，例如：人文科學、社會科學及自然科學之融合、或將研究自然科學的方法應用到社會科學。英國科幻小說作家赫胥黎（Aldous Leonard Huxley、1894－1963年）的名著美麗新世界（Brave New World）的幻景，也許引起英國愛丁堡大學（Edinburgh University）The Roslin Institute 於1996年複製羊成功的動機，如今由於基因重組與複製（clone）等生化科技突飛猛進，使得人工生殖與器官移植等醫療科技美夢成真，法律的角色就該思考它的必要性與正當性，進而規範科學技術的方法與程度。羅馬共和國政治家西賽羅（Marcus Tullius Cicero、西元前106－43年）指出：有社會斯有法律（ubi societas ibi jus）。我們研究「國際私法」，面對充滿挑戰的廣闊天地大有作為，願與各位大師共勉之。

（本文發表並刊載「2011海峽兩岸國際私法學術研討會論文集」主題為「兩岸新國際私法之比較研究」，2011年9月20日，星期二於臺北市，頁734～743）

8.
初探國家機制下（Mechanism）的
回教法律體系

目次

摘要

本文指出，縱然全世界人口已接近 69.6 億，只有 11 億沒有宗教信仰，証明人類心靈的深處，仍然感受強烈的不安全感，需要藉助宗教的慰藉。回教的影響力位居世界第二位，僅次於耶穌基督教。儘管世界上有許多野心家，企圖統合世界，其理由不外乎政治理念、軍事揚威、經濟滿足，民族感情或宗教信仰，回教界也不例外，但是今天的國際政治，仍以「國家」的機制較具規模與成熟，國際組織也在國家的架構上儼然成型。

回教在宗教的立場，成立一些泛回教國際組織，但成效不彰；回頭建立以「回教」為國策的國家，將回教的古蘭經法律化，我們以歐美法系的觀點檢視回教法律體系，總覺有些扞格。回教創始於西元 610 年。面對 1500 年前的背景，當初既然無法想像未來的世界。唯有透過抽象的道德語言作為規範，我們必需在舊有的基礎上不斷汲取外來新的衝擊而推陳出新，否則當然無法闡釋層出不窮的新生事物。

回教法律體系區分為五大派系，其法源包括古蘭經律例、聖訓律

例、類比、公議，在實務的運作上：古蘭經堅持基本核心價值，聖訓的
功能是解釋並補充古蘭經，類比具有推測心證的作用，公議具有察納社
會輿論的客觀性。

　　我們檢視在國家的機制下推動回教法律體系，應該秉持理性與超然
的立場，月旦其優缺點或適應性，寧非一椿值得推敲的使命感。

　　關鍵字：回教法律體系、回教法、古蘭經、阿拉伯國家、宗教自由。

A primary study on the Islamic legal system under the "Country Mechanism" within Muslim Countries.

Abstract

As this article points out, even though the world's population is approaching 6.96 billion, only1.1 billion are without religion. This shows the depths of the human mind, and indicates that the majority of people still feel a strong sense of insecurity and need the help of religious consolation. The influence of Islamic thought in the world is second only to the influence of Christian thought. There are many ambitious people who attempt to unite this world. Through their political ideology, military conquest, economic integration, racialism and religious beliefs, and the Muslim community is no exception. However, in today's international politics, the function of a "country" is still to govern with the mechanisms of scope and maturity. The structure of international organizations is also one of national cooperation.

In the religious world, Islam has tried to establish a number of pan-

Islamic organizations, but the effect is limited；therefore to establish a "Muslim unity" as a national policy of each single country, the laws of the Koran of Islam have become a "national policy". Islam was founded in 610 AD, about 1500 years ago, and to some extent still resides in an ancient age. We, as legal systems scholars, need to continuously improve the old ideas, based on comparisons of the external impact of new innovations. Since it is impossible to imagine the future of the world, this can only be achieved through abstract moral terms.

We must try to examine the countries that enact Islamic law, and look at how they uphold the rational and the transcendental standpoints, and offer criticism of the advantages or disadvantages with regard to its adaptability, rather than the impossibility and responsibility of its mission.

Key words: Islamic legal system, Shari'a, the Koran, the Arab countries, freedom of religion

壹、回教的法律體系與阿拉伯國家或非阿拉伯國家的關係

目前全世界有 193 個國家（country）（含：南蘇丹共和國，Republic of South Sudan）是聯合國會員國，另有 39 個主權領域（sovereignty territory），全球有 52 個國家實施回教法律體系，其中 23 個阿拉伯國家實施寬嚴程度不等的回教法律體系，尚有 29 個非阿拉伯國家也實施寬嚴程度差異的回教法律體系；質言之，今天全球約有 69.6

億人口，其中有 15.7 億回教徒，占全球總人口的 23 ％。回教的宗教影響力已居世界第二位，僅次於耶穌基督教的 22 億信徒。

貳、中東文明的發端

　　夫人類的文明光輝發端於四個源頭，曰：一.華夏文明‧二.古印度文明‧三.古埃及文明‧四.美索不達米亞文明（Mesopotamia）【註 1】，又稱巴比倫文明（Babylon），乃兩河流域地勢低窪的下游區域，居住在該地區的人民也許是人類最早的文明人－蘇美人（閃族人）（Sumerian）－他們相信眾神創造人類，祭拜太陽，月亮及其他行星，願作眾神的奴隸，地球上的家畜與穀物也是上帝賦與人類的禮物。舊約聖經（the Old Testament）的創世記篇（Genesis）提到，供應伊甸園亞當與夏娃的水來自遙遠的東方山脈，水源地在土耳其北部標高 2,000 公尺的山地，有世界最高的炎熱地帶，每年下雨不到 10 天，只有 150 釐米雨量，日積月累形成沙漠，冬天又會積雪融化成滂沱大河，奔流東南方的波斯灣，水流之處經常造成突發性洪水，衝入田地或城鎮，氾濫成災，造成人民流離失所，後來形成四條河各自奔流，其中兩條大河，就是聞名世界的幼發拉底河（Euphrates）與底格里斯河（Tigris），之後，迤迤邐邐土耳其東南方、敘利亞北部、在伊拉克滙流後進入波斯灣，兩河流域的土地就是共同沖積的平原，中東文明的搖籃－－ 美索不達米亞文明的誕生地也；舊約聖經創世記篇第 8 章第 4 節，有一段生動的描述諾雅方舟（Noah's ark）故事，滿載雙雙對對的萬獸到處流浪，

【註 1】美索不達米亞文明帶給中東極大影響。

在土耳其的安那托利亞高原（Anatolia）飛行，最後諾雅方舟降落在標高 5137 公尺的亞拉臘山脈（Ararat）的山頂，其中心點恰好在土耳其首都安卡拉（Ankara），美索不達米亞最古老的神話學又名吉爾伽美什史詩（The Epic of Gilgamesh），吉氏係由 2/3 的神揉合 1/3 的人之合體，約當西元前 2700 年，巴比倫地區的 Uruk 王朝，描述在 Gilgamesh 國王統治期間發生的故事，就法律觀點加以評論，成為舊約聖經創世記篇第 3 章的故事，用簡單的對與錯二分法，剖析分辨人類的行為是什麼罪該怎麼罰的表達方式。千年之後，巴比倫帝國（Babylonian Empire）的第 6 代國王漢摩拉比（Hammurabi，西元前 1792 ～ 1750 年），在西元前 18 世紀統一了整個美索不達米亞平原（Mesopotamia plains），制定漢摩拉比法典（Hammurabi's Code），以楔型文字撰寫，內容含序言與本文 282 條，是一部司法判例的滙編，其中第 136 條及第 200 條分別點出以眼還眼（eye for eye）、以牙還牙（tooth for tooth）；歸納為著名的刑法比例報復原則，這個法則後來導入舊約聖經以賽亞書第 52 章（Law of Retaliation, Lex Talionis），從此影響猶太人的猶太法系第一部基本典籍「塔納赫」（5 卷 Torah，又稱摩西五經，又稱律法書）及阿拉伯人的回教法系。

參、文化的內涵及其演變

我們長年習慣的生活方式，反映文化底蘊，證明生活與文化是一體的。所謂文化，涵蓋：語言、文字、宗教信仰、社會觀、自然觀、審美意識、生活習慣、人際關係、生活上所需的各種物品和工具以及維持社會的各項制度。文化的演變是在傳統的基礎上不斷加入新的元素來替換

或重新組合而持續變化的現象，無論是現在或未來都是如此，決不是固定不變的面貌。

一、自從人類累積文化至今已經超過五千年，我們的世界從文字、語言及宗教的交流，逐漸發展出幾個文化圈，藉著打破文化圈之間的藩籬，許多新制度及新訣竅（know how）都可互相分享，「全球化」正如火如荼加速度地進行中。正因為萬物之靈的人類創造許多不同性質且多樣的文化並存在這個地球上，人類社會才會變得如此多采多姿；以民為主的共和主義，也是以了解及尊重各個文化的異同為前提。

二、阿拉伯文化特質，構成要素有五大類，曰：

（一）精神寄託：宗教是重要成分，古蘭經發揮內在凝聚力。

（二）語言文字：阿拉伯語言文字獨樹一格，許多阿拉伯人借助抄寫古蘭經而自我堅定信心或修心養性。

（三）古蘭經的法律化：回教的教義作為規範法律體系的內涵。

（四）社會結構：國家政策、政府組織，教會霸權在學校、工作場所、家庭及清真寺相互密切合作，形成一個大封閉體。

（五）物質生活：建築物、器皿、服飾的外在觀感非常制式化。

例如：阿拉伯文化對水的管理演變成今天的數學體系，建造神殿做為發展都市的基礎，創造楔形文字奠定歷史傳承、發明太陰曆促進人類生活的秩序及鑄造銀幣發展經貿活動。

三、然而時光流轉，再強勢的意識型態有時也得因應科技文明調整做法，西元 2007 年馬來西亞的回教徒太空人 Sheikh Muszaphar SHUKOR 搭乘蘇俄太空艙進入太空，環繞地球運轉，太空艙以每 90

分鐘的速度環繞地球一圈，每天必須環繞地球 16 圈，在太空 11 天總共環繞俯視地球 176 圈，若按照回教教規，每天禱告 5 次，可能要禱告 5 次 x176 圈的 880 次，然而馬國宗教局為他頒布調整後的執行準則（Ibadah），特准他每天仍舊只需禱告 5 次，也就是 5 次 x11 天的 55 次，但是禱告的經文仍舊比照回教徒搭乘飛行器的禱文【註 2】，可見高科技有時候也可以與教規並行不悖。

肆、回教的誕生

創立回教的穆罕默德【註 3】（Abdullah ibn Mohammed, 570 ～ 632 年）誕生在今天的沙烏地阿拉伯王國麥加（Mecca），享年 62 歲。曾與 13 位女子結婚，出生前 2 個月父親已去世，6 歲時慈母見背，由伯父與叔父接力撫育長大；幼年時生活清苦，25 歲時跟隨 40 歲的寡婦富商赫蒂嘉（Khadijah bint Khuwaylid）學做生意，之後與她結婚；由於當時的醫學常識認為人類的大限只有 40 年，因此他在 40 歲那年（約在 610 年）利用閒暇時間到麥加北郊的希拉（Hira）山洞冥想，某晚突悟「神的啟示」，於是接受真神阿拉（Allah）的徵召。融合猶太教、耶穌基督教、阿拉伯半島的各種原始傳統部落神，以及當地社會現象及民族特色，歸納為回教教義。回教的創教始祖與佛教一樣，都是我們人類，而與天主教或基督教不同，他們的創教始祖卻是人神合體。

【註 2】例如：飛機上的禱文：Prayer（Doa'）when getting into a vehicle（when travel）：（Glory be to Him〔Allah〕Who has provided these〔transport〕for our use, for we could never have achieved these〔by ourselves〕. And to our Lord we must surely return）。

【註 3】穆罕默德是回教的先知。

伍、古蘭經的孕育及其「六信五功」的義務

穆罕默德的傳教條件極為艱苦，他的言行由弟子隨機背誦以古阿拉伯文記錄，有時在樹葉上，石頭上或獸皮上，在他有生之年一如我們的孔子、希臘的蘇格拉底、基督教的耶穌、佛教的釋加牟尼等先賢只述而不作；因此穆罕默德曾謂：在他死後，回教將分裂為 64 派別，果然在他死後，立即分裂為弟子派（Khalipha Abu Bakr, 573 ～ 634 年）與女婿派（Ali ibn Abi Talib, 598 ～ 661 年），至於闡釋權更是百家爭鳴百花齊放；從他傳遞的「神之話語」中擷取出神的旨意，加以記錄整理取名「古蘭經」【註4】，約有 30 卷 114 章 7 萬 8 千節，最長的一章有 306 節，最短的一章只有 3 節。回教是一個入世的宗教，所以教義與信徒的生活方式關係密切，必須透過教規與法規雙管齊下，約束教徒言行，信徒必須：

一、相信「六種篤信」的義務【註5】，即：
　　（一）阿拉（Allah）：唯一且絕對的神就是阿拉。
　　（二）天使（angels）：阿拉與人類之間的信差。
　　（三）聖書（Holy Writ）：古蘭經（Qur'an）。
　　（四）先知（prophecy）：摩西（Moses）、大衛（David）、
　　　　　耶穌（Jesus）、穆罕默德（Muhammad）。
　　（五）最後的審判（來世）（final judgement & afterlife）：在

【註4】古蘭經國語釋解。
【註5】回教的信條、禮儀和修行。

審判之日，根據這個人生前的善行或惡行，決定上天國或下地獄。

（六）前定（前世）（beforetime）：阿拉透過人類的行為顯示神的旨意。

二、實踐「五項功課」的義務【註6】：

（一）證信（kalimat al-shahada），信徒懷着虔誠的心，頌唸對阿拉的敬仰，有自我集中精神的心理作用。

（二）禮拜（salah），每天 5 次面向麥加（Mecca）跪拜，具有生活作息規律化與舒展筋骨之效。

（三）齋戒（sawm），信徒從黎明前至日落期間在飲食與性行為自我克制，有益身心健康，亦有教導大家體認食品得來不易的觀念。

（四）天課（zakat），要求信徒捐款濟助窮人，有助均衡貧富安定社會的理想。

（五）朝覲（hajj），每位信徒一生得往麥加朝覲一次，具有與世界眾生共同瞻仰神秘發祥地的感受，亦有敬仰的特殊意義。

陸、國家的概念

一、中國發軔於軒轅黃帝（西元前 2697 年），華夏始祖溯自夏朝（西元前 225 － 1782 年），商朝（西元前 1783 － 1122 年），歷經西周（西

元前 1111 － 771 年），進入東周（西元前 770 － 256 年）乃「春秋時代」與「戰國時代」，秦始皇滅亡六國（西元前 221 年），中國正式成為大一統的國家。

　　二、歐美地區對國家的觀念，可從下列七點略窺端倪：

　　（一）文藝復興與宗教改革（The Renaissance & The Reformation）；文藝復興經過進步與變革而改善世俗造成啟蒙運動，宗教改革將神為本位的人生價值轉換成人為本位的新觀點。從此歐洲人的思潮澎湃洶湧，新生事物風起雲湧。例如：發現新大陸，教育普及化與殖民政策。

　　（二）荷蘭法學家格老秀斯（Hugo Grotius, 1583 ～ 1645 年），有「國際公法之父」的雅號，其名著「論戰爭法與和平法」對「三十年戰爭」（The Thirty Years ' War, 1618 ～ 1648 年）結束後，簽訂西法利亞條約（The Treaty of Westphalia, 1648 年）影響頗深，由於神聖羅馬帝國的強力介入，戰爭起源於天主教與基督教之爭，以政治上重新組合疆域重新劃分結束，主戰場德國分裂為 350 多個大小不等的國家，宗教影響力式微而政治權力抬頭，國家的理念開始在歐洲萌芽。

　　（三）蘇維埃社會主義共和國聯盟（Union of Soviet Socialist Republics, 1922 ～ 1991 年），蘇聯以政治意識型態（社會主義國家）領袖自居，宣揚並期望統治全世界的社會主義（共產主義）國家。

　　（四）國際聯盟（The League of Nations, 1919 年成立），以獨

立國家作為會員國的先決條件。

（五）聯合國（The United Nations, 1945 年成立），國際間外
交承認的先決條件，以是否為聯合國會員為前提，雖非
絕對，但有其影響力。

（六）大英國協（The British Commonwealth of Nations, 1931 年
成立），基於殖民時期的心態，由英國女王伊麗莎白二
世擔綱元首，將以前的殖民地或附屬國組織而成，有 54
個會員，每次開會嚴重干涉各會員國的內政，在國際政
治舞台仍具影響力。

（七）大法共同體（The French Union － French Community,
1958 年成立），基於殖民時期的心態，當年的殖民地是
當然會員，法國總統是組織的元首，在共同體內的高等
教育、國防、司法、外交、通訊及對外交通等六項業務
視同國內事務，該組織已於 1995 年解散。

　　三、回教國家的認知：古蘭經第 3 章第 110 節提出宗教群體
（ummah）【註 7】的概念，要求信徒為了人類群體的利益，廣泛宣導
回教的神聖使命，設法成立回教的世界組織，與當時世界上的許多國
家實體（nation）結構不一樣，當時的阿拉伯世界乃兼具政治與宗教的
部落型態（qawn），回教的目標，欲將宗教信仰統合起來；ummah 就
是將回教居高臨下統治臣民，為了管理人民的政治運作，由教義指導
一切行為準則。然而今日世界，國家的結構既普及又穩固，世界組織

【註 7】回教改革社會政治經濟的方案。

的特質成熟有效，回教國家在各地成立信奉基本教義為宗旨的兄弟會（brotherhood），埃及擔任發起國，目前回教世界大約有 2 千個回教兄弟會（muslim brotherhood），從而我們可以認識回教國家對國家或國際組織的看法。

柒、回教國家的宗教與政治關係

設法在國家的框架機制下運作回教的法律體系，其成功的或然率變數極大，得先從目標導向分析之：

一、指出這個國家的立國精神政體與治體的結構，奉回教為圭臬【註8】，並在憲法明訂回教為國家宗教，制定回教法，或將釐訂國家政策，政府措施在政治、經濟、法律，甚至社會生活模式遵循嚴格的回教教義，國家元首或主要領導人是虔誠的回教徒，整個國家社會極為尊敬回教教會人士，社會價值懸為高標準。另個說法，將回教徒占高比率人口的國家，而具回教特色的國家稱為回教國家。有些國家在國名上冠以回教字眼，讓人一目了然國家體制，例如：阿富汗（Islamic State of Afghanistan）、巴基斯坦（Islamic Republic of Pakistan）、伊朗（Islamic Republic of Iran）、茅里塔尼亞（Islamic Republic of Mauritania）及科摩多（Federal Islamic Republic of The Comoros）等 5 國。

二、依據政治（國家）與宗教（回教）間權力的角逐，有些國家將信仰視為立國的唯一價值依據，有些國家則尊重宗教自由，例如：西亞

【註8】阿拉伯國家的形成。

的黎巴嫩基督教馬龍派（maronites）、東正教派（orthodox）與亞美尼亞基督（armenian christian）合計約占總人口 1/4；敘利亞約有 10-15% 為基督徒；以色列絕大部分是猶太教徒；北非埃及有 11.8% 的科普特人（copts）信奉東正教；東非的索馬利亞黑人回教徒占 98%；亞洲的印尼回教徒占 88%；歐洲的波士尼亞－赫塞哥維納共和國（Republic of Bosnia and Herzegovina）回教徒占 44%，也許可以從各國人口與教徒的結構比例略見宗教自由的程度，宗教的傳播已經不分種族膚色而跳出國家的框框矣。

捌、回教法律化面臨道德與政治的困擾

一、回教法系將宗教法律化，從修行、禮拜到日常生活悉依回教法律亦即宗教規範運作；吾等從西方歷史了解，在西元 1817 年馬丁路德改革宗教亦然，重要任務就是打破宗教的神聖不可侵犯性，結果政教分離，將天主教的宗教法（教會法、寺院法、canon law）侷限在教堂裡，但是到今天仍未完全徹底實施，許多國家將宗教派別勢力巧妙地化為政黨派系，例如：德國的基督教民主黨，馬來西亞的回教黨，土耳其凱末爾在西元 1923 年革命成功後走世俗法路線，再加西方殖民政策亦帶給回教國家衝擊。如今，宗教在絕大多數宗教國家被侷限在教會廟堂裡，若要走出社會、國家或國際，則需另立法制；回教法律體系（sharia）將規範社會的內涵區分為兩大部分：宗教修煉（ibadat），有關禮拜儀式等事宜，人際關係（muamalat），涉及人與社會，經濟及政治的層次。

二、雙重標準發生於回教徒生活在非回教國家，世界各國憲法都有

「尊重信仰教宗的自由」，但在執行運作上很難拿捏精準，設若套用當今普世的人權價值，可以歸納為：（一）生存權。（二）信仰宗教自由權。（三）公平正義權。（四）保護私人財產權。（五）保護家庭權。

　　三、回教法規的五級寬嚴程度：

　　　　（一）必要的：每天的禮拜。

　　　　（二）建議的：慈善天課。

　　　　（三）自由選擇的：食用蔬菜水果沒有限制。

　　　　（四）受譴責的：離婚。

　　　　（五）禁止的：謀殺、吃豬肉，喝含酒精的飲料。

玖、回教法律體系的成形

　　回教的法律體系是今日世界現存正在運作的 7 個主要法律體系【註9】中，與宗教關係最密切，受到回教影響最深遠的法系。回教的法律體系又名伊斯蘭教法律體系，Shari'a 乃「經法」的意思。回教法律（Shari'a）在學說與實務上涵蓋四個主要淵源【註 10】：

　　第一、古蘭經（Qur'an）的律例：發揚穆罕默德傳教的經文。

　　第二、聖訓律例（sunna）：穆罕默德的模範言行，聖訓的功能在闡釋與評註古蘭經的內涵，回教的司法體系奠基於前述回教法律的兩個主要淵源。

　　第三、公議，又名社會共識（ijma），公認的意見，在實務運作上，

【註 9】世界上現存仍在運作中的 7 個法系：中華法系（東亞法系）、大陸法系（歐陸法系，羅馬日耳曼法系）、海洋法系（英美法系，普通法系）、回教法系、印度法系、猶太法系及社會主義法系。

【註 10】回教法律體系暨其哲理。

由一群飽學之士集會，針對某個議題遵循古蘭經及可靠的傳統加以研討。

第四、類比（qiyas）：當有爭議的案子在經訓中沒有原文可以直接引用，將數個判例對比，歸納其共同點，而得到結論，具有推測性與隨意性。自從穆罕默德去世後及回教勢力的擴張，回教法的主要來源亦顯分歧，回教的法學家、研究者及學者認知回教是神的啟示錄（Alims），信徒自由闡釋的天地頗大，容易轉換回教法律體系的規範，各自依據自己所處的環境。在芸芸眾生的法學家中，產生兩大派系，遜尼派（Sunnis）與什葉派（Shiites），逐漸發展成學派，遜尼派的伊瑪（信仰精神）（Sunni Iman）得到遜尼派回教徒（Sunni Muslims）的認同，他們踏出伊瑪（信仰精神）（Iman）的軌跡或足跡（Madhhab）。什葉派也在伊朗，黎巴嫩及阿富汗得到發揮空間，茲將 5 個學派【註 11】介紹如下：

一、哈乃斐學派（the Hanafi school）由 Imam Abu Hanifa an-Nu'man ibn Thabit（西元 699 ～ 767）創始，屬於遜尼派，重視類比與公議，不拘泥教條，法律思維非常專業，系統精密推理嚴密；臺灣、大陸暨亞洲南部、中部及西部採用該派別。

二、馬立克學派（the Maliki school），屬於遜尼派，由 Imam

【註 11】回教遜尼派與什葉派在宗教法上的區別。

Maliki ibn Anas al-Arabi（西元 713 ～ 795）創始。重視慣例，名著「聖訓易讀」，蒐集 1,700 個司法慣例，建立判例觀念，不拘泥於理論框架，在非洲北部，中部及西部採用該派別。

三、沙斐儀學派（the Shafa'i school），屬於遜尼派，由 Imam Muhannad ibn Idris al-Shafa'i（西元 767 ～ 819）創始。有「回教法學之父」的雅號，代表著作「法源論綱」，建立整套回教法律理論體系，東南亞、 阿拉伯半島南部、埃及南部及東非採用該派別。

四、罕百里學派（the Hanbali school），由 Imam Abu Abdallah Ahmad ibn Hanbal（西元 780 ～ 885）創始，屬於遜尼派，最保守，名著「穆斯奈德」聖訓集，蒐集 2 萬 8,000 條聖訓，奠定法律與倫理雙重規範的學理基礎，是沙烏地阿拉伯王國及北奈及利亞採用該派別。

五、賈法里學派（the Ja'farrya school），屬於什葉派。由 Ja'fari al-Sadiq 創始，共有 12 個支派（12 Shi'a Sect ），其思維模式傾向理智的，尊重法官的獨立判決，提倡創新，在西亞各國中，波斯文化演進既早又發達，該派系在伊朗落地生根茁壯。

拾、法律體系的多元文化
（Pluralismus von Recht System）

　　「法律多元化」在立法史籍經常出現的現象，在一個法律體制下，由於民族的差異，文化的差異而採取一國多制。以奧托曼帝國（Ottoman Empire）而言，在其統治下，當年回教徒、基督教徒、印度教徒及猶太教徒仍然過著各自的宗教生活。理論顯示，多元文化的觀念，各種宗教信仰與社會雜處的組合，多彩多姿的差異性形成法系的多樣性。事實證明，在非洲回教法系與印度法系可以並存，回教法系在非洲西部的北奈及利亞與塞內加爾廣為流傳；土耳其國父凱末爾（Mustaffa Kamal Ataturk, 1881 ～ 1938 年）在西元 1924 年 3 月 3 日仿效法國 195 年頒布的教會與國家分離法（laicite、laicity、laicism），宣布將法律世俗化（通俗化），採取世俗主義，取消政教合一，廢除奧托曼帝國的回教法律體系，建立歐陸的法律體系，1926 年 3 月頒布新刑法（參考義大利刑法），同年 10 月頒布新民法（參考瑞士民法）。如今，在中東政教合一的現象改善有限；每個宗教團體仍擁有各自的宗教法律與宗教儀式；例如：回教的 sharia 法，猶太教的塔納赫、塔木德（talmud）及米德拉什法【註12】，以及耶穌基督教的不同派系。埃及、敘利亞、突尼西亞、摩洛哥及伊拉克等回教國家都曾嘗試，將宗教儀式，尤其是回教法現代化，甚至將司法制度的宗教法庭納入國家體系；亞洲的北印度，巴基斯坦，緬甸及印尼亦曾嘗試均告失敗。

【註 12】猶太教涵蓋三部典籍。

拾壹、回教法律體系的親屬觀、繼承觀、財產觀

一、親屬觀：每一位男子最多可以同時娶四位女子為妻，但無妻妾之分，一切權利完全平等，迎娶新人前，必須先徵求現任妻子的同意，換言之，前面也許只有一位或三位，都有否決權，如今，在回教國家的回教徒，絕大多數維持一夫一妻制。例如：葉門的家庭法明訂男女平等，男女都有離婚的權利，禁止一夫多妻制，婦女在公共場所不需戴面紗，亦可着西服上街。

二、繼承觀：原則上，妻子的繼承比例低於丈夫，因為女人在結婚時已經得到丈夫的聘金，妻子有權終生擁有這份聘金，結婚後妻子受到丈夫或男方家屬的扶養，因此妻子的繼承比例只有男人的一半。

三、財產觀：重視契約與禁止高利貸是兩大主軸：就民商法的原理，早年在美索不達米亞地區的商業活動非常發達，但是生活在當地的游牧民族與山地民族之生活習慣不同，價值觀念迥異，因而制定共同的社會秩序極為困難，只得依據「契約」的原理原則來規範整個社會。古蘭經的經貿措施在當時乃新穎的規定，包括在進行貿易往來時契約書的重要性。尤其記錄穆罕默德身體力行言行舉止的「聖訓」（Hadith），被視為重要的詮釋。

（一）財產的關係：債權與債務的關係，依據古蘭經第4章第29節，准予從事商業行為，但不得侵吞別人財產，人

法從嚴，神法從寬。

（二）古蘭經在第二章「黃牛」【註13】章中規定，「阿拉允
　　　許商業行為，但是嚴格禁止收取利息」，只准進行正當
　　　商業行為獲取合理的利益，不准利用對方困境，要求
　　　支付高額利息而賺取不合理的利潤。因此，回教社會中
　　　只有猶太教徒與基督教徒允許利用金錢借貸關係牟取利
　　　息。

（三）由於資本主義的經濟系統，需要銀行融資，該如何正視
　　　金融業是合法職業而與教義取得平衡點，曾經在回教界
　　　引發大辯論。折衷方案，只禁止收取高額利息，合理的
　　　利息仍被接受，但是有些國家有時認為低額利息也在禁
　　　止之列；雖然如此，大多數的回教銀行，仍然繼續經營
　　　有利潤的存放款業務。回教銀行認為銀行與客戶是共同
　　　承擔利益與損失的伙伴，銀行將投資所獲得的利益再分
　　　配給客戶；回教銀行在借貸給客戶資金時，會儘量設法
　　　將經貿活動與回教教義共存共榮。有時擷取別人文化的
　　　特色與本身文化結合時，會改變原始文化面貌，啟發我
　　　們獲得非常珍貴的省思。古蘭經明訂禁止將借貸的資金
　　　用於賭博（自己的賭資或投資賭場），妓院或採購武器，
　　　在回教銀行曾經多次拒絕貸款給這類顧客。例如：設在
　　　沙國的銀行沒有利息，甚而依據存款金額高低或時間長

【註13】古蘭經國語譯解第二章（黃牛章）。

短向客戶收取管理費，但是，沙國為了因應大約 600 萬外籍勞工的匯兌及存款業務，而與美國及法國合夥，分別設立沙美銀行（Saudi － American Bank）及沙法銀行（Saudi － French Bank）。

拾貳、回教法律體系的刑法觀

一、古蘭經重視人權的重要性，人類的四種基本權利：生活、宗教、個人財產、個人尊嚴（禁止自殺及安樂死，墮胎，複製人等的他殺行為）。國家必須保障這四種人類的基本權利，人類之間的差異只能用法的正邪與道德的善惡程度來區分，回教徒之間的家庭、種族、膚色、宗教或語言沒有權利的差別。至於如何去落實：

（一）人類的同胞愛、平等、尊嚴。

（二）全人的教育價值，尤其重視科學知識的特殊性及其取得過程。

（三）容忍宗教的原理。

（四）婦女的解放及男女平等權利。

（五）免於被奴隸的自由。

（六）人類勞力價值與尊嚴的公平性。

（七）所有人類不分種族、膚色、宗教、性別及語言融為一體。

二、回教法系的刑法實務，舉凡一切規範犯罪與刑罰之法律都完備。特點有：殺一儆百，殺雞儆猴，治亂世用重典的刑事政策；

用刑的方式：有公開斬首、擲石致死、剁右手、鞭刑、坐牢、罰金與遞解出境，司法程序視嚴重性亦可上訴至最高法院，在維持皇室體制的回教法系國家，死刑犯必須經由國王批准才可以執行。令人困惑的是「血錢制度」（blood money），當犯罪人被定讞判決死刑，有時受害人的家屬立場比法院更具影響力，受害人家屬有權決定，犯罪人依法院判決處死或繳納贖金補償犯行而免於死罪。這個制度源出於古代的雅典法及古代的天主教宗教法，用購買「贖罪券」得以赦免罪行；今天的回教法仍保留這項陋規。

拾參、回教法律體系的立法機構

原則上，受到歐美法系影響，都設置議會，但是囿於選舉的公平性及議場的專斷做法，其公平正義備受爭議，以 3 個國家為例：

一、敘利亞【註 14】：憲法規定回教法是立法的主要根據，議會又稱人民議會，享有立法權，職掌是提名總統候選人、通過法律、討論內閣政策、通過國家總預算和發展計畫、批准有關國家安全的國際條約和協定、決定大赦、接受和批准議員的辭呈及撤銷對內閣成員的信任。議員任期四年，總統為國家元首兼武裝部隊總司令。

二、科威特【註 15】：在波斯灣戰爭之前，國內禁止一切政黨活動，

【註 14】敘利亞的立法機構。

【註 15】科威特的立法機構。

但戰後在議會選舉中出現了：回教憲章運動、回教聯盟、民主聯盟、憲章聯盟、自由獨立等政治派系。立法權掌握在國王（埃米爾，emir）和議會手裏，國王有權解散議會和推遲議會會期；行政權由國王、首相和內閣大臣共同行使；司法權由法院在憲法規定範圍內以國王名義行使；王儲的任命由國王提名，議會通過；國王任免首相並根據首相的提名而任免內閣大臣。國民議會為立法機構，採一院制。主要職掌是：制定和通過國家的各項法令規章；監督國家財政執行情況，行使各項政治權力。議會由全國選舉產生 50 名議員和現任內閣大臣組成，每屆任期四年。政府由王儲兼首相和內閣大臣組成，負責執行國家的內外政策，向國王負責。

三、埃及【註 16】：國會（National Assembly）由國內各省選出代表組成，其中百分之五十必須來自勞工階層或農民團體。埃及基督教徒（Copts）及婦女亦須有配額。舒拉會議（Shura Council）為一顧問會議，由 140 位選出的會員和 70 位指派會員組成。

拾肆、回教法律體系的國際觀

一、回教國家對於國際政治的現況非常瞭解，主動積極參與世界主要政治、經濟、社會、軍事及高科技國際組織，展現共同參與分擔地球一分子的權利與義務。在實踐方面，或受歷史

【註 16】埃及的立法機構。

的糾葛、領土爭奪、政治意識型態、宗教信仰及個人野心而有偏差。總體評估，是愛好和平，促進人類福祉的高尚目標，有意願也有能力與全人類擔綱世界重責大任。

二、回教國家參加的主要國際組織：

（一）聯合國（United Nations, UN）（1945 年成立）——國際政治。

（二）世界貿易組織（World Trade Organization, WTO）（1995 年成立）——國際經貿。

（三）聯合國人權委員會的反辱教法（The UN Human Rights Commission、 Anti-Insult Religion Law）（2010 年 3 月 25 日通過）——國際人權。

（四）回教國家保障人權公約（Muslim Countries Human Rights Protect Convention）（1990 年成立）——回教人權。

（五）阿拉伯國家聯盟（League of Arab States, LAS）（1945 年成立）——區域性國際政治。

（六）海灣阿拉伯國家合作委員會（Gulf Cooperation Council for the Arab States of the Gulf, GCC）（1981 年成立）——區域性國際組織。

（七）阿拉伯石油輸出國組織（Organisation of Arab Petroleum Exporting Countries, OAPEC）（1968 年成立）——區域性國際能源組織。

（八）伊斯蘭會議組織（Organisation of Islamic Cooperation, OIC）（1971 年成立）——國際宗教組織。

（九）伊斯蘭開發銀行（Islamic Development Bank, IDB）（1975
　　　年成立）──國際金融組織。

拾伍、阿拉伯國家的法學教育與訓練

一、教育：阿拉伯半島四年制巴林大學【註17】（University of
　　Bahrain）為例：除了世界各大學共同必修的學科外，回教法
　　部分：應修習回教四大法源學，回教的財產法，回教的家庭法，
　　回教的政府組織，回教的罪與罰，回教與現代人生活的適應
　　性。

二、訓練：沙國高等教育部「中東人力發展中心」為例，著重調
　　訓中級秘書人才（clerk），課程強化法治觀念，從簽約的談
　　判技巧到智慧財產權保護問題，迄爭端處理；受訓期間從 2
　　星期至 3 個月不等，闡明沙國的依法行政與行政中立之正確
　　觀念。

三、教學方法：法學教育有自成獨特的一套授課訣竅，在阿拉
　　伯國家也採納與臺灣、中國大陸、日本、美國及德國共通
　　執行的「蘇格拉底法」（The Socratic Method），蘇格拉底
　　（Socratic，西元前 469 ～ 399 年）是古希臘哲學家，與我國
　　孔子齊名，東方西方兩個世界的大哲學家、教育家，相互輝
　　映照亮全球思想界，但是蘇格拉底終身述而不作，一生的成
　　就落在愛徒柏拉圖（Plato，西元前 427 ～ 347 年）發揚光大。

【註17】巴林大學學報

蘇式風格就是「反詰法」又名「詰問法」（irony），採取「假裝不知，故意盤問學生的風格」，第一步提出「質疑」，第二步詢問「問題」，為什麼必須懂得這些知識？第三步發言「論述」，第四步因為「不了解」而求取「証明」。

拾陸、回教法學家對於回教教義　暨回教法的詮釋【註18】

凡是具有法學權威地位的大師統稱權威法學家（Mujtaheed），對回教暨回教法律的推展貢獻甚大。在闡釋回教法律上着重通俗性的意義，不僅論述宗教教義，尚涉及日常生活中不同的領域；例如：雖然古蘭經沒有記載部分，但可以從古蘭經中所記載的相關事物類推。所以權威法學家對回教暨回教法的正確判斷佔有很重要的地位。

一、**法學家的資格條件**：擔綱法學權威家是一件很神聖光榮的任務，應具備高尚的使命感，準備相關資格者方能勝任。學者們訂出一套周延的條件有：

（一）精通古蘭經：必須精通古蘭經經文的精義，分辨普通性或特殊性，廣義性或狹義性，明文規定的或隱喻的文句。古蘭經第16章89節：「我曾降給你經典，以便分明萬事。同時給穆斯林正道、慈憫和報喜。」但並不限制一定要理解全部古蘭經，僅懂其中有關法理部份足矣。

【註18】回教法學權威的專長及貢獻。

1. 精通聖訓：法學權威家對穆罕默德的言行，只是解釋分析古蘭經中的概要。例如每天禮拜 5 次的困惑，古蘭經中僅提到，你們應禮拜，但並沒有說明其次數及儀式，次數暨儀式就靠聖訓的解釋，並解析它的模糊點，是狹義的或廣義的；是特別性的或普遍性的等等問題。但是，研究法源學家要求精通的程度，不但是全部聖訓，甚至務必瞭解聖訓的傳述過程中傳述人的品德。進一步瞭解哪些法規已經廢止的，哪些又是應廢止的等等問題。

2. 精通阿拉伯語文：權威法學家必須精通阿拉伯語文，務必瞭解阿拉伯人相互交談表達模式。因為穆罕默德是阿拉伯人，因此古蘭經，聖訓都是用阿拉伯文撰寫，傳遞聖訓的聖門弟子亦是阿拉伯人，他們都是大文豪、修辭學家。權威法學家了解言行中默認的聖行，方能理解其中的精義與目的，方能瞭解古蘭經、聖訓的真面目。如透過另一種語言來表達，可能會流失其真義，但精通程度並非一定要達到像大文豪一般。

3. 精通法源學（Usul ul Figh）：權威法學家務必要精通斷法及立法的真義。依據條件與依據的理認識不同學派的學說、理論、證據稱（法學對比）。知曉如何類推出一個斷法與法源學的術語等。

4. 知曉法律家已一致議決的問題（Ejma'a），若重複去探討，反而會造成畫蛇添足的問題。

5. 通曉教律的原則（Gewaeed Al Figh）：務必通曉習俗、人文風情，掌握時代的演進，社會千變萬化的思潮，政經文化的進展。

（二）權威法學家議決的資格：

1. 決心為阿拉闡揚宗教法，純粹為阿拉服務。

2. 知識豐富、涵養高尚、態度穩重。

3. 博學多聞。

4. 才能出眾。

5. 瞭解風土人情。

6. 處事公正、受人敬畏，亦敬畏阿拉的人。

二、權威法學家探討的範疇：有 3 個重點

（一）古蘭經中有些字是同字異義，需要借助聖訓來認定其中之一。

（二）當兩個證據互相牴觸時，最好一併遵行兩個證據。

（三）設若出現原因相同，而結果不同的問題，可採推類文意所指向的問題，這稱為對比類推（Giyas）。

隨著時代的演進，在千變萬化的新社會裡，會發生一些日新月異的新鮮事物，為了因應這些新問題，權威法學家的培育是迫切需要的。因為回教的教律必須能適應不同時代、環境的法典。例如：西元 1533 年羅馬教廷第七世教皇（Pope Clement Ⅶ）主張太陽繞地球轉的理論，被波蘭人哥白尼（Nicolaus Copernicus, 1473 ～ 1543 年）的地球繞太陽轉的理論推翻了；隨著教皇權力的介入，使得真正的天文科學被推遲了

10 年才被証實。又例如：西元 1561 年英國思想家培根（Francis Bacon,
1561 ～ 1626 年）謂：「知識就是力量」（Knowledge is Power），聰明
的人類運用教育、法律及宗教「力量」將「知識」的影響力發揮得淋漓
盡致，如今證明，宗教必須與日俱進，求新求變，順應人類進步的智慧
推動世界進步。

拾柒、回教法律體系對於三個敏感問題的法律立場

一、飲食習慣的戒律：大凡宗教都會將飲食習慣區隔出一些禁忌，
有其特殊意義，對內有認同的標誌，大家吃喝一樣的食物，
培養共同的意志力與教徒情誼，強化內部凝聚力的手段，古
蘭經經文約束教徒飲良習慣有 12 次之多，其理由出自宗教的
清純或反對偶像崇拜，禁食的種類只有負面表列，例如：凡
是禁止的飲料食物，稱「不潔的食物」（Haram）：

（一）食物類：

1. 豬肉。

2. 非自然死亡的動物（被其他野獸攻擊死亡的，窒息死
亡的及未經放血的肉類，動物家禽血液類。

3. 准予宰食的動物在宰殺時必須頌念「奉大仁大慈阿
拉」之名下刀，再放血才准食用，曾經祭拜偶像的動
物肉類亦不准食用。

4. 原則上，所有海鮮可以食用，有些硬殼類除外。合乎

回教清規處理的食物叫「清潔食物」（Halal），才可以享用。

（二）不同回教國家有不同的禁酒標準：古早時期，回教徒沒有飲酒問題，古蘭經有兩次提到酒，穆汗默德的時代經常發生因喝酒而引起爭端，所以制定「去了天國之後才准喝酒」的禁酒戒律。戒律的作用是經由穆罕默德將神的旨意說出，但沒有將觸犯這條戒律的處分規定出來。喝酒是人生的樂趣之一，要改變各地民眾已養成飲酒習慣的生活難矣哉，回教徒找了各式各樣的理由，終於允許開放不同程度的酒禁。除了沙烏地阿拉伯王國、巴基斯坦及阿富汗之外，其他國家對於酒禁採彈性政策。土耳其提醒民眾「不要飲酒過度」的做法。敘利亞、約旦、葉門、突尼西亞及埃及等國，在超級市場或觀光飯店可以買到酒，不過到了齋戒月（Ramadan），這段期間謹守宗教戒律，必須禁止飲酒。

二、人權問題（human rights）【註19】：在古蘭經有記載相關條文，現已納入回教法，綜合成 11 個論點：

（一）古蘭經尊重人類的尊嚴，我們以身為亞當的後裔為榮。

（二）每個人的基本權利是一致的，不因種族、出生、膚色、性別，雙親背景及經濟狀況之差異而受到任何歧視。

（三）我們建立一個完整的人類社會，回教最尊敬為這個社會

【註19】回教法的人權標準。

　　創造福祉暨關心回教家庭的朋友。

（四）我們呼籲（Da'wah）大家合作行善事，對待朋友們不問他的國籍或宗教信仰。

（五）人人都有信仰宗教的自由，不可強迫他人信仰不喜歡的宗教。

（六）不准任意侵犯他人的財富與血液（身體）。

（七）不准無故進入他人的家，不准隨意剝奪他人的自由。

（八）社會上所有的人都應團結起來，關心每個人的生活品質，適時提供濟助（Zakat）給急需救助的窮人，而免於匱乏的恐懼。

（九）每個人都有學習與受教育的義務，以免無知。

（十）凡是不願意學習或受教育的人都要受處分。

（十一）用強制的手段，建立防疫制度，要求患傳染病人治療或隔離居住。

三、恐怖主義【註20】（terrorism）：美國布希總統（George Walker Bush）在西元 2005 年 10 月 6 日於「美國民主基金會」（National Endowment for Democracy）發表有關反恐的談話，直指回教主義與恐怖主義的關係。

（一）然而，站在回教徒的立場，恐怖主義並不存在於真正的回教界，回教主張：沒有人可以殺人；即使在戰爭時，也沒有人可以擅自對一個無辜之人動手；沒有人可以

【註20】恐怖主義、宗教戰爭與化學武器的關係。

成為自殺炸彈攻擊者；沒有人可以綁著炸彈衝進人群之中。回教曾經多次宣稱：「千萬不要對在教堂裡禮拜的小孩或人群動手」。

（二）1.回教一直都認同和平的。

　　　2.古蘭經認為人類的生命是崇高且不可侵犯的。

　　　3.回教認為殺人是一項最大的主罪。

　　　4.在回教裡，即使是戰時，也有需要遵守的規則；不可殺害「未上戰場的」無辜之人。

　　　5.在戰爭史上，穆罕默德是最早為戰事設下規範的人。

　　　6.回教認為自殺攻擊和殺人一樣令人憎厭。

　　　7.自殺攻擊可以藉由使用化學藥物來操控乃不道德的。

（三）共濟會（freemasonry）於法國中世紀時出現，最初是石匠和教堂建築工匠的行會，後來發展成一個以吸引自由思想家、新教徒及反對教權者的組織，由於行事隱密，因此有人視之為秘密組織，其目的更被懷疑欲秘密支配世界。共濟會曾活躍於法國大革命、美國獨立、俄國革命、以色列復國等政治活動，因此回教界堅持與恐怖活動劃清界限。

（四）聖戰【註21】（護教戰爭，jihad）：激烈派回教原教旨主義集團宣稱依照神的旨意，進行所謂恐怖行為，稱為「聖戰」。阿拉伯語「jihad」的意思「為了目標所

【註21】聖戰的法律定義。

付出的努力」，並不包含在回教教義五行之一；所謂
「jihad」有擴大回教信仰，並包含精神方面的善行與
修行等意涵。

拾捌、回教法律體系在中國及中東的一頁史

一、西元 1219 年元太祖成吉思汗（Genghis Khan, 1162 ～ 1227 年）
原名鐵木真，Temujin）西征，建立四大汗國，擊敗伊朗的花
剌子模王朝（Khwarezmia 或 Chorasmia，今天的土庫曼及烏
茲別克）。由於伊朗早在西元 651 年被納入阿拉伯帝國範圍，
回教逐漸取代瑣羅亞斯德（Zoroaster，又名拜火教，西元前
608 ～ 551 年）創造的祆教（Zoroastrianism），之後成為波斯
帝國的國教，因為當時蒙古人沒有宗教信仰，乃依據成吉思
汗命令（札薩，Jasagh），遵循當地回教傳統習俗，建立信奉
回教的帖木爾帝國（欽察汗國，Kipchak），（又名金帳汗國，
Golden Horde, 1242 ～ 1502 年），將回教定為國教，從此烏
茲別克的轄區被伊斯蘭化（回教的政教合一體系）。但是，
中國領域只限於色目人（中亞人）信仰回教。西元第七世紀
阿拉伯人征服波斯帝國（伊朗），絕大多數波斯人改信回
教，蒙古人將他們改編為「探馬赤軍」即中亞的波斯人、阿
拉伯人等戰俘編制；蒙古的宗族們大多信奉佛教，從元世祖
忽必烈（Kublablai Khan, 1260 ～ 1294 年）傳到元成宗（鐵木
爾，1294 ～ 1307 年）再傳到元武宗（海山・阿難達 Ananda,

1307 ～ 1311 年）。西元 1270 年至 1368 年期間在中國採政教
合一體系，回教法律典章制度在中國推行近百年之久。

二、回教法系在中東【註 22】史上的一頁史：西元 749 年 10 月 20
日阿拔斯（Abbasid）在伊拉克庫法（Kufa）建國，回教成為
國教，哈里法（集宗教與政治大權於一身的領袖，caliphs，
khalifa），將司法與宗教合而為一。哈里法有權任命法官，法
官必須篤信回教，回教徒必須遵循回教法律，非回教徒則遵
循各自宗教法。從此，整個西亞逐漸回教化。西元 1258 年成
吉思汗之孫旭烈兀（Maraghen, 1219 ～ 1265 年）攻陷巴格達，
消滅阿拔斯王朝，成立伊兒汗國（Ilkhanate, 1258 ～ 1353 年）。
蒙古人切斷了回教與阿拉伯人的紐帶，從此西亞的民族借力
使力打著回教作為鞏固統治權的支柱，蒙古人自己也被西亞
人回教化並同化矣。

拾玖、結論

　　宗教是人類的信仰，是否真有神聖的事跡，千百年來未被歷史證
實存在，如今也無法以最新科技檢驗其真相，但奇妙地規範了我們的
言行，許多宗教都嘗試將教規法律化，耶穌基督教較早淡出宗教影響
力，回教與猶太教仍然和政治緊密結合，在實施回教法系的國家仍保存
回教特色。回教法系的推行，從光譜分析寬嚴虔誠度，可從最左極端

【註 22】中東是以「歐洲」為中心，在國際政治學上使用的地域名詞「中東地區」或「中東」
是指地中海以東與以南區域。質言之，「中東」地理上涵蓋非洲北部 10 個國家、阿拉伯半
島 7 個國家及西亞 8 個國家的地區。

的沙烏地阿拉伯王國到最右端的土耳其，整體感覺世界在悄悄地變化中，世俗化的腳步緩緩向前，雖蹣跚但樂觀的；可惜，美國哈佛大學的 Sammuel Huntington 教授在 1993 年發表「文明的衝突與世界秩序的再造」（The Clash of Civilisation and the Remaking of World Order）著作，挑起「文明的衝突」議題，認為以耶穌基督為核心價值的西方文明與回教文明的矛盾，提醒世人多元文化社會的疑惑點，這個論點與美籍日裔福山學者（Francis Fukuyama）「歷史的終結」（The End of History）著作相反。幸虧，福山指出，意識型態的對峙隨着冷戰的結束而告終，全球歡迎普世民主來臨；美國普林斯頓大學（Princeton University）Winnifred Fallers Sullivan 教授在 2007 年發表的書：The impossibility of religious freedom，指出：雖然全世界的法律已經將「宗教自由」納入法律，甚至拉高到聯合國憲章及各國的憲法層次，然而在實務運作上，離理想還相當遙遠，以美國例：將一些地名或社區名用宗教名詞，猶他州（Utah），也制定地方的法規。剛好，美國第 44 任總統歐巴馬二世（Barack Hussein Obama II, 1961 ～ ）之努力，他先於 2009 年 6 月 4 日在埃及開羅大學發表演講，引用古蘭經的訓誨：「明記真主，永吐真言」，指出西班牙歷史的宗教法庭（inquisition）採取寬容政策，使得今天 Andalusia 省 Cordoba 市充滿和諧快樂氛圍，更說明一切衝突需靠智慧解決問題，最佳的方案是：對話或辯論、教育、通婚。

　　世界的發展有時難以想像，居然，法國在 2010 年 9 月 14 日通過法案，2011 年 4 月 11 日正式實施，不准婦女在公共場合或蒙全臉面紗（niqab）或着全身式罩袍（burq, hijab），若有違背將處 150 歐元（約臺幣 6,300 元），強迫進再教育營受訓，其他國家有義大利，比利時

及澳洲在法國之前立法禁止；我們衷心盼望，也許有一天世界各地可以，效法西班牙 Andalusia 省的 Cordoba 市為範例，該市在歷史上經歷各種政權，文化及宗教統治，尤其在西元 716 年被回教 Umayyad 王朝 Caliphate 征服，如今該市呈現多種文化揉和面貌，特別是宗教法庭的包容度值得欽佩。到底，用宗教解決法律問題，或以法律化解宗教衝突，我們且拭目以待。

參考文獻

一、中文文獻：

1. 專書：

（1）毛立德，中東地區的槍聲諜影，中華民國阿拉伯文化經濟協會，1997 年 12 月，頁 123 － 132。

（2）中國社會科學院，伊斯蘭教文化面面觀，齊魯書社出版，1991 年 10 月，北京市，頁 54 － 99。

（3）石永貴 等 11 人合著，伊斯蘭文化與生活，中國回教文化教育基金會，1998 年，頁 73 － 80。

（4）吳季松，看世界 80 國：西亞和南亞的可持續發展，中國發展出版社，2007 年 5 月，頁 71 － 13。

（5）吳季松，看世界 80 國：歐洲的循環經濟與北非的水，中國發展出版社，2007 年 1 月，頁 25 － 54。

（6）吳季松，看世界 80 國：非洲的自然資源，中國發展出版社，2007 年 6 月，頁 15 － 29。

（7）馬天英，伊斯蘭教義與中國傳統思想，自行出版，1984年 3 月，臺北市，頁 149 － 156。

（8）郭寶華，中東國家通史：葉門卷，商務印書館，2004 年 4 月，北京市，頁 53 － 72。

（9）時延春，大使的四十年中東情，世界知識出版社，2005年 1 月，北京市，頁 343 － 358。

（10）閃耀武，伊斯蘭文化之精要，臺中清真寺董事會，2001年 7 月，臺中市，頁 109 － 114。

（11）郭依峰，阿拉伯國家概論，世界知識出版社，2006 年12 月，北京市，頁 232 － 266。

（12）黃陵渝，猶太教學，當代世界出版社，2000 年 6 月，北京市，頁 77 － 146。

（13）張翠容，中東現場，馬可孛羅文化社，2006 年 1 月，臺北市，頁 217 － 257。

（14）劉寶萊，出使中東，新華出版社，2009 年 1 月，北京市，頁 159 － 204。

（15）蔡源林，伊斯蘭、現代性與後殖民，國立臺灣大學出版中心，2011 年 2 月，臺北市，頁 39 － 88。

2. 譯著：

（1）Hammudah Abdalati 著，馬凱南 譯，ISLAM IN FOCUS（伊斯蘭教精義），中國回教文化教育基金會，2008 年 9 月，頁 31 － 72。

（2）Ergün Capan 著，黃思恩譯，Terror and Suicide Attacks： An Islamic Perspective（伊斯蘭與恐怖主義），希泉出版社，2006 年 1 月，頁 124 － 158。

（3）Jamal J. Elias 著，盧瑞珠 譯，Islam（伊斯蘭教的世界），貓頭鷹出版社，1999 年 12 月，頁 64 － 83。

（4）M.Fethullah Gülen 著，彭廣愷、馬顯光、黃思恩合譯，Prophet Muhammad—— Aspects of His Life（最後的先知——穆罕默德的生命面貌），希泉出版社，2004 年 11 月，臺北市，頁 371 － 398。

（5）Bernard Lewis 著，鄭之書譯，THE MIDDLE EAST——2000 years of History from the Rise of Christianity to the Present Day（中東自基督教興起至二十世紀末），（上）（下）兩冊，麥田出版社，1998 年 11 月，臺北市，頁 333 － 373（下）。

（6）Jacob Neusner 著，周偉馳 譯，JUDAISM（猶太教），麥田出版社，2002 年 12 月，臺北市，頁 56 － 79。

（7）時子周 譯述，Quram（古蘭經），臺北清真寺出版，1977 年 12 月，臺北市，頁 1 － 81。

二、外文文獻：

1. Suleiman Bin Abdul Rahman Al-Hageel 著，Human Rights in Islam and Their Applications in the Kingdom of Saudi Arabia, Iman Mohammad Bin Saud Islamic University 出版，2001 年，Riyadh，頁 117 － 148。

2. Ellen Hirsch 著，Facts about ISRAEL，Israel Information Center, 1995 年，Jerusalem，頁 53 － 73。

三、期刊論文：

1. 林植堅 著，宗教感情、表達自由與多元文化－從魯西迪一案談起，真理財經法學第五期，2001 年 9 月，真理大學財經法律學系出版，淡水、臺灣，頁 31 － 44。

四、研討會論文：

1.Alexander Scott 著，A Ruby among Stones：Theological Reflections of a Christian on the Prophet Muhammad，政治大學伊斯蘭研究學會舉辦「伊斯蘭先知穆罕默德一生歷程」之論壇，2011 年 5 月，臺北木柵。

附錄

回教法律體系專有名詞中英文對照表

1. Ajatollah（宗教領袖）－波斯語對高級神職稱號，伊朗的回教屬於什葉派，例如：柯梅尼 領袖（Ajatollah Khomeini, 1900～1989 年）。
2. Baraka、Barack（巴拉卡）－阿拉伯語對擁有領袖魅力特質的聖者之稱呼，原文有幸福的意義。
3. Caliphate、Caliphs、Khalifat（哈里法、哈里發）－阿拉伯語對追隨穆罕默德的信徒之稱號，享有宗教與政治權力的君主；屬於回教遜尼派（Sunni）的領導，信徒約占回教 80% 的比例。
4. Emir（國王、酋長、埃米爾）－阿拉伯語對統帥的稱號。

5. Gabril（加百列）－阿拉伯語對天使的稱號。

6. Imam（伊瑪）－阿拉伯語對回教什葉派領袖或信仰的稱號。

7. Khan（漢、汗、可汗）－蒙古語對國王的稱號。

8. khodjaefendi（大老師）－土耳其對於受愛戴與尊敬的學者之稱號。

9. Malik、King（馬利克）－阿拉伯語對國王或酋長在政治地位高於宗教地位的統治者之稱號，法治（rule of law）國家的元首。

10. Mujtaheed（穆塔席德）－阿拉伯語對權威法學家的稱號。

11. Shah（國王）－波斯語對國王的稱號。

12. Sultan（蘇丹）－阿拉伯語對回教的統治者或回教蘇丹國（Sultanate）的統治權。擁有政治的統治權但無宗教的統治權，在哈里發下的省級官員，例如：馬來西亞的柔佛州（Johor）及菲律賓的蘇祿省（Sulu）。

13. Ulema －阿拉伯語對回教什葉派學者的稱號，什葉派的教徒約占 20% 的比例。

（本文刊載真理大學的「真理財經法學」第七期，2011 年 9 月於淡水，頁 01～36）

9.
德國人權滄桑史

　　人權，德文（Menschenrechte）、英文（human rights）、法文（droits de l'homme）及日文（人権）即：人的權利；然而，什麼是「人類」？什麼是「權利」？古今中外的闡釋百家爭鳴，眾說紛紜，至今沒有一套精確的標準答案。質言之，各國都有自我解釋的版本。

　　有心研究人權的學者已漸從各自專長的領域逐漸邁向科際整合的方向努力，也就是從社會科學的社會學、人類學、心理學、神學、哲學、倫理學、政治學、經濟學或法學，每門學科都有一套自成的學理體系，難以歸納出放之四海皆準的定義，特別因為哲學派系林立龐雜，無法找出最大公約數，政治學無法塑造統一理論體系，倫理學總在無限上綱的十全十美完人化努力，人非聖賢，當然難臻佳境，法學界對人權的解釋著力最深最具成就而產生鉅大的影響力，法律提供「客觀的就事論事實事求是」理念，使人權概念在各國國內法規走向國際法具體文字法制化。聯合國大會在 1948 年 12 月 10 日揭櫫的「世界人權宣言」準繩（The Universal Declaration of Human Rights）是人權概念法制化的起源，從此人權在世界各國以協定、公約、條約、宣言、決議案、通報及法令規章方式出現。德國總理柯爾（Helmut Josef Michael Kohl, 1930 ～）在「世界人權宣言」四十週年紀念會議上指出，雖然宣言包含之原則頗有

說服力，但是宣言不具備法律約束力。德國當代國際法教授希瑪（Bruno Simma, 1941 ～）認為儘管聯合國大會有數百個決議案提及「世界人權宣言」，但聯合國會員國僅將此宣言視為保障人權國際化的政治意向而已，因此還不足以使宣言確定為國際習慣的地位。

研究德國人權宜從德國的文化內涵切入，德國的文化涵蓋四大支柱，第一是古希臘文化，第二是古羅馬文化，第三是耶穌基督教文化，第四是德國傳統文化，因而在探索德國人權思維模式，勢需先從古希臘文化著手。

古希臘統治者用苛刻的方式對待其子民，使用的手段是奴役與屠殺，強調個人沒有對抗國家的權利，公民只是附屬於整體社會的一部分；索福克里其（Sophocles, 496 ～ 406 B.C.）乃古希臘三大悲劇作家之一，在 Antigone 劇本中，國王禁止 Antigone 埋葬他死去的哥哥，因他哥哥是國家的叛徒，雖然 Antigone 違抗國王的命令，他的動作只是基於宗教義務，而不是他有權利。哲學家亞里斯多德（Aristotle, 384 ～ 322 B.C.）主張法律賦予公民擁有財產權及參予公共事務裁判權利；又謂人與動物不同之處在於理性，而婦女缺乏理性本質，所以不是完整的人，不能與男人享有同等權利，乃「男尊女卑」觀念的根源。

古羅馬文化的羅馬法及市民法沒有普遍人權的概念。多明尼克教派（the Dominicans）在中世紀晚期，與提倡貧苦生活的聖多濟教派（the Franciscans）對私有財產的正當性頗有爭議。教宗約翰 22 世在 1329 年反駁聖多濟教派（the Franciscans），認為上帝賦予亞當擁有對世俗事物的絕對所有權（統治權），所以擁有財產被視為正當的。

西元前 1400 年產生耶穌基督教文化，代表性的文字就是聖經（舊

約全書）或稱「摩西律法」又稱「耶和華律法」，在舊約全書出埃及記第 20 章的「十誡」，描述摩西假借耶和華上帝的名，將十誡傳給猶太人，非猶太人就不受十戒律法管轄，導致後人將十誡作為管理文明人的準繩，隱含法律只對文明人才有效。羅馬帝國時代的「市民法」（jus civile）只針對羅馬市市民有效，不及於被羅馬帝國征服的蠻族國家。西元 313 年基督教成為羅馬帝國合法宗教，演變成歐洲幾乎都信仰耶穌基督教，以耶穌基督教作為立國精神，凡是信仰其他宗教或無宗教信仰的國家被排斥在文明國家之外；十誡的第 8 誡「不要偷盜」暨第 10 誡「不要貪戀別人的房屋……並他（人）一切所有的」，表達「財產權」的存在；聖經上有關夏娃是採用亞當的肋骨製造的記載，等於說女人源自男人，沒有男人就無女人，無形中貶低了女人的地位，而夏娃受誘惑並慫恿亞當犯同樣罪的記載，則使基督徒相信女人為不理性的感情動物且使男人對女人產生不信任感，進而對女性負面評價的影響。

　　德國的人權歷史長河在哭泣中奔騰，許多歷史人物言行影響人權的觀感，例如：神學家馬丁路德（Martin Luther, 1483 ～ 1546）於 1517 年將「95 條異議」（Ninetyfive Theses）張貼於威登堡（Württemberg）的教堂大門上爭取信仰自由權；威斯特發利亞條約（Treaties of Westphalia）於 1648 年簽訂，三十年的宗教戰爭（1618 ～ 1648）結束，讓新舊教獲得信仰的平等權和自由權。普魯士的君主一方面打壓地主和貴族，另方面同意他們蓄奴直到 1849 年正式廢除農奴制。哲學家黑格爾（Georg Wilhelm Friedrich Hegel, 1770 ～ 1831）認為，個人權利不是自然權利，只有面對公益（Common good）有效的情況之下，才能真正保障個人的利益；又說，國家代表「權力」不是「福利」。哲學家康德

（Immanuel Kant, 1724 ～ 1831）把「婦女」視為未成年人，需男人保護與啟蒙。哲學家尼采（Friedrich Wilhelm Nietzsche, 1844 ～ 1900）稱道德理想主義者為「脫離現實的人」（immigrant from reality）；強調超人哲學。希特勒把這思想運用到政治領域，提出由民族精英統一的領袖原則，領袖是民族利益和意志的代表者，有權對民眾實行絕對統治。

在德國首先將「人權」問題從抽象的理論概念整理出完整體系結構，肇始於兩個人，第一位是 1672 年德國法學家 Samuel Pufendorf（1632 ～ 1694）撰寫「自然法」一書，成為德國以及歐洲關於「人的尊嚴」的經典之作，今天德國基本法（Grundgesetz）（憲法）第一條即「人權條款」，就是依此精神制定。

德國的人權觀念深受德國傳統文化的薰陶。1542 年德國發生農民暴動，農民的要求具體列在（十二條款）（Twelve Articles）中，條款內容和語調十分溫和，用（聖經）的語句表達。（十二條款）主要是爭取選舉教區教士的選擇權、在森林中打獵及採薪的自由權，並且減少繳納教士的什一稅、繳納給領土主人封建稅的經濟權等。德國在十八世紀爭人權的活動並不平靜；例如：哲學家康德（Immanuel Kant, 1724 ～ 1804）在 1797 年的「道德的形而上學」；Giessen 的 Johann August Schlettwein（1731 ～ 1802）在 1784 年著書「人的權利或者符合真實的法律、秩序及憲法」；1818 年與 1820 年間南德的一些諸侯，如：Bayern、Baden、Württemberg 及 Hessen 相繼公佈了首部德國邦憲法，承諾了幾個權利，用字非常小心，沒有出現「人權」字眼。直到 1849 年的保羅教堂憲法（Paulskirchenverfassung）在德國才真正第一次完全內涵官方公諸於世，命名為「德國人民基本權利」，總共有 50 條，開

宗明義點出自由平等，次及住宅之不可侵犯性、意見、與新聞自由、學術自由、財產之保障以及國家保護旅居外國的德國人，甚至國民可以經由帝國法院提出憲法申訴。1871 年 1 月 18 日俾斯麥首相（Otto von Bismarck, 1815 ～ 1898）正式成立德意志帝國（第二帝國），在他的帝國憲法卻避用「人權」字眼，而代之「公共財產」，成為歐洲歷史上最著名的現實主義政治家暨統一德意志民族的英雄。英國作家格林（Martin Green, 1932 ～）勾勒出一個世紀交替之際，一個廣袤的德國政治及思想地貌。這些人物活動的社會、文化與社會學力場，由三個思想中心主導：柏林、海德堡與慕尼黑。柏林是權利與國家的中心，一個父權威權的社會秩序：所有名為普魯士之物的中心，其象徵人物是俾斯麥。從政治地理學上來說，海德堡屬於自由的西南德，是自由反對派的大本營，以啟蒙和改革對抗權力，以理性和科學對抗統治，對我們來說，其象徵人物非政治經濟學家韋伯（馬克斯）莫屬。慕尼黑及慕尼黑施瓦賓區（Schwabing）的文藝團體則標示著一個反普魯士藝術美學暨文藝顛覆性的反叛中心；德國的精神建立在柏林、海德堡及慕尼黑三大城市。然而威瑪憲法第 55 條仍將「德國人的基本權利與基本義務」作為全帝國的標準。到了 1933 年希特勒當政，帝國議會遭回祿，帝國總統的秩序進入納粹時代而失效。

　　第一次世界大戰從 1914 年打到 1918 年，1919 年舉行巴黎和會，簽訂凡爾賽合約，依據美國威爾遜總統於 1918 年 1 月 8 日向國會發表 14 點和平計畫演說內容，採取報復心理，對戰敗國德國處以嚴厲懲罰，種下第二次世界大戰遠因種子。1933 年 1 月 30 日希特勒（Adolf Hitler, 1889 ～ 1945）出任德國政府總理開始了納粹黨在德國的統治。

　　哲學家暨文學家歌德（Johann Wolfgang von Goethe, 1749 ～ 1832）說德國人在各別自我表現上出類拔萃，德國孕育許多哲學泰斗、文明名宿、藝術奇才、科學巨匠，對人類文明貢獻極大，但是在群體中則無法發揮他的材華；海涅（Christian Johann Heinrich Heine, 1797 ～ 1856）、鴻博兄弟（Alexander & Wilhelm von Humboldt）、尼采及當時的哲學家雅斯培（Karl Jaspers）、哲學家海德格（Martin Heidegger, 1889 ～ 1976）、憲法學家暨法哲學家史密特（Karl Schmidt）、西班牙政治哲學家（Juan Donoso Cortés, 1809 ～ 1853）、教育家費希特（Johann Gottlieb Fichte, 1762 ～ 1814）、詩人克萊斯特（Heinrich von Kleist, 1777 ～ 1811）的敵友理論、華格納（Richard Wagner, 1813 ～ 1883）、英國人種主義作家張伯倫（Houston Stewart Chamberlain, 1855 ～ 1927）倡導民族沙文主義及反猶太主義、美國科學史及科學哲學家孔恩（Thomas Samuel Kuhn, 1922 ～ 1996）的人口政策（種族肅清主義），乃強列的種族主義，吹捧希特勒為救世主，定調希特勒的『種族基準教義派』。德國物理學家愛因斯坦（Albert Einstein, 1879 ～ 1955）是一位人權理論家，對於希特勒的軍國主義持反對的態度，曾提反戰宣言，惜未獲得共鳴，因而流亡美國。

　　1945 年 5 月 10 日隨著德國（第三帝國）的戰敗，第二次世界大戰歐洲戰場於是落幕；緊接著有一些德國學界急於思考建立新的德國精神，例如：文化社會學家宗師，韋伯弟弟（Alfred Weber, 1868 ～ 1958）開始在海德堡大學推動去納粹化；思想家，韋伯哥哥（Max Weber, 1864 ～ 1920）的「諸神之戰」的長久衝突之後，各個民族的個別「正義」，還漸釐清共存的規則，這就是現代人的人權理念。此外尚

有：

思想家雅斯培（Karl Jaspers, 1883 ～ 1969）

文學家布萊布特（Bertholt Brecht, 1898 ～ 1956）

文學家曼恩（Thomas Mann, 1875 ～ 1955）

文學家史坦貝格（Doff Sternberger, 1927 ～ 1989）

文化評論家宋巴特（Nicolaus Sombart, 1923 ～）

文化思想家赫塞（Hermann Hesse, 1877 ～ 1963）

政治家豪斯（Theodor Heuss, 1884 ～ 1962）

思想家懷柴克（Victorvon Weizsacker, 1886 ～ 1957）

社會學家卡什尼茲（Marie Luise Kaschnitz, 1901 ～ 1974）

政治學家鄂蘭（Hannah Arendt, 1906 ～ 1975）

這十大思想界大師以海德堡大學為論壇，創立文學團體（四七社），文理宣導刊物如：蛻變（Die Wandlung）及呼喊（Der Ruf），在柏林的每月雜誌（Der Monat）、法國巴黎的證物雜誌（Preuves）、英國倫敦的會戰雜誌（Encounter）、西班牙及義大利的類似刊物共鳴民主法治精神。前德國總統魏塞克（Richardvon Weizsacker, 1920 ～）簡潔精準表達：「國民與國家之間，就憲法的層次，透過相互的權利義務關係，帶動愛國主義，而非以憲法的名詞來煽動民眾。」從而使每個德國人認真獨立思考，體認自己的權力及義務，不像以前只有兩種人，一種是發號施令的人，另種是服從命令的人，變得大家只會人云亦云，必須有自己的主張，自己去發現真理。

在憲法領域，希特勒操縱國會，通過了一系列旨在操控民主與法制、強化希特勒個人化的法律，如 1933 年的「保護德意志人民緊急條

例」，加強對勞工運動的鎮壓；同年 3 月 22 日的「消除人民和國家痛苦法」（授權法）將所有的權力都集中希特勒一個人身上；1934 年 7 月 14 日的「禁止組織新政黨法」和當年 8 月的「關於帝國最高領袖的法令」在德國確立了單一政黨即納粹黨，單一領袖即「元首」（由希特勒擔任，終身任職，並可指定接班人）；1933 年 4 月 7 日的「聯邦攝政法」削弱了各邦的權力，而 1934 年的 1 月 30 日的「德國改造法」則進一步取消了邦的獨立政權建制，使各邦成為直接隸屬聯邦政府的行政機關，德國由聯邦變為中央集權制。

在民法領域，希特勒一方面加強扶植其壟斷性的組織，於 1934 年 7 月 15 日頒布通過「卡特爾變更法」及「強制卡特爾法」，在德國進一步強化了壟斷的統治；另一方面，於 1935 年 9 月 19 日頒布「德意志血統及名譽保護法」，1933 年 11 月 23 日頒布「婚姻及養子制度之濫用的禁止法」等法律，在德國推行種族歧視和種族滅絕政策，強調保護日耳曼血統的「純潔」，驅逐、迫害其他民族，尤其是猶太人；此外，於 1933 年 9 月 29 日頒布「世襲農地法」，既在農村努力培植富農階層，以鞏固納粹政權在農村的統治基礎，又為軍、工、企業以及為發動的侵略戰爭提供納粹大量的勞動力和兵源。

在刑法領域，納粹政權廢棄了 1871 年德意志帝國刑法典中確立的一些自由主義刑法原則，恢復了中世紀的一些殘酷刑罰，如「去勢」等，宣揚種族主義和恐怖主義。1933 年發表的「國社黨刑法之覺書」還規定了法官在法律沒有規定時可以使用類推原則，規定刑罰處罰對象不一定須具備犯罪行為，對犯罪的意圖和犯罪的思想也可以懲罰。

1933 年 2 月 4 日，頒布保護「德意志人民緊急條例」，規定聯邦

政府有權解散和禁止人民舉行集會和遊行，禁止出版和發行改革性書報。同月 28 日，頒布「保護人民與國家條例」規定威瑪憲法所規定的公民人身、言論、出版、集會、結社、宗教信仰等基本權利均停止實行。這些法令頒布之後，納粹政府加強了對改革人士和科學家的迫害，大批改革人士和科學家紛紛逃離德國。

　　1935 年 9 月 15 日，頒布被總統稱為「紐倫堡法令」的「德意志公民法」、「國籍法」、「德意志血統及名譽保護法」，這些法律剝奪了德國猶太人、吉普賽人的公民權，禁止他們擔任公職，禁止他們與亞利安人通婚。1937 年的「文職人員法」從法律上加強了對教師的控制，剝奪了他們授課的自由。1938 年 11 月，貫徹民族主義原則，把所有的猶太兒童趕出「德意志學校」。該月還頒布政府法令，將猶太人逐出德國的一切經濟部門，關閉全部猶太人的商店，剝奪猶太人的財產。此外，還禁止他們出入公共場所，甚至把大批的「非德意志人」關入集中營，從 1941 年 7 月起殘酷的實行種族滅絕。

　　納粹政府於 1933 年 7 月 14 日頒布「預防遺傳病患者新生兒法令」，規定將德意志種族內所謂社會不合群者、無法融入共同體者、價值低劣者、生產效能低落者、無成就者、精神病患者、殘疾者、弱智者、妓女、酒徒、遊手好閒者等，都關進勞動教養營和集中營。戰爭期間，這些人大部分被以各種方式處死。

　　納粹政府統治期間對德國公民，尤其是對猶太人的生命、財產和自由的侵犯，已經超越了憲法中所說的「停止」或者「剝奪」的程度，給後人留下深刻的教訓。德國銀行（Die Deutsche Bank）在納粹時期與國家社會主義合作關係密切，協助當時政府開發財源發行帝國債券作為武

裝德國的主要途徑。納粹政府的重點政策，要將猶太企業家從德國經濟體系剷除，所有猶太籍的管理階層及員工必須放棄德國企業，納粹政府把這些措施統稱亞利安化（Arisierung），即德國化。至 1945 年納粹政府戰敗，共維持 12 年政權，對德國法制發展造成巨大的變化。

　　德意志聯邦共和國（西德）成立於 1949 年 5 月 23 日，其法制一直得到比較穩定的發展。在憲法領域，「波昂基本法」雖然沒有冠以憲法之名，但實際上一直擔負憲法的作用。雖然基本法的內容已有很大的修改，但關於其民主、和平、保障公民之基本人權方面的規定，一直未受到傷害，成為德國近 60 年憲政法制的基石。

　　基本法最明顯的一個特稱是，重視公民基本權利的規定。以第一章專章（共有 19 條）規定了「基本權利」，並在其他章中也設置了公民基本權利的條文。公民的權利比較廣泛，涉及政治、經濟、文化等方面。從這些規定中可以看出，其中包含權利的廣泛性是對威瑪憲法的繼承。同時，鑑於歷史的教訓，西德基本法（憲法）在規定公民基本權利時亦有特出之處，這表現在：其一，強調對人格尊嚴和人權的保障。憲法第 1 條宣布：「人的尊嚴不可侵犯。尊重和保護人的尊嚴是一切國家權力機構的義務。德意志人民為此確認不可侵犯和不可讓與的人權是所有人類社會、世界和平和正義的基礎。下列基本權利作為直接有效的法律，約束立法、行政和司法」。根據基本法第 79 條規定，對於第一條的這些原則，將來修改基本法時也不得觸及。而且當公民的權利受到公權力侵犯時，根據基本法第 19 條的規定，公民可透過司法途徑提起訴訟。

　　其二，對於有些權利規定的比較詳細，如威瑪憲法中的第一項權利是「德國人在法律之前人人平等」、「男女享有同樣的權利」外，還規

定「誰也不得因性別、世系、種族、語言、籍貫、出身、信仰、宗教、或政治觀點而受到歧視或優待」。

較具特色的公民抵抗權，在基本法第 20 條增補第 4 項規定：「所有的德國人對於企圖廢除憲法秩序的人，如果沒有其他補救辦法時，均有抵抗權」。在基本法制定之前，處於盟國佔領之下的部份邦在制定憲法時即規定了抵抗權，如 1946 年 2 月的黑森邦（Hessen）憲法規定，對違憲行使公權力的抵抗，是公民的權利和義務。基本法制定時，也曾有這方面的討論，如社會民主黨議員就曾提案「每個人都有單獨或與他人一起，抵抗壓迫和暴政的權利」，但最後並沒有被採納。因為當時的許多人認為，規定抵抗權是無意義的，認為「被允許的抵抗不是抵抗」。1968 年修改時增加了這一內容，與前述的邦憲法、制定基本法時的提案相比，其規定更強調對企圖廢除憲法秩序的「任何人」進行抵抗。

1848 年共產主義宣言（Communist Manifesto）問世，強調功利主義，即：人的權利是利己主義的權利（egoistic）與公眾（community）相分離。馬克思（Karl Marx, 1818 ～ 1883）主張用暴力革命推翻資產階級的統治，建立無產階級的專政，描述德意志帝國是一個以議會形式粉飾門面，這樣的國家很容易隨著領導人個人的價值取向和政策選擇，走向難以預料的發展道路；柏林豐宮—鴻博大學（Humboldt University）的正殿大理石牆上標誌馬克思的一句名言：哲學只將繽紛的世界闡釋，卻將世界改變了（Die Philosophen haben die Welt nur verschieden interpretiert, es kommt aber darauf an, sie zu verändern.）。

德意志民主共和國（東德）成立於 1949 年 10 月 7 日。憲法的全名為「德意志民主共和國憲法」以適用於全德國的正式憲法而被提出並通

過的。除前言外，憲法正文共 144 條。憲法還規定了人民所享有廣泛的民主權，這些權利包括平等權、勞動權、受教權、休息權、年老享受、物質保障權等、公民還享有言論、集會、罷工等自由。之後的三次修憲分別在 1949、1968 及 1974 年，使東德國民權利更受保障。

　　在西德刑事訴訟法領域，根據歐洲議會於 1950 年 4 月 11 日制定的保護人權及基本自由公約（Menschenrechtskonvention），經由德國聯邦參議院之同意法（Zustimmungsgesetz）之認可，被視為簡單的聯邦法。此公約包含一些刑事訴訟上的保障，這些法條可向人權委員會提起因違反人權公約的國家行為的告訴，因而獲得了有效的擔保，委員會可將案件提交歐洲人權法院（Europäischer Gerichtshof für Menschenrechte, 設置於 Strassburg）審理，或者交由歐洲議會的部長會議處理。歐洲人權法院不得廢止國內的裁判；但是公約的會員國有義務，遵照公約內容行事。在對一已判決確定的訴訟程序的提起再審中，如對刑事訴訟法第 359 條第 5 項及聯邦憲法法院第 79 條第 1 項為擴大之解釋時，此應不為國際法及憲法所禁止。歐洲人權公約的實際意義對德國刑事訴訟法而言，實在有限，因為德國刑事訴訟法對被告的保護大部分比歐洲人權公約的保護來得周詳。縱然德國刑事訴訟法缺少歐洲人權公約的相關規定時，在刑事訴訟法中也可用其他的條文因意義上的相通性得以適用，或者其早已比歐洲人權公約先存在，且被視為習慣法適用了。甚至「聯合國對刑事訴訟的基本原則草案」，雖其目前只具參考性質，其所訂定之基本原則也未超過現行的德國法律太多。歐洲人權條約的第 6 條第 2 項所規定的「無罪推定原則」（in dubio pro reo，罪疑從輕原則）在刑訴法的證據原則採用之（unschuldsvermutung）。

　　保障人權是人性尊嚴不可或缺的條件，如果不能保證人性尊嚴的基本權利，政治自由和社會正義也不可能實現。世界秩序必須基於自由、平等和正義，惟有尊重人權，世界各國方可永久維持和平。自十八世紀末期以來，人權愈來愈受到各國憲法的重視；第二次世界大戰之後，人權甚至超越國界提昇到國際法的層次；很多國家首次在聯合國人權宣言中公開認定人權效力及人權的保障範圍；由聯合國提出經濟、社會、文化、人民和政治權利的國際法案已生效，似可在國際法上約束簽約國。

　　1945 年 6 月的聯合國憲章揭櫫人權大意，1948 年 12 月 10 日人權的總聲明，導致一連串的國際決議、人權條約之簽訂，1975 年在赫爾辛基的「歐洲安全與合作會議」總結文告第七條，關於「重視人權與保障基本自由」。歐洲司法方面，1950 年歐洲會議的「保護人權與基本自由」議案，在歐洲國會獲得通過；在法國 Strassburg 的歐洲人權法院於焉成立，如今已達 45 國家入會，當會員國的國民人權遭傷害，在母國司法途徑無法救濟，可以向歐洲人權法院要求主持正義，對德國人而言，若在聯邦憲法法院（Karlsruhe）無法申冤，可以逕向歐洲人權法院提出申請；德國無不積極參與釐定或執行前述各類國際活動。

　　我們認知人權已從各國國內法邁向國際法，人權已然全球化，1993 年荷蘭海牙國際法院，依據國際刑法保護人權的精神於 1994 年在 Arusha（Tansania）及在 Ruanda 的種屠殺提起訴訟，並對南斯拉夫採取行動，1999 年 3 月 24 日在美國主導的北大西洋公約（NATO）開始轟炸南斯拉夫的賽爾維亞地區，迄至 6 月 10 日，為期 78 天，德國的空軍在第二次世界大戰之後首度飛出國際，對別國動武；本案源起於聯合國譴責南斯拉夫攻擊科索沃（Kosovo），認定南斯拉夫的粗暴種族清洗政

策嚴重觸犯國際公法上的人權，甚至認定對北大西洋公約的攻擊；國際刑法法院於 2002 年 7 月 1 日成立，德國法官（Hans Peter Kaul）擔鋼該法院的人權法案，發揚人權正義。

德國為落實人權教育，配合聯合國在 1994 年的決議，訂定「人權教育十年」期望在 2004 年塑造普遍性的人權文化，在 2001 年 1 月公布德國「各邦教育廳長常設會議」（KMF, kultusministerkonferenz）人權教育推展建議書，將人權教育付諸實施：人權的實現，必須由教育做起。人權教育屬於教育的核心，明定於各邦憲法和學校法，也是最高的教育目標，更橫跨所有的教育領域；課程中有關人權的主題重點：人權的歷史發展及其現代意義；基本權和人權的意義（包括個人以及群體的客觀形成原則）；在憲法和國際公法中個人自由和社會基本權利的關係；各種政體和文化對人權的看法和保障；人權對於現代憲法國家成立的根本意義；國際法中顧及個別人權保障的必要性；國際合作實現人權及保障和平的意義；世界各地侵害人權的社會、經濟及政治原因。

強調人權會使學生願意為保障人權貢獻，反抗藐視和侵害人權。重視人權教育將使學生能利用其個人和政治周遭生活，為實現人權而付出心力；將人權實現視為本國，以及其他國家的重要政治評估條件；願意為他人的人權保障貢獻。例如：學科內容：人權教育是所有課程及所有老師的任務。社會科學方面的學科尤應系統性學習人權教育，並納入該學科課程標準。教科書：所有的教科書及教材均須顧及本建議書內涵。學校生活：人權教育不可侷限在理論上，而必須融入情感和實例。學生必須在學校日常生活中體驗和實踐尊重他人。師資培養及進修：各邦教育廳長及邦議會議員應將人權教育納入師資培養及進修制度。

德國 Magdeburg 大學 K. Peter Fritz 教授強調人權教育（MRE, Menschenrechtserziehung）是預防極右主義盛行的良方。例如：人權教育（MRE）不應「縮水」；經由人權教育（MRE）培養「人權意識」自由意識、未來意識（人權保障的擴展、新人權世代的發展、受歧視者爭取自己的人權、爭取世界通行的人權標準）、平等和責任意識與包容意識；其作法是不驕不餒（包容心不是用來自利的、包容心來自內心、包容心需要彈性、包容是值得的、包容是美德、包容要具備公開討論的價值、包容非無限的、包容需要能接受批評及反對的雅量、包容與其他美德及能力有密切關連）。

美國政治哲學家諾吉克（Robert Nozick, 1938 ～ 2002）發表的「無政府、國家、烏托邦」書中將人類的烏托邦夢境描述分成三大型態：

第一是：帝國主義型烏托邦：強迫所有人必須生活於某一特定生活形態的共同體（community）。

第二是：傳道型烏托邦：說服、勸誘（而非強制）所有人生活於某一特定形態的共同體。

第三是：實存（願者自來）型烏托邦：對於某一未必普世價值，但可能符合某些人需要或期待的共同體，採取自願者自由的開放態度。

我們對生活的環境永不滿足批判之餘，也夢想桃花源，然而人權終究是以「仁」為基礎，從二人共同生活到群眾生活，除非人類沒有靈性當無私心，小至個人，大至國家乃至世界，人權之大道實係一個過程而非結果。至於涉及每個國家的歷史背景、人文地理、政治人物、經濟文化認知、理論架構、意識型態必有差異而反映在法律制度，又如個人權利與團體權利的矛盾，落後國家的生存權與發展權的努力提昇。人權

保障的項目也從自由權、平等權、生命權等個人權利，擴大到發展權、自然資源運用權、和平權等集體人權。國際間容有各種觀點，然後理應以最大的寬容度，最強韌的耐心，給予適應的時間與環境，否則有權有勢的國家將自己的主觀願望套在其他國家，難免讓人感受人權的「霸權意識型態」，是否能夠找出一套放諸四海皆準的模式，令人存疑，試就下列兩句話：人的權利（the rights of man），人類的權利（the Rights of man），已足夠讓人煩惱了；我們對於德國長期努力於推動人權運動應該給予喝采。

（本文刊載「警政‧法治與高教」，「梅校長可望博士九秩華誕祝壽論文集」2008 年 2 月於臺中市，頁 84～96）

10.
現階段的臺灣經濟措施

一、臺灣經濟情勢的數字面貌

1. 人口數：22,894,283 人

2. 土地面積：36,179 平方公里

3. 總生產值（GDP）：每人每年 16,069 美元

4. 經濟成長率：約 4.38%

5. 物價上漲率：1.2%

6. 利率：2.75%

7. 出口：2,240 億美元（+3.5%）

8. 外匯存底：2,567 億美元

9. 失業率：3.87%

10. 基本工資：每月 17,280 臺幣

二、臺灣產業發展的階段性特徵

從 1970 年代的低技術密集低附加價值到 2000 年代的高技術密集高附加價值，例如：

1. 1970 年代的三項代表性產品是拆船業、鞋業及電扇；

2. 1980 年代的三項代表性產品是自行車、縫紉機及遊艇；

3. 1990 年代的三項代表性產品是個人電腦、映像管及 PU 合成皮；

4. 2000 年代的三項代表性產品是；筆記型電腦、晶圓代工及網絡卡。

三、臺灣的研發能力是提升經濟的原動力

1. 研發經費占 GDP 的比例約為 2.3％，每千人就業人口所占的研究人員為 6.8％，在全世界僅次於日本、南韓、美國、德國，中國大陸僅 1.09％；因而吸引全世界 23 個跨國企業來臺灣設置創新研發中心，例如：IBM 的生物資訊研發中心、SONY 的創新 LSIA、Module 設計研發中心及 Intel 的創新研發中心；以及 71 個國內企業成立創新研發中心，例如：鴻海精密、瑞星半導體及新光合纖。

2. 臺灣已經成功地從代工階段（Original Equipment Manufacturing, OEM）進入設計代工階段（Original Design Manufacturing, ODM）再進入自有品牌行銷階段（Own Brand Manufacturing, OBM），尤其以趨勢（Trend）計算機設計、康師傅（Kong）食品業及明碁（BenQ）手機等電子產品為主。

四、今後臺灣推動的重要產業

1. 提高傳統產業的競爭力及附加價值：以運動休閒產業、高效率電動車輛產業、光電及電子產業為代表。

2. 促進研發服務業資訊化。

3. 推動新興產業期達雙星兩兆目標：以生物技術產業為代表。

4. 化腐朽為神奇，將廢棄物轉化為資源的資源產業。

五、目前臺灣的產業結構：占總生產值（GDP）的比率

1. 服務業約占 73.3％與日本、英國、瑞典及挪威相當，電信、資訊服務、數位內容、醫療、研發設計及流行文化。

2. 工業占 25.0％（製造業 21.4％）。

3. 農業只占 1.7％。

六、目前臺灣的服務業努力方向

1. 臺灣的服務業每年成長 6.1％，尤其是知識密集服務業每年成長 8.8％。

2. 今後輔導的產業有：觀光及運動休閒、環保服務、醫療保健及照顧及文化創意；另有運輸、資訊、金融、通訊、工程顧問、設計、研發、物流產業及人才培訓等項。

七、對於公營事業的轉型

1. 對於負債超過 3 億以上新臺幣的國營事業勒令解散清算，例如：負債 2.1 億的高硫、6.5 億的農工、10.1 億的台機、10.3 億的中興。

2. 對於負債超過 30 億以上新臺幣的龐大國營事業，徹底整頓，例如：虧損 44.9 億的中船、虧損 56.5 億的唐榮。

八、引進民間參與公共建設（BOT）

1. 民間投資約年成長率 3.7％，約 1.45 兆元，集中在 LCD 及半導體產業，為了減少公庫負擔，引進民間參與公共建設，以達政府與民間合理分離風險、共同分享利益、設立追縱查核點及設置退場機制。

2. 例如百分之百由民間投資的大型公共建設有「臺北港貨櫃儲運中心」，資金達 213 億新臺幣，也有合資的大型公共建設，有桃園航空貨運計畫，民間占 168 億，總工程費為 213 億，政府負擔 45 億。

九、目前臺灣產品在全球占有率較高的項目

1. 在全世界的市場占有率在 24％以上的有 Mask Rom、CD-R（可燒錄一次式光盤片）及 WLAN 無線網絡等 15 項。

2. 在全世界的市場占有率在 8％以上的有大型 TFFLCDZ，電解銅箔及 IC 設計等 15 項。

3. 在全世界的市場占有率在 3％以上的有動態隨機存取內存（DRAM），中小型 TN/STN 及 LCD 等 5 項。

十、新興產業市場價值潛力

1. 無線網絡及其服務業，相關 ICT 產品、手機裝置便利的無線網絡服務與環境，新一代寬頻無線技術（WiMAX-4G）加速計畫。

2. 數位家庭（Digital home），智能型空間，例如：智能化居家空間科技整合應用，IT 技術運用於生活、提供安全、節能與健康管理。

3. 健康銀髮族照顧服務，居家或社區（非醫院）照顧，開發微小型醫療器材。

4. 綠色產業再生能源、太陽光電、風力發電。

十一、重點製造業項目

1. 半導體產業：12 吋晶圓廠。

2. 平面顯示器：5 代－ 6 代廠、7.5 代廠、8 代廠。

3. 生技產業：注射器及呼吸急救器，人用疫苗及西藥製劑。

4. 石化產業：乙烯等高科技產業所需之化學材料。

十二、一般製造業

1. 鋼鐵產業：高級鋼材。

2. 紡織業：人造纖維製造業、供應衣著、家飾、產業用紡織品。

3. 機器設備產業：高級工具機、烘烤設備、泛用型零組件。

4. 通訊產業：WiMAX 無線寬頻通訊設備。

5. 車用電子：OEM 供應行動系統。

6. 綠色能源產業：太陽光電、太陽能熱水系統、風力發電、LED 照明、冷凍空調。

十三、臺灣參加世界貿易組織（WTO）對經濟的影響

1. 工業方面：對臺灣工業產品在全球行銷有利，其中石化原料、塑料、日用品、數據處理設備、電子零組件及金屬加工機械類為主；但對汽機車、家電、重電機及醫療藥品，則面臨國外產品的競爭壓力。

2. 農業方面：農業人口 591,000 人。

3. 服務業方面：新興產業市場價值：

（1）無線寬頻及相關服務產業（手機、PDA、筆記型電腦）900 億美元。

（2）數位生活 2,460 億美元－數位家庭（Digital home），智能型空間。

（3）健康照護 2,300 億美元。

（4）綠色產業 1,053 億美元。

（本文發表「第 14 屆中國蘭州經濟貿易洽談會」的「西元 2007 隴臺經貿合作論壇」，「甘肅市場營銷」第 4 期（總第 10 期）特刊將演講稿登載於蘭州市，2007 年 8 月 25 日，頁 7-8）

11.
世界貿易組織對臺灣農業之影響

前言

　　人類靠山吃山，靠水吃水，道出我們安身立命的天地就是農業，我們循著千山萬水，創造生存的條件提高生活的品質。

　　首先恭喜中國的農民自西元 2005 年開始毋需繳納田賦，從此千年皇糧國稅走入歷史，卸下莊稼漢最大的負擔，個個莫不額手稱慶，真正做到輕徭薄賦，這是中國歷史上第四次的賦稅大改革；第一次在唐德宗建中元年（西元 780 年），宰相左僕射楊炎採兩稅法，將租庸調法的賦稅制度，分為戶稅與地稅兩種；第二次在晚明萬曆年間（西元1581年），內閣首輔張居正推行「一條鞭法」將人頭稅、財產稅及各種雜稅全部歸入土地稅；第三次在清雍正元年（西元 1723 年）實施「地丁銀制度」又稱「攤丁入畝制度」，以省為單位，將定額的丁銀數額平攤入田賦銀中一併徵收，視土地多寡而決定徵稅高低。《孟子‧梁惠王篇》上，孟子曰：「七十者衣帛食肉，黎民不饑不寒，然而不王者，未之有也。」中國以農為國本，祝福貴州省今後的農業更為突飛猛進，厚植國力。其次，恭賀中國農民子弟自今（西元 2006）年 9 月 1 日起依據「義務教

育法」第二條精神，為徹底落實執行九年義教育，中小學學生免繳學雜費，祝福貴州省今後將培育更多人才，蔚為國用。

　　世界貿易組織（World Trade Organization, WTO）是世界上最大的經濟性的國際組織，擁有 150 個會員國，涵蓋全世界 90% 的總貿易量。係於西元 1995 年元旦由關稅暨貿易總協定（General Agreement on Tariffs and Trade, GATT）蛻變為國際組織，中國大陸於西元 2001 年 12 月 11 日入會，是第 143 個會員，臺灣於西元 2002 年元月 1 日入會，是第 144 個會員；從此兩岸在經濟貿易方面共處一個國際條約框架規範內，獲得較為穩定信任的互動。

　　依據聯合國報告，我們評估一個地區經濟力強弱，採用經濟資本、自然資本及人文資本三項指標來衡量，抽取農業就業人口的結構；臺灣的農民佔總人口 2300 萬中就業人口比率的 7.54%，約為 72 萬戶；而貴州省在 3900 萬人口中，農民約佔 85% 人口，平均耕地少於 0.7 公畝；臺灣的耕地面積約僅 85 萬公頃，每戶平均耕地面積約 1.17 公頃，屬於小農經營；今年的臺灣農業總產值僅占全臺國民生產毛額（Gross Domestic Product, GDP）的 1.7% 比重，農產品平均關稅已從西元 1992 年的 20.01% 驟降至今年的 12.86%。

　　臺灣在西元 1990 年申請加入世界貿易組織為遵守「農業協定」，在談判過程允諾減讓關稅：總計達 4491 項，工業產品 3470 項，農業產品 1021 項；由於臺灣稻米產量無法自給自足，必須進口外國稻米，所以採取暫緩關稅化之限量進口（進口配額），然而美國、泰國的稻米價格只有臺灣的 1/3，逐年增加進口量，目前之數量約達國內消費量之一成，約 16 萬公噸糙米，政府長期支持稻農的稻米補貼政策遭到衝擊，

導致大幅度減少臺灣種稻農民的收入，終於爆發白米炸彈事件；勢需調控整個稻米產業結構，加速推動水旱田輪作制度，提高種植綠肥及休耕給付等補助標準，強化本土良質米產銷等措施；至於受到補貼價格，保證價格的農產品尚有雜糧、蔗糖及煙草等作物，亦作適度調整。

　　農業金融在傳統上主要的特性是：季節性、零碎小額、短期信用及放款風險高等項目，今後由季節性應急需求轉變成偏重投資報酬率高之大筆中長期貸款；臺灣農民在轉型中對於資金的需求龐大，傳統的農漁會信用部貸款業務功能已被中國農民銀行、土地銀行及合作金庫銀行取代，將發揮更大的效益。

　　參考世界銀行認定，設若「每位國民每年平均生產毛額超過 1 萬美元」屬於已開發國家之標準，臺灣已達一萬六千美元，不但有資格而且必須開放政府採購，目前已與 38 個國家或地區簽署政府採購協定（Government Procurement Agreement, GPA），其目的在回歸國際貿易之比較利益原則；採購制度之作法為：（一）健全化，將招標方式分為公開招標、選擇性招標及限制性招標三種；（二）資訊透明化，將招標與決標在網路公告作為採購資訊統一管道；（三）採購國際化，開放外國之產品、服務及廠商參與競標；（四）廠商申訴制度化，向法院或獨立審議機關申訴。對開發中國家之特殊及差別待遇，考慮開發中國家，尤其低度開發國家對發展、財政及貿易方面之下列需求：促進國內產業之建立或發展，包括發展鄉村或落後地區之小型與農舍工業，以及其他經濟部門之經濟發展；扶助完全或大部分依賴政府採購之產業部門；臺灣估計每年約釋出 80 億美元，佔政府機關年總採購金額的 60% 必須開國際標；農政部門有行政院農業委員會及其 15 個所屬機關。

　　農業的範疇涵蓋生產、品管、行銷及再生能源之利用。質言之，運用育種技術研發出高生產力的新品種，將預防醫學原理配合生物技術生產生物科技食品，提升生產技術的經濟效率並降低對生態之衝擊，農產品邁向精緻化，重品質及高營養價值，行銷則採服務到家或電子商務，農業廢棄物加工利用（例如：有機堆肥），增加休閒、觀光及生態等行業，使農業轉型為服務業。

　　臺灣在農業科技的發展上已創造許多世界典範的例子，諸如：高接梨、冬季葡萄及蓮霧、香蕉與蝴蝶蘭組織培養，熱帶水果產期調節的應用、白毛鴨、三品種雜交豬的培育、魚蝦類人工繁殖、近海箱網養殖技術等，今後將繼續推動生產高品質、高附加價值的多樣化精緻產品，同時維護生態環境，發展休閒農業。

　　詩經植物區：結合科學知識及融入人文的教育素材，詩經小雅「蓼蓼者莪，匪莪伊蒿；哀哀父母，生我劬勞！」，「投我以桃、報之以李」等優美而感人的詩句，詩中之「莪、蒿」「桃、李」乃蔬菜和水果，古老文學裡的植物，在植物園呈現，將古老文學和生活、植物教學結合，以培養生態保育觀念。今後繼續推動「植物大觀園」「多肉植物區」「森林文化年」及「厥類植物園」。花卉的姿態柔美乃天然藝術品，透過進步的栽培技術及順暢的運銷管理，使消費者欣賞花卉的美。我們對農業了解從「吃的文化」進入「視覺」、「觸覺」及「嗅覺」的享受。

　　善用智慧解決兩岸合作難題：如今兩岸都是世界貿易組織的會員，在加入世界貿易組織之前都經過冗長的談判過程，由於世界貿易組織對全球的影響，牽動兩岸的整體經貿機制，臺灣的行政、立法及司法都受影響，在農業方面已修訂 12 個法案，貿易方面宜「互補」為原則，以

正面表列方式開放大陸農產品間接進口，改善兩岸同胞的生活型態。臺灣水果對大陸出口，自 2005 年 8 月起，大陸單方面實行 22 種水果、11 種蔬菜及 8 種水產品，優惠待遇（零關稅），估計對價格的影響約在 5% ～ 10%，2005 年約達 155.8 萬美元，佔臺灣全年總外銷全額的 2.6%，依推算外銷大陸發展的空間相當大。雙方都依據國際條約作出權利與義務之承諾，兩岸都將面臨世界貿易組織的五年過度期，尤其今（2006）年是臺灣「入世審議年」，世界貿易組織將首度對臺灣審議；倘若大陸依據世界貿易組織的規則要求臺灣遵守條約改變現有臺灣經濟貿易政策，可能有點為難。本人深切盼望兩岸的農業界朋友誠心誠意推動合作大計，互補互惠共享繁榮的成果。

（本文發表於貴州省農業科學院，西元 2006 年 9 月 27 日星期三，上午 9 時）

　　「尊敬的貴州省各級領導先生們，敬愛的旅臺貴州同鄉聯誼總會饒會長德俊將軍，各位來自海內外的專家學者們，各位貴州大學的教授同學們，早安。

　　本人首先以歡欣鼓舞的心情，祝福各位好朋友在這個金秋送爽的天氣慶祝貴州大學中國文化書院新址落成之喜暨孔子銅鑄像揭幕慶典，貴院成立四年，成就斐然，已經在國內外聲譽鵲起，贏得許多掌聲喝采，為祝為禱。

　　我們來自臺灣的貴州同鄉省親暨學術交流訪問團謹向各位好朋友致上最高的敬意，最大的謝意及最誠摯的友情。

　　我們千遇迢迢送上大學的「禮運大同篇」石刻碑林乙座，作為貴院

永久珍藏，香港的朋友致贈至聖先師孔夫子銅立像乙座，象徵海內外同
胞對光輝燦爛的中華文化永遠的獻禮。

　　恭祝各位好朋友際此孔子 2557 年誕辰紀念日暨丙戌年中秋佳節，
萬事如意，身心健康、謝謝大家。」

　　本祝賀詞係應貴州大學中國文化書院新址落成
　　暨孔子聖像揭幕典禮慶典籌備委員會之邀，
　　代表海內外專家學者在慶典上
　　於西元 2006 年 9 月 28 日（星期四）上午 10 時
　　假貴州大學中國文化書院新址正門廣場
　　向全體與會朋友祝福，本人備感榮幸，謹誌。

（本賀詞暨前文刊載「貴州文獻」第 32 期，「臺北市貴州同鄉會」2007 年 2 月
17 日，於臺北市，頁 91 ～ 93）

12.
臺灣的職業教育
在後 ECFA 時代的展望

一、前言：

　　臺灣是一個四面環海只有 3 萬 6,191.4667 平方公里的小島，全島居民多達 2,314 萬 2,460 人，平均每平方公里生活 639.45 人，人口密度高居世界第 9 位，最密的是孟加拉國高達 1,001.5 人。在這個蕞爾小島上山地與丘陵地帶又占三分之二面積，適合耕種居住的平原與盆地更是有限，臺灣是貿易出口導向的國家，淨出值占臺灣的全國生產毛額（Gross Domestic Product, GDP）75.24%，仰賴出口貿易的產業占 90%，如今臺灣的經濟實力，有 17 項產品產值高居全第一，第 18 名大貿易國，第 19 名對外投資國，名列世界第 20 大經濟體，外匯存底有 3,601.23 億美元，每人每年平均所得是 1 萬 7,984 美元，但是仍然無法充份就業，有 5.2% 失業率，失業人口有 57 萬 8,000 人。

　　以一個天然資源極為貧乏的國家，外有錯綜複雜的國際政治問題，內有龐大的人口壓力，國家認同的分歧省籍的糾葛，矛盾叢生衝突不斷，長期以來苦思焦慮的心得，唯一的生路就是發展經濟，特別是國際貿易，於是乎孕育出高瞻遠矚的偉大理想，向全世界求發展的目標。歷史顯示，早在十五世紀初葉，歐洲的葡萄牙、西班牙、英國、法國及荷蘭對商業資本及財產的渴望，採取各式各樣的殖民措施，特別是英國的成就，發展出一套海洋文化；日本在 1920 年代初期，因應經濟擴張也走殖民路線，這些國家的努力不但改變了自己的命運，也創造了新世界。如今，時移勢遷，臺灣不可能走人類歷史的老路，但深黯經濟建設的重要性，以臺灣的情勢，有賴高水準的人力資源作發揮經濟實力的後盾，達到我用全球的資源開拓全世界市場的國際經濟規模。

　　人類的智慧本有賢愚魯鈍之別，或遇客觀事實無法配合主觀願望，在成長求學擇業過程，學生的性向、成績及個別需求總有不同。《論語‧子張篇》第七章子夏曰：「百工居肆以成其事，君子學以致用其道」，《孟子‧滕文公》上曰：「或勞心或勞力」點出經濟市場的重要性，符合現代社會的各在其位各司其職各盡所能各取所需的群體生活。新加坡政府在規劃人力資源時，採取菁英領導政策，長期細心選拔，在每一萬人中從小學開始甄選栽培一人為領袖人才，升學進入英格蘭型的新加坡大學（以考試為導向、不做研究的高等學府）作為各行各業的主管；臺灣採取較為開放政策，只有在政黨組織內會培養黨務人員，政府機關則透過國家考試掄才，民間商務活動更是八仙過海各憑本領。

二、臺灣技術及職業教育的背景：

　　目前臺灣教育部的政策有五大主軸：以健康校園為園地，以終身教育為精神，以完全學習為歷程，以生命教育為基礎，以全人教育為目標。教育部的「技術與職業教育司」擔綱職業教育的措施，該司前身在1968 年原名「專科職業教育司」，後於 1973 年改為今名，時當臺灣經濟逐漸從勞力密集初級工業為主的「萌芽期」（1950 ～ 1969 年）轉化為以資本密集化工業為主的「成長期」（1970 ～ 1980 年），逐漸進入以策略性技術密集工業為主的「茁壯期」（1981 ～ 1990 年），而達推動智慧型工業園區與產業發展結合又顧到世界觀景生態及多元化需求的「轉型期」（1991 ～ 2000 年）再轉化為低人力、高知識及創新技術密集的產業結構「衝刺期」（2001 ～ 2010 年）；今天臺灣的產業結構到

原料密集產品及技術密集產品各占 25%，知識密集產品占 40%，勞力密集產品占 10%，從而建立完整自主型的國民經濟。「技職司」在臺灣經濟建設過程，扮演主動積極規劃推動培育職業人才政策的龍頭角色，至於職業訓練的功能原設置於內政部的「勞工司」，作法較為消極靜態，及至行政院勞工委員會於 1987 年成立，而將內政部職業訓練業務移撥接管，同時擴大功能，從此，臺灣的職業教育與職業訓練分頭並進。

就教育部內業務職掌，除了技術及職業教育司之外，尚有高等教育司的大專校院、中等教育司的高中職學校、國民教育司的國中國小學校、社會教育司兼理特殊教育及原住民族教育。

至於其他相關單位基於各自職權，分別配合辦理的機構，在行政院的部會有 38 個單位，其中：行政院勞工委員會（職業訓練局）（辦理針對失業及轉業勞工，青少年、含在校青年及離校青年及在職者訓練計畫）、經濟部（工業局、工業技術研究院）、交通部（運輸研究所）、財政部（財稅人員訓練所）、行政院經濟建設委員會（人力規劃處），行政院國軍退除役官兵輔導委員會（訓練中心），行政院青年輔導委員會（青年職業練中心）、行政院農業委員會（漁業署遠洋漁業開發中心）、法務部（78 個犯罪矯正機關訓練監所技能人員取得乙級技術士證書，服刑期滿的犯人成為具有一技之長的新生人，快速回歸社會正常生活）、臺北市政府（勞工局職業訓練中心）及高雄市政府（勞工局職業訓練中心），另有內政部、文建會、客委會、原民會、國科會、環保署等六個單位，或多或少也辦理訓練本單位所需人才業務。

三、臺灣技術及職業教育的現況：

　　臺灣技術及職業教育依據臺灣的整體經濟發展政策及教育機構的措施，以培訓經濟發展所需的人力，臺灣的技術及職業教育體系涵蓋科技大學、技術學院、專科學校、職業學校、綜合高中專門學程、實用技術學程及國中技藝教育學程等七個階段，構成一套貫穿小孩到大人完整的技職體系。

　　目前臺灣技職教育體系各級學校數目，技術學院有 37 所（公立 8 所、私立 29 所）及科技大學有 41 所（公立 10 所、私立 31 所），專科學校有 16 所（公立 4 所、私立 12 所），綜合高中有 159 所（公立 62 所、私立 97 所）、職業學校有 164 所（公立 93 所、私立 71 所）；學生數目，專科學校有 28 萬 9,025 名，綜合高中有 9 萬 3,690 名，職業學校有 32 萬 5,996 名；師資陣容：技術學院及科技大學的教師有兩大來源，一方面擁有博士、碩士及學士級老師，總共有 1 萬 8,374 名，另方面來自「以專業及技術教師資格審定或以專案方式聘任之教師」（衡量的標準以當事人的社會地位或事業經驗為準），比照教授、副教授、助理教授或講師聘請之。專科學校的教師聘任資格與前述的技術學校及科技大學雷同，總共有 3,599 名。職業學校教師的來源，一方面必須遵循「師資培育及其施行細則」，必須從師範教育體系畢業或一般大專院校加修「教育學程學分」，再經初等檢覆考試、實習及複試才能應聘，總數有 1 萬 5,771 名，另一方面來自產業界或老師傅逐級升上來的老師，總數有 1 萬 4,000 名。經費方面，總預算達 85 億 3,228 萬 4,000 元，採用補助或獎助方式浥注各校，項目區分為「職業教育行政及督導」、「私立

學校教育獎助」、「促進技職教育多元教育文化與精緻化」、「事務及
輔導」、「原住民技職教育補助」。教育部鼓勵技職教師通過「技能檢
定」並領取「證照」，作為學生的表率及評鑑師資的參考。

四、臺灣的職業教育與職業訓練之異同對比：

	項目	聯業教育	職業訓練
1	承辦單位	教育部	勞委會等 14 個單位
2	目的	國家政策、社會安定、培育實用專業人才	經濟進步、家庭和階、個人溫飽
3	方式	長期、重理論、富思維	短期、具實務、制式作法
4	優點	擅長高瞻遠矚策劃、領導才華、野心無窮	經濟建設中堅幹部、技術紮實、養家活口
5	缺點	眼高手低、自視高、與實務脫節	習慣舊思維舊技術、不願改進、因循苟且、安於現狀
6	課程內涵結構	適應性強、具韌性、從事許多相關行業、轉業容易	轉業不易，只能做較狹窄範疇工作
7	彈性	設置系所耗時較長，調整費時費力，常浪費金錢	機動性強，可隨時開設或結束課程，完全視社會市場需求

五、臺灣職業教育的運作模式：

　　1.社會安全問題：國家安全有賴安定的社會，社會的安定靠全民安

居樂業，失業問題帶給個人及家庭生活困頓，人類都有免於匱乏的自由，對外則偷騙搶，對內則家庭暴力，個人則酗酒自殘自殺。當人民敬業樂群，生活安定，民心追求豐衣足食，國泰民安則國富民強；職業安全亦為社會安全政策的重點，勞工的工作權利需要受到保障，一旦失業可領失業救濟金，有時也需要政府出面協調勞資關係。

2. **終身教育貫穿整體教育**：除了從小學到大學的正規教育，臺灣有85所社區大學，以社區為單位，開闢一些最貼近社區民眾所需的智識或技術，譬如烹飪、養生及投資計畫。15所原住民族部落，形成許多臺灣人的周末和夜晚處於學習的風潮。

3. **評鑑制度**：

（1）臺灣的模式：透過完備且具公信力之評鑑制度，加強學校評鑑工作，評鑑結果作為獎補助款、總量管制等審核指標，建立有效的「去蕪存菁」機制，並提供家長及學生選擇參考。具體策略包括：

①責由研究規劃專業性之「財團法人臺灣評鑑協會」建立系統化評鑑制度。

②健全評鑑機制，實施每四年評鑑循環績效、鼓勵學校預先自我評鑑、調整評鑑標準、建檔評鑑委員、建置「技專校院校務基本資料庫」，俾利瞭解各校之發展。

③透過評鑑機制推動技職教育政策與特色——規劃評鑑之

「重點指標」，於衡量、診斷、查考與諮議四大評鑑功能下，強調或增加導引（政策配合或彰顯技職特色等）之評鑑機制。

④運用評鑑機制彰顯技職教育課程特色——實施「課程評鑑」。

   A.建立各系科本位課程發展與教學之評鑑機制。

   B.辦理專案「課程評鑑」或於例行性評鑑將「行政類」再細分綜合校務、教務、訓輔、行政支援及課程五組分別評鑑。

⑤適時公佈擴大運用評鑑結果，提供社會各界參考，做為重要決策參據。

（2）借鏡外國的模式：

    行政院經濟建設委員會人力規劃處，因應全球化與知識經濟時代的來臨，產業結構與技術的變遷。參考評估是否引進 2006 年 9 月歐盟執委會發佈的「歐盟職能標準架構」（European Qualifications Framework, EQF）指導方針，作為統一歐盟會員國人力品質並終身學習的明確目標。事實上，英國早在 2004 年制定「國家職能標準架構」（National Qualifications Framework, NQF），且自 2006 年開始實施。另外，新加坡與香港也都早有自己的認證標準。

4.**國營事業民營化**：臺灣自 1980 年起受到國內外環境的影響，國營事業民營化釋出的中高年齡層失業有再訓練之必要，以國營事

業改民營為例，多數初級技術人材不再受民營機構青睞，引發中高年齡員工抗爭，在職業上透過訓練培育第二專長，在心理上需輔導調適力。

（1）職業教育的國際化：臺灣的技職教育在引進外國的理論與實務方面，有德國系統、美國系統、英國系統及新加坡系統。

①德國的職業訓練體系是國際公認的雙軌制度（Dual System），將職業區分為理論或實務，學生在國中畢業後就分流，小部分進入文理科中學（Gymnasium），準備繼續深造進入重理論的大學體系，大部分走入屬於偏實務的職業教育體系，實體中學（Realschule），很早就區隔注重思維的任務或實際操作的工作，作法雖近無情受批評，但明確告知小孩的前途在那裡，避免無謂的浪費。

②美國將職業訓練視為社會福利政策的一部分，針對 16 ～ 19 歲低收入而高中未畢業的孩子，由於政府有施捨的心態，接受輔導的孩子無法感受善意，偏偏 80% 的美國中產階級家庭抱怨要支援 20% 的黑人或少數民族家庭，而這些家庭又出身有問題的家庭或社區，所以成效不彰，早年由聯邦政府擔綱，現在則委託給各州政府接辦，甚至於鼓勵民間團體承辦。

③英國：臺灣的職業訓練曾經設法學習英國的「職業訓練金制度」，於 1972 年制定「職業訓練金條例」，政府借重民間人力物力共同撐起職業訓練任務，重點是「官督民辦」及「取之於工業界用之於工業界」，揭示三大目標：

使工業界各階層都能獲得訓練有素的員工，提升工業訓
練品質之改進及效率之提高，要求各廠商得以公平分攤
訓練費用。但以失敗收場，在 1983 年 12 月停辦，而將
這項任務交給政府接辦。

④新加坡是一個高度開發人力資源的國家，其成效卓著。
成功之道有：將職業訓練責由私人法人機構執行，將專
業成績差的中學畢業生直接給予全時職業訓練，其職業
行業僅限於技術或技能類，不准從事服務業，可以避免
成績較弱的同學盲目升學，或在社會流浪，早日投入生
產行列。

（2）與外國合作的實例：

越南——自 2004 年起招收越南學生在 17 所技術學院就讀受
訓。

德國——自 1984 年由勞委會職訓局泰山職訓中心與德國西
門子公司合作。

荷蘭——自 1982 年由勞委會職訓局中區職訓中心與荷蘭飛
利浦公司合作。

5. **數位學習**：臺灣在過去，學生學習過程中都在教室，如今隨著
資訊科技發達，無遠弗屆的網際網路，教材數位化，整合校內相
關資訊平台，學生不侷限在教室內，十二歲以上的民眾有 80%
會使用電腦及網路，是一個數位資訊化的社會，尤其弘光科技
大學的「生涯歷程資訊系統」採納「數位化的學習歷程檔案」

（e-Portfolio）與大專院校就業職能診斷平台；高雄應用科技大學也採用「數位化的學習歷程檔案」（e-protfolio) 與遠距離教學平台，兩校的成就可為示範。

6. 訓練品質評核系統（Taiwan Training Quality System, TTQS）

（1）臺灣採納訓練品質評核系統作為評估事業單位、訓練機構與工會團體辦理各項訓練計畫流程之指標。

（2）已超過 1,000 家事業單位、訓練機構及工會團體導入使用。

（3）持續規劃訓練品質認證、驗證系統，推動與國際同步，期望趕上國際認證標準。

（4）評估訓練品質系統：計畫、設計、執行、查核、成果等五個步驟。

六、臺灣職業教育的證照制度：

　　目前臺灣職業證照制度區分為三類：第一類是政府針對與民眾生命財產、社會安全或權益關係密切的職業，例如：律師、會計師、建築師、各類醫事人員及各類技師，應領證後始能執業。第二類係依據「職業訓練法」辦理技能檢定，例如：技術士檢定與專門職業及技術人員證照制度。第三類由經濟部、勞委會及金管會推動的證照，這類證照與職能標準（Competency）隨著產業發展，種類與數目越來越多，如雨後春筍般出現。

　　目前臺灣的「專門職業及技術人員證照」歷年總共發出 199 萬 9,776 張合格證書：

1. 高等考試，93 萬 537 張合格證書占 45.3%。

2. 普通考試，73 萬 5,859 張合格證書占 38%。

3. 特種考試，33 萬 3,380 張證書占 16.7%。

「技能檢定合格證照」總共發出 352 萬 6,307 張合格證照：

1. 甲級技術士，1 萬 207 張合格證照占 0.3%。

2. 乙級技術士，35 萬 6,403 張合格證照占 10.1%。

3. 丙級技術士，315 萬 9,697 張合格證照 89.6%。

技能檢定分為甲、乙、丙三級，合格者稱技術士，取得技術士證書。目前教育部鼓勵技職體系優先從事以下的行業，開設職類有：冷凍空調裝修、電器修護、女裝、中餐烹調（素食）、中餐烹調（葷食）、烘焙食品、氣壓、食品檢驗分析、電腦數值、控制銑床工、電腦輔助機械製圖、電腦軟體應用、電腦硬體裝修等 12 職類。

七、臺灣職業教育面臨的問題：

1. 職業教育的證照化：臺灣的青年學生就讀一般綜合大學院校或技職學校，無論是大學部甚至研究所畢業後常學非所用而無法應付職場，必須考取專業證照才獲肯定。

   （1）推動證照國際化：團體部份，「中華工程教育協會」（Institute of Engineering Education Taiwan, IEET），是目前臺灣首家民營最具公信力的工程教育認證機構，積極參與國際工程及科技教育認證協定，庶可彼此承認證照資格，該協會在 2007 年成為華盛頓協議（Washington Accord）的

會員，凡是通過 IEET 認證的大學校院系所即可免除教育部的評鑑，目前已有 66 所大學的 400 系所通過。

（2）團體部份，透過亞太經濟合作會議（Asia Pacific Economic Cooperation, APEC）的亞太工程師組織（APEC Engineer），規劃推動國際證照接軌，獲得專業技術跨國執業資格之認定。

（3）歐洲各國工程師協會聯合會（Fédération Européenne d'Associations Nationales d'Ingenieurs, FEANI 與工程師互動論壇（Engineers Mobility Forum, EMF））系由歐洲 31 個國家組成，會員國間彼此承認工程教育學歷及工程師執照，達到較為一致的工程技術水準。

（4）個人部份：英國倫敦商工會（London Chamber of Commerce and Industry, LCCI）是英國國際證照專業體系負責職業技能資格檢定及證照考試，已有 120 年歷史，獲得 126 個國家及地區承認，大部份是大英國協會會員國，具備很強的國際公信力、國際流通力及國際接受力。

2. 少子化現象衝擊臺灣人口政策，今年出生率只有 0.932%，早先影響幼兒教育，如今已從國小延燒到國中，職業教育的屬性成為首當其衝的犧牲品，只好推動國中國小學生小班制，國小一年級每班降為 25 人，國中每班為 30 人。

3. 高等教育同質化，大學校院的名字雖異，系所名稱亦有別，一般綜合性大學體系與技職體系，無論在師資陣容、課程結構、學生程度都差異不大，形成青年學子走出任何學校大門，所學沒有什

麼大不同，畢業生求職能力也雷同。

4. 臺灣的教育無論在一般或技職部分都無法培育真正實用的人才，教與學嚴重脫節，入學容易畢業不難，公立大學研究生退學率只有 3.42%，私立大學稍高，也只有 6.3%；大學部退學率公私立平均低到 2.54%。整體而言，退學率不到 3%；高等教育不設畢業門檻，大學文憑僅具象徵性，學生程度每況愈下。

5. 原則上，教育部規定每一位大學畢業生必須修滿 128 學分的底限才准畢業，但是因為通識教育觀念的抬頭，使得已經排滿的專業課程必須扣減 10 個學分而產生排擠作用，於是社會上本屬普羅大眾生活常識，居然進入大學殿堂，當作學生修習課目，例如「指甲彩繪之研究」，學生視同休閒課程，對本科的專長助益不大。

八、臺灣參與國際經濟社會的契機：

西元 2002 年 1 月 1 日臺灣以「臺灣、澎湖、金門及馬祖個別關稅領域」的名義，用「已開發國家的身份」加入世界貿易組織（World Trade Organization, WTO）。之前，中國於 2001 年 12 月 1 日用「中華人民共和國」名義以「經濟轉型國家的身份」加入此國際組織。事實上，香港與澳門早於 1995 年 1 月 1 日用「香港」、「澳門」名義，以「已開發地區的身份」加入這個組織，從此大中華經濟圈逐漸焉然成形。這是世界上最大最具影響力的經濟性國際組織，因為這個組織的會員間之貿易量占全世界貿易總額的 95%，全球跨國投資的 80%，總部設在瑞士日內瓦，會員的權利與義務明確對等，且具制裁功能，這是臺灣與中

國對峙 52 年後第一次在國際社會共同參與較具規模的國際組織，兩岸關係逐漸「正常化」而循「法制化」、「制度化」及「透明化」方向運作，值得在歷史上大書特書，從此臺灣與中國有機會將兩岸經貿在國際條約的規範下經營得更大更受保障。

WTO 的目標，提供會員或地域一個公平競爭的環境，在自由貿易的精神下，彼此降低關稅、剔除非關稅障礙，從而一個透明化、穩定而可預測的國際貿易逐漸成型，大幅度減低整個世界因為經濟因素而形成的緊張情勢。

檢視 WTO 的內涵有：

1. 商品多邊貿易協定
2. 服務貿易總協定
3. 智慧財產權協定
4. 爭端解決規則與程序釋義瞭解書
5. 貿易政策檢討機制
6. 複邊貿易協定（包括：民用航空器貿易協定、政府採購協定、資訊科技協定）等六大功能。

目前臺灣產品外銷中國已達總出口量 41% 的比重，與美國只有 12% 的比重，有走向單一市場演變的趨勢，臺商藉助中國的優勢主要在：低廉充沛的勞動力及生產資源、簽約後雙方市場更穩定、可預測性、產業分工明朗，從此臺灣可以假道中國到世界，取代以往從世界到中國。

臺灣加入 WTO 後對產業自我評估的影響有六：

1. 加速產業結構的調整，競爭力弱的產業將被淘汰或外移到開發中國家。

2. 勞資關係因關廠或歇業而從新調整。

3. 高階及中階管理或技術人才需求增加，低階則面臨失業。

4. 在大中華經濟圈內，人才的流動跟著市場需求而流轉。

5. 人力資源的運用隨著企業價值而轉化為人力資本。

6. 中高階人才對知識經濟的專業特質，表現在工作上的認同感超越
服務單位。

7. 兩岸人力市場將產生競合作用，畢竟人往高處爬，水往低處流
當務之急，厥為將勞動市場的初級工人或需求量少的工人加以轉
業訓練或以自動化取而代之。

九、臺灣服務業（第三產業）未來的新趨勢：

臺灣的服務業占產業結構的 73.2%，服務業就業人數為 604 萬人，占總就業人口的 58%，在 WTO 的架構下，服務貿易業有待更國際化，中國的服務業可能占產業結構低於 40%，中國在海運服務、勞務出口、旅遊等行業國際競爭力較強，但在金融保險、諮詢業、電信、航空運輸等知識密集型、資本密集型服務貿易有待努力，吃虧在訣竅（Know how）上與生產價值不比成例。在 WTO 的架構下，國際貿易服務業對 ECFA 的服務業有三大約束力：貿易自由化，在十年必須達到區域內自由貿易的緩衝期限，不可對其他會員形成貿易障礙。

臺灣推動六大新興產業，分別為「生技起飛鑽石行動方案」、「觀光頂尖領航方案」、「綠色能源產業旭升方案」、「醫療照護升值白金方案」、「精緻農業健康卓越方案」、「文化創意產業發展方案」。

依據上述六個方案，臺灣可以發展出如下四個行業群：

1. **人口邁向高齡化**：照顧服務銀髮族及相關醫事人員的需求，俾利醫療照顧服務業、生技新藥、醫療器材研發等產業。
2. **環保永續經營價值**：節能減炭、電動車、再生能源、LED、綠色建築。京都議定書（限制溫室氣體排放量以抑制全球暖化）及哥本哈根氣候會議（控制全球溫度不超過攝氏 2 度）帶動環保的產業。
3. **網路時代**：電子商務、數位內容的行銷。
4. **民眾生活品味提高**：以文化底蘊表現的服務業。

十、兩岸簽署「經濟合作架構協議」（Economic Cooperation Framework Agreement, ECFA）後對「教育」的啟示：

臺灣在區域經濟整合過程為避免被邊緣化，基於地緣關係及文化背景，可帶動人流、物流、資源流；臺灣的企業富創意、活潑多元；在研發、設計、行銷、管理、科技方面較大陸強；專業的會計、法律、教育、公司治理、環保、醫療也具水準，互補優勢、互蒙其利。在早收清單中，服務業是大陸給予臺灣的項目多出大陸在 WTO 入會的承諾，較歐美、日、韓等國享更優惠條件，例如：金融體系的銀行業、保險業及證券業。

兩岸已經在 2010 年 6 月 29 日簽署「經濟合作架構協議」，教育方面似可嘗試簽署「教育合作協議」有助於推動如下活動：

1. 兩岸教育官方交流。

2. 互設教育機構或服務點。

3. 互派教育工作人員。

4. 協調教育交流程序簡化事宜。

5. 教育首長互訪。

6. 不溯既往學歷採檢覆辦法補救之。

7. 放寬留學生政策。臺灣大約有 3 萬名外國學生，其中僑生占 1.2 萬名，短期生約有 5,000 人，臺灣每年只招收中國學生 2,000 名，似可斟酌增加。須知，得天下英才而教之，不亦悅乎，美國每年從外國留學生賺取 7 億美元，臺灣似可多加思考仿傚之。

十一、兩岸教育在 ECFA 簽署後的可能發展：

遵循平等互惠、循序漸進的原則，在 WTO 的機制下，達成加強兩岸經貿關係意願的崇高精神。

依據 ECFA 第 1 條服務貿易業的目標，第 2 條減少或消除涉及服務貿易業的限制性措施，第 4 條與第 8 條早期收獲清單，第 11 條設立兩岸「經濟合作委員會」及特定領域的「工作小組」。

依據附件 4，服務貿易早期收獲清單，服務貿易早期收獲部門及開放措施臺灣方面不作金融服業的開放承諾（行業分類使用 WTO 的服務貿易總協定之服務行業分類）：

1. 商業服務業。

2. 通訊服務業。

3. 配銷服務業。

4. 娛樂、文化及運動服務業（視聽服務業除外）。

5. 空運服務業。

6. 與健康相關的服務和社會服務。

7. 運輸服務。

以 WTO 的「國際服務貿易業」的項目涵蓋 15 大項之多，上述只有 7 大項，不足部份仍需雙方努力磋商，期達更緊密的合作關係，例如：教育、文化、法律、會計、建築工程承包等龐雜項目。

十二、今後展望：

教育對於富國裕民有決定性的功能，傳統的「勞心者役人」「勞力者役於人」之觀念已被民主法治觀念揚棄，隨著朝發夕至的交通與無遠弗屆的通訊，教育與訓練的界限已漸模糊，從農林牧漁業（第一產業）到輕重工業（第二產業），乃至服務業（第三產業），彼此的互動上可以領悟運用之妙，純在訣竅，而訣竅之創造、精進及深度，惟經由數位時代加速度借助資訊的廣度、深度及速度，或謂教育與訓練仍需老師負責傳道授業解惑，但是學生如何經由數位媒體取得浩瀚資訊，或似是而非的理論中，知所篩選我們需要的正確資訊而加以整合，而為己用，這就仰賴老師的教導了。

如今兩岸已簽署 ECFA，本人衷心期望在兩岸共組的「經濟合作委員會」附設「教育工作小組」，處理「教育範疇」，或籌劃簽署兩岸「教育合作協議」，互設教育辦事處，將兩岸的教育問題「制度化」，提升兩岸的教育水準，齊一兩岸的專業證照標準，保障提供高品質的經濟建

設。

（本文發表並刊載「第四屆兩岸發展論壇」論文集，浙江大學臺灣研究所主辦，2010 年 9 月 25 日星期六於浙江省杭州市富陽，頁 64 ～ 73）

13.
兩岸簽署「經濟合作架構協議」
（Economic Cooperation Framework Agreement, ECFA）
對於雙方經濟的衝擊

一、世界貿易組織（World Trade Organizaftion, WTO）的契機

1. 臺灣於 1948 年 5 月 21 日參加「關稅暨貿易總協定」（General Agreement on Tariffs and Trade, GATT）。

2. 臺灣於 1950 年 3 月 6 日退出「關稅暨貿易總協定」。

3. 中國於 2001 年 11 月 10 日參加世界貿易組織。

4. 臺灣於 2002 年 1 月 1 日參加世界貿易組織。

5. 依據「世界貿易組織」內的「關稅暨貿易總協定」第 24 條，服貿易總協定（General Agreement on Trade in Services, GATS）第 5 條等條文簽署關稅同盟或自由貿易區及授權條款（Enabling Clause）（僅對開發中國家有效）。

二、在 WTO 的架構下會員國或地區簽署更加深入廣泛的合作關係

（一）傳統的「自由貿易協定」（Free Trade Agreement, FTA）

　　1.撤除或附低自由貿易區內會員國間的關稅或非關稅障礙。

　　2.服務貿易管制的合理化。

（二）擴大功能的「經濟合作架構協議」（Economic Cooperation

　　Framework Agreement, ECFA）

　　1.貿易便捷化和投資自由化。

　　2.相互承認產品認證。

　　3.保護智慧財產權。

　　4.金融合作。

（三）特別的內地與香港暨澳門「更緊密經濟關係的安排」（Closer

　　Ecnomic Partnership Arrangement, CEPA）

　　1.2003 年 6 月 29 日中國與香港簽訂。

　　2.2003 年 11 月 17 日中國與澳門簽訂。

　　3.符合國際條約 13 種形式的規格，但僅限於非主權國家間且
　　　暫時性。

（四）兩岸簽署「經濟合作架構協議」（Economic Cooperation

　　Framework Agreement, ECFA）之後的磨合期，又曰緩衝期

　　1.原則——先易後難，從互補性高、具急迫性、高度共識性
　　　的項目，以早期收獲清單搭配調適期，兼顧臺灣短、中、
　　　長期經濟發展需要。

　　2.分階段分步驟推進——早期收獲計畫、貨物貿易協議、服
　　　務貿易協議、保護投資協議。

　　3.終極目標——兩岸經濟合作、成立自由貿易區。鑑於中國

與東南亞國協從簽署到完全實施歷時 8 年之久，兩岸能否水到渠成，其時間變數拉長或縮短難以評估。

三、兩岸簽署 ECFA 的法律基礎

（一）WTO 的架構——GATT 第 24 條，過渡性協議，綱要式。

　　1. 臺灣以「已開發國家身分」加入「WTO」不能援引「授權條款」，應採「FTA 的過渡協定」加註「中國大陸同意臺灣得以 WTO 會員身份與其他會員國洽簽 FTA」。

　　2. 特別防衛機制。

（二）簽訂前的醞釀期——符合 WTO 的對等原則，兼顧兩岸特色。

　　1. 2009 年 5 月 27 日吳伯雄先生與胡錦濤先生在北京達成「一個中國」框架的認知。

　　2. 各項議題，各自簽訂協議匯集成實質內涵。

（三）國際公法的原理原則

　　默示性之國家承認效力（量變到質變的原則、司法體系的承認）。

（四）臺灣與 1. 瓜地馬拉，2. 巴拿馬，3. 尼加拉瓜，4. 薩爾瓦多，5. 宏都拉斯簽署 FTA，但是這五個國家加起來只占臺灣每年總貿易量的 0.18%。

四、臺灣簽署 ECFA 之後的好處

（一）可與中國經濟獲得互補性的目的

1. 雖然兩岸都是 WTO 的成員，但在 WTO 的內涵上限制仍多。

2. 全球自 1992 年起在 WTO 的會員國間簽訂的 FTA 已達 247 個，亞洲地區亦有 58 個；臺灣可與其他各國簽訂 FTA，例如亞洲的日本與泰國，以及美國與歐盟。

3. 可讓跨國企業在臺灣投資，注意中國之外的印度、印尼、巴西等國的崛起。

（二）對臺灣實質好處

1. 臺灣可以增加 6.82% 的 GDP，進出口、貿易條件及社會福利均呈現正成長，就業人口增加 26 萬人、失業率降為 5.14%。

　・得到比他國更大的優勢。

　・提高外國來臺投資意願。

　・與外商合作進入中國市場。

　・增加大陸臺商對臺採購力，強化產業供應。

　・建立產業運輸中心。

　・大陸是臺灣主要出口地區，每年外銷大陸產品約一千億美元，臺灣每年從大陸進口約 300 億美元產品。

　・臺灣可以藉助 ECFA 進入東南亞及世界市場；中國有一半家庭屬於中等收入，東南亞國家亦然。

2. 配套措施

　・編列新臺幣 950 億，針對內需型及競爭力弱的產業給予補助。

　・防止香港效果（拉開貧富差距）。

・針對大陸的 13 億人口，印度的 12 億人口及東南亞的 5 億人口市場，加以詳密規劃。

五、大陸對臺灣減稅早期清單

1. 總共有 539 項、達 138.3 億美元，占兩岸經貿 15% 的比率，其中 108 項立即免除關稅，其餘在 2 年內分三階段將關稅減為零，有利於臺灣 2 萬 3,000 多家中小企業。

2. 分成六大類：

（1）農產品：18 項關稅，主要是茶葉、香蕉、柳丁、石斑魚。

（2）石化產品類：88 項，約達 60 億美元。

（3）機械產品類：107 項，約達 28.5 億美元。

（4）紡織產品類：136 項。

（5）運輸工具類：50 項。

（6）服務業：11 項，重點項目有：

・獨資開設醫院。

・獨資航空運輸承攬業。

・飛機維修服務。

・電影業，每年可以出口超過 10 部。

（7）中小企業 98 項，約達 14.6 億美元，主要項目有：家電、服裝、塑膠、傳統產品等雜項。

（8）其他產品 140 項。

3. 臺灣不簽 ECFA 也將被淘汰的行業有火柴業、菸葉業、錄影帶業、

木屐業。

4. 臺灣在過去已經開放大陸 1415 項農產品，其中 479 項乃因應 WTO 開放，民進黨執政後又開放 936 項。

六、臺灣對大陸減稅早期清單

1. 石化產品 42 項。

2. 機械產品 69 項。

3. 紡織產品 22 項。

4. 運輸工具 17 項。

5. 服務業 9 項。

6. 農產品 0 項。

7. 其他產品 117 項。

總共 276 項。

七、金融業的合作

1. 臺灣成為區域金融中心。

2. 兩岸簽署的「證券期貨監理合作瞭解備忘錄」（Memorandum of Understanding, MOU），是針對兩岸監理機關進行資訊交流、資訊保密、金融檢查，持續聯繫等合作事項的書面文件。

3. 開發證券期貨業與保障投資。

4. 臺灣證券期貨業將急起直追在大陸的外資機構（按：外資機構已於 2001 年開始進入大陸市場）。

八、兩岸證券期貨市場的合作模式

（一）兩岸證券期貨市場的結構性差異

　　1. 市場對外開放幅度不同。

　　2. 業者的家數不同。

　　3. 資產規模不同。

（二）兩岸協商重點

　　1. 加權對等。

　　2. 實質對等。

（三）臺灣布局大陸市場及大陸來臺設立分支機構，增加臺灣從業
　　　人員需求。

（四）臺灣的特色

　　1. 臺灣已經成立 12 年，乃全球第 18 個市場。

　　2. 臺灣漲跌幅限制在 7% 上下。

　　3. 臺灣著重金融期貨，大陸著重商品期貨。

（五）寶來證券與上海銀河證券合作

　　1. 研發指數化產品。

　　2. 拓展資產管理。

　　3. 研究新金融產品。

　　4. 發展經濟業務領域。

　　5. 培訓業務與技術交流。

九、對臺商的影響

（一）臺灣的本錢

1. 臺灣的土地面積在世界排名第 136 名，36,191.47 平方公里。

2. 臺灣的人口在世界排名第 49 名，23,135,715 人。

3. 臺灣是世界第 20 名的經濟體。

4. 臺灣是世界第 19 名對外投資國。

5. 臺灣是世界第 18 名大貿易國。

6. 預估今年的經濟成長率可達 6.14%。

7. 消費者物價指數年增率 0.74%。

8. 失業率 5.14%。

9. 外匯存底 3,601.23 億美元。

10. 每人每年平均所得 17,894 美元。

（二）臺灣未來的產業

1. 物流業。

2. 專業服務——金融業、休閒業、法律服務。

3. 不動產與土地開發——營建業

4. 高科技製造業。

（三）臺灣的產業體制將發生徹底的質變

1. 提高機器的精密度，材料科學的強化，零組件的不可替代

性、達到任何工廠的設備，設若抽取臺灣的重要零件將無法啟動運作。

2. 將臺灣的高科技師法日本或德國的作法，達到世界最尖端的水準。

3. 將臺灣的資訊服務業師法香港及新加坡的高效率。

（四）建議大陸臺商的作法

1. 進可攻——大規模開拓大陸內銷市場；退可守——繼續穩定加工出口外國貿易。

2. 做法——積極推動產業升級，顧慮投資成本上升，注意工資上漲。

3. 提升競爭力的兩大重點：品牌、關鍵技術。

（五）避免見木不見林——只是計算各別產業的利益

應該見林不見木——

1. 長遠的發展。

2. 改善總體經貿環境條件。

3. 整體性循環、永續經營。

十、我們期望在第六次的江陳會將討論的議題

（一）貨物貿易與服務貿易協議

（二）臺商投資保障協議

（三）文化、教育、新聞、醫藥衛生等

（四）兩岸智慧財產權保護合作協議，防止盜版、仿冒、農場品虛
　　　偽產地標示

　　謝謝你們的聆聽，讓我們攜手為大中華市場努力，竭誠歡迎你們大
駕光臨臺灣。

（本文發表於「第 16 屆中國蘭州投資貿易洽談會」的「西元 2011 隴臺經貿
合作論壇」，2011 年 8 月 12 日，甘肅省蘭州市）

14.
2011' 南澳論壇——
百載商埠 創新發展

　　恭喜汕頭市在西元 1860 年元月 1 日（清代咸豐 9 年 12 月 9 日）正式建埠，至今已經篳路藍縷以啟山林光榮地度過艱辛的 150 年，我們應該大聲歡呼大力鼓掌慶祝你們的成就，同時，遠在歐洲的義大利也在今年元月 18 日慶祝建國 150 週年，地球的東方與西方，兩個重要的地域同壽，我們慶祝建埠他們慶祝建國，值得好好紀念令人興奮的盛事。

　　一、汕頭市乃一個偉大的城市，有下列理由佐證：

　　（一）汕頭市的人才輩出，歷朝歷代孕育出許多文臣武將，例如：古代唐朝吳復古是潮州前八賢之一；近代鄭壽麟是研究德國問題專家，當代劉遵義是香港中文大學校長；甚至揚威海外，古代鄭信（鄭昭，泰國名字：達信【Taksin】）於西元 1767 年建立泰國的吞武里（Chon Buri, Thonburi）王朝，近代差猜・春哈旺榮泰國第 23 任總理。

　　（二）汕頭市是一個華僑之鄉，移民到世界 40 多個國家，人數約達 335 萬，尤其東南亞的華僑，汕頭人比例甚高，被譽為「無汕不成僑，汕音響天下，有汕斯有財，汕頭是我家。」

　　（三）汕頭市的文化融合了中國南北文化，汕頭市的語言包括普通

話、閩南話、客家話，廣州話及潮州話。

（四）汕頭市離臺灣最近的城市——嘉義縣只有 157 浬（同在北緯
　　　23 度線上），既值得又有能力推動臺灣海峽兩岸合作事宜。

（五）汕頭市的經濟實力雄厚，擁有深水港口、現代化設備的機場
　　　及四通八達的鐵公路網絡，廣州市與廈門市是輕重工業的廣
　　　大腹地。

　　二、今天，汕頭市已經蓄滿能量，風雲際會，全力推動經濟轉型升
級之際，設若著眼於高科技，輕工業及服務業的機會必將大展鴻圖，欣
聞 2011 年 5 月 1 日汕頭經濟特區的範圍擴大至全部汕頭市，汕頭市一
向是重要商品集散地，但是由於它的第一產業（自然資源），礦藏、農
作物及水產品，產量有限，第二產業（輕重工業有待升級），因而最好
發展第三產業（服務業）：具體作法似乎有下列八項：

（一）加強宣導汕頭市屬於「海峽西岸經濟區」五大龍頭城市之一，
　　　又是「粵東區域中心城市」，也是「粵台經貿合作實驗區」，
　　　更是「海峽兩岸廣東南澳合作實驗區」的領頭羊大都會。

（二）推動汕頭與臺灣的經貿互補性，在各行各業採取垂直分工或
　　　水平分工。

（三）提供適度優厚條件歡迎臺灣或東南亞華僑人才來汕頭服務。

（四）開闢汕頭與臺灣直接的海運與空運，目前高雄與汕頭之間的
　　　海運稍欠不足，最好開闢嘉義與汕頭之間海運與空運。

（五）每年繼續舉辦南澳論壇，另外舉辦國際南澳論壇，廣邀世界
　　　各國經貿界產官學人士與會。

（六）建議在汕頭大學擴大招收臺灣及東南亞學生。

（七）在南澳群島實施優惠政策，推動觀光旅遊事業，增設免稅商店。

（八）在汕頭市與嘉義市互設聯絡辦事處。

三、對於「海西經濟特區」在運作上，值得考量的重點有下列七項：

（一）敦請中共中央落實支援海西特區的承諾，例如政策的貫徹與財務的援助，當然中國必須照顧全國發展，有其輕重緩急的程序，「海西經濟特區」固然重要，其他地區，例如：大西部的開發、東北重工業的振興及渤海灣的繁榮，都需要中央挹注大量資金。

（二）地方政府間的共識與合作機制，在經濟一體化的理念下，當以福建省為主體，北承長江三角洲、南接珠江三角洲，東與臺灣、西與廣西的廣大內陸腹地貫通，周邊涵蓋了浙江、廣東、江西三省的部分地區，經濟都急需開發，彼此都有競合作用。

（三）發揮吸引外資的優勢，學習振興東北的方式，由中央負擔部份預算，其餘經費由地方自行招商引資或自行制定優惠辦法。

（四）宜將產業結構合理化，最好將汕頭的第三產業提升至 70% 以上，絕對裨利產業鏈及廠商群聚效應。

（五）完善的基礎建設與舒適的社會環境可提高投資意願，例如交通、水電瓦斯及電信設施，改善環境污染提高社會保障及社會救助政策。

（六）減少徵遷建設用地的難度，既可節省開支亦可減少民怨。

（七）擴大國際化的幅度，自從參加「世界貿易組織」（World Trade Organization, WTO）後，必須遵守涉及國際經濟貿易的法規及規格，例如反傾銷政策，因而影響加工型及傳統出口型產品，使得一些先進國家的投資意願偏低。

　　四、建議關心「跨太平洋戰略經濟夥伴關係協定」（Trans-Pacific Strategic Economic Partnership Agreement, TPP）的國際經濟貿易政策，西元 2005 年 5 月 28 日由新加坡、汶萊、紐西蘭及智利發起成立，五年後，美國、馬來西亞、 澳洲、秘魯與越南於 2010 年 11 月 14 日成為第一批擴大組織的新會員國，除了越南之外，其餘都是資本主義體系國家，就亞洲暨太平洋環狀地帶總共有 42 個國家，將來是否全數納入或選擇性入會，值得觀察，重點在於這是一個高度市場自由化及高度品質管制的區域性自由貿易協定，由於美國的加入，將國際經貿政策推向比「世界貿易組織」更開放的方向，頗有企圖架空「世界貿易組織」，恢復環太平洋國家的影響力，特別在亞洲太平洋區域，與「東南亞國協」（Association of Southeast Asian Nations, ASEAN）10 國加 3 國（中國，日本，韓國）對抗，作為美國與中國角力的工具，有人認為這是經濟版的圍堵中國政策，臺灣也在 2011 年 9 月 29 日表示設法在 2020 年前加入該組織，尤其美國訂出一套美國式的國際經濟貿易政策法規及美國式的商品規格，圍繞著保護智慧財產權，保障勞工福利與保護環境衛生等三大主題；例如商品從原料的開採、半成品的製造到成品的完成，整個過程環環相扣，必須顧慮到原料產地的環保問題，半成品的材料安全及

成品的「產品管理與品質保證」符合「國際標準組織」（Inter national Organization for Standardization, ISO）的國際標準，例如：產品安全認證（中國的 CCC 認證，美國的 UL 認證，德國的 TÜV 認證），國際品質認證，會計作業，財務規劃及教育訓練。為了達到完美的國際標準成果，從工廠的製造過程或服務業的經手流程必須符合「標準作業程式」（Standard Operating Procedure, SOP）儘量達到整體的劃一標準，在一致的作業規格下，指揮調度各個工序的操作步驟及方法，期望產品做到細緻化，數字化及優良化，而獲得認證資格。質言之，未來的世界，或許連人類的軀殼都有可能在流線型的機器尾端源源誕生，也許只有人類的思想無法一致化。美國有霸氣領導全球最大的「亞太自由貿易區」，設若該區的生產線完全符合美國的法規暨規格，該區將成為美國第四大商品暨服務業出口市場，美國將美國的規格國際化，不斷要求各國在關稅暨非關稅壁壘的標準上配合，甚至在政府採購議題上，要求各國政府釋出更大透明度及實施無差別待遇作法，自己則全力提升早已領先世界的數位經濟與環保科技，甚至隨時提出新貿易議題，彰顯其世界經貿與科技的領導地位：其總目標似乎與中國的立場不太一致，蓋中國的步調，從東亞自由貿易區，東亞全面經濟夥伴關係，跨太平洋戰略經濟夥伴協定，亞太自由貿易區，亞太區域經濟一體化，由近而遠，由小而大，由單純而深化，逐一實現。今天，中國歷經一甲子的奮發淬礪，具自信也有能力面對世界，在處理國內事務遊刃有餘之際，必須將炯炯目光俯視世界，世界也將目光轉過來，散發既敬仰又渴望幫助的眼神；中國的立場應該責無旁貸，毅然決然扛起大國的重責大任；在國際經貿方面，一方面理應遵守當今世界既定的經貿政策，法規及規格，但是遵守之餘，

或許應該檢討國際經貿法規的時代性，公平正義性或需求程度，審視有否新的理論或需要修正的瑕疵；另一方面，國際間成千上萬的產品在導入標準化機制後獲得認證，又受到千絲萬縷的規格糾纏，思考其合理性？或受到有些國家誤導「人權」觀念的影響，而處處必須符合智慧財產權，勞工福利及環境保護。那麼「人權」的解釋權，標準答案及落實方針，難道中國可以雙手一攤，任由別人想到哪講到哪嗎？

　　五、中國不但是大陸國家，也是一個海洋大國，面對擁有 350 萬平方公里領水的汪洋大海，依據西元 1982 年的「聯合國海洋法公約」簽訂並自西元 1994 年 11 月 16 日生效以來，中國在西元 2002 年與南海各鄰國簽署「南海各方行為宣言」，在國際公法上的法律效力非常薄弱，只是國際性的政治共識，中國漠視對海洋的開發，當今之計應該加強宣導海洋治國的重要性，加速制定完整的海洋法律體系，擴大探勘海洋資源、建立海上軍事力量、運用靈活的外交手腕與虎視眈眈的鄰國斡旋；南海群島爭端，涉及國家疆域的完整性，海底資源的開發、扼南太平洋交通要道，其中又有越南、菲律賓、汶萊與馬來西亞是東協 10 國的會員國，協調起來尤其敏感。汕頭市具有發揮海洋特色的優勢應扮演橋樑與槓桿功能，成為中國一顆閃爍的南海燈塔，首先、建立龐大的海洋經濟力量，其次、建立完整的海洋教育體系，最重要、建立強大的外海暨近海的武力。祝福中國與臺灣共同規劃具有中國特色的國際法體系，尤其著重國際海洋法與國際經貿法，庶幾在保護國家領域方面更為安全，在國際經貿領域更為繁榮，一個富強康樂的大國美夢，指日可待。

（本文發表於「2011'南澳論壇」刊載「百載商埠・創新發展論文集」，2011 年 12 月 8 日星期四，廣東省汕頭市，頁 146～149）

15.
兩岸金融業的現況與合作契機

　　英國人亞當‧史密斯（Adam Smith, 1723 ～ 1790）於西元 1776 年出版「國富論」，倡導「人類應該基於自由意志力與無限想像力的本性，發揮強大的勞動力，而非依賴改變『土地價值』，謀取吾等生活福祉。這個原則的內涵，客觀上，營造自由市場與自由貿易的環境，成為創造個人暨國家財富的條件」；這位哲學家成為「經濟學」的啟蒙大師，被世人譽為「資本主義之父」；這股思潮影響主要西方國家的政經政策，至今仍方興未艾，其經濟政策的核心問題，如何運作金融體系，奉行自由化的競爭，尤其在國際金融市場，為了追求無限上綱的經濟成長；必須永無止境地不斷研究開發新產品，吸引更多的客戶，滿足他們的需求，期望拓展營業成績；然而，用最高的效率攫取最大的利潤，再轉投資，如此週而復始；但是，常在控管風險上失去方向，暴露金融業的脆弱性或不安定性，資金流動有其錯綜複雜因素而危機四伏；例如：上（20）世紀 1929 年至 1933 年的「經濟大恐慌」（great depression）暨本（21）世紀 2008 年 9 月 14 日至今的「環球金融危機，又名：金融海嘯 」（global financial crisis, financial tsunami），對世界經濟的安定衝擊巨大深遠。

　　臺灣的金融監督管理體制堪稱完善，金融市場相對也穩定，在1990年代以前對金融市場實施管制措施，銀行體系只有6家，都是從日據時期接收及改組的商業銀行及其他因應特殊功能的金融機構，例如：中小企業銀行、信託投資公司、信用合作社等等；自1991年正式開放設立新銀行，同時陸續放寬各項金融管制措施，於是新設許多銀行、保險公司、票券、期貨、證券公司、信託投資公司，改變了整體金融產業經營環境，2001年實施「金融控股公司法」，2003年成立「金融監督管理委員會」，穩定金融運作機制。今天，臺灣的產業結構完整，以製造業為例，含：食品業、紡織業、電腦及電子業、光學業、醫療及生物科技業為主，占整體產業總值的一半，是極具獲利性及發展潛力的行業，乃是我們吸引外資的優勢。臺灣目前有49家本地的銀行（含：郵局、農業金庫）、12家外商銀行、44家信用合作社、67家農漁會；中國的銀行數目龐大，最大的有：中國銀行、中國工商銀行、中國建設銀行、交通銀行、招商銀行及中信銀行等6家；就雙方銀行合作在對岸設立據點事宜：質言之，有其不對等，但也有其優劣互補態勢；俗謂，中國有2隻大象，中國銀行資產高達38.73兆美元，交通銀行資產亦達15.54兆美元，合計54.27兆美元，臺灣有10隻螞蟻，臺灣銀行有3.98兆美元、合作金庫有2.51兆美元、兆豐金控有2.34兆美元、土地銀行有2.06兆美元、第一銀行有1.86兆美元、華南銀行有1.67兆美元、中國信託有1.59兆美元、彰化銀行有1.43兆美元、國泰世華有1.41兆美元，玉山銀行有0.88兆美元，總共只有19.73兆美元，僅及中國銀行的半數。質言之，設若，臺灣的銀行有意願到中國設立據點開拓市場，宜採以下10種型態，有別於外資在中國發展的模式；第一種，單獨設立

據點，開辦分行或子行。第二種，與外國銀行合作，以臺灣的銀行或外國的銀行設立之。 第三種，參與商業城市的銀行股份，例如：汕頭市的銀行較適合，蓋因汕頭市有外資銀行經驗，目前各類金融門類齊全，同時雄心勃勃，將汕頭市開展為區域金融中心。第四種，借助香港暨澳門與中國所簽署的「更緊密經貿合作安排」機制，以港澳銀行名義合作。第五種，由臺灣投資在外國設立的銀行（例如：英屬維京群島、開曼群島、貝里斯）。第六種，聯合多家臺灣的銀行集體投資。第七種，與中國資金的銀行合作。第八種，與中國資金的銀行策略聯盟。第九種，併購中國的銀行。第十種，設立網路銀行（internet bank），又稱「虛擬銀行」（virtual bank）。

中國於 2001 年 12 月 11 日以開發中國家身分，加入「世界貿易組織」（World Trade Organization, WTO），在開放的幅度與時間表得採有條件階段性優惠；就金融業，中國承諾取消外國金融機構在中國境內之經營地域限制及經營項目限制，同時允許開放更多外國銀行經營人民幣業務，2006 年 11 月制定「外資銀行管理條例」，同意外國銀行在中國設立分行或子行，設立據點有 4 種型態：第一種，設立新的銀行，例如分行或子行；第二種，用參加入股的方式，針對具互補性的城市商業銀行，合作的成果較慢顯示；第三種，策略聯盟，雙方在研發、製造、 銷售及服務方面合作；第四種，用併購方式、購買股權或股權置換，獲利較快；至於臺灣方面，基於多種考量，臺灣與中國在 2009 年 11 月 16 日簽署「兩岸金融監理合作瞭解備忘錄」（Memorandum of Understanding, MOU），4 個月後，臺灣在 2010 年 3 月 16 日通過「兩岸金融業務往來及投資許可管理辦法」，接著，兩岸於 2010 年 6 月 29 日簽署「兩

岸經濟合作架構協議」（Economic Cooperation Framework Agreement, ECFA），將兩岸的金融合作事宜，納入法制化制度化的較小風險態勢。就金融業合作的領域有 5 大項：雙方同業人員聯繫，建立聯絡網，交換電子資訊，檢查機制，保密條款；至於合作的項目有 7 種：銀行、證券行、保險公司、股票商、基金公司、人民幣帳戶及現錢兌換。

香港是一個高度現代化及國際化的都市，不但擁有健全的法律制度及基礎設施，也有交易活絡的商品市場及金融專業人才，金融監理及金融交易亦相當透明，能夠為參與市場者締造公平的競爭環境，在國際投資市場競爭力頗強；長期保有國際金融中心地位，與世界各國的經貿關係密切；於 1997 年回歸中國後，與中國之經貿關係益加密切，兩地簽署「內地與香港關於建立更緊密經貿關係的安排」（Closer Economic Partnership Arrangement, CEPA），至今，香港已是兩岸三地發展金融業最完善及最成熟的地區，為國際貨幣基金會（International Monetary Fund, IMF）評為先進的經濟體系；然而，香港是一個地小人稠的經濟體，其產業結構以金融服務業、進出口業、批發零售業及酒店業為主，缺乏製造業及高科技產業，整體服務業的產值約占全香港總產值的 92%，而金融業的產值約占服務業的 1/3。

盱衡今日世界，美國是典型的資本主義國家，根源人類的雙重性格，既富於想像力，又有狂熱的貪婪心，常在金融業創造財富或操弄金錢遊戲。吾人檢視，美國的經濟體系，第 43 任總統小布希（George Walker Bush, 1946～），居然以紓困手段動用國庫撥補 7,000 億美元給虧損的銀行，就是社會主義的做法，商業活動與金融業互為唇齒關係；美國依據「美國的世界」理論，創造了「美國式的全球化」，將全世界

從政治、社會到經濟；納入「自由化精神」與「人權精神」，在經濟體系方面，成立「世界貿易組織」，要求世界各會員國依循「美國的核心價值觀 -- 國家利益與開國精神」、「美國的經濟利益─符合美國的產品標準規格」、「依據美國立場創造的法律思想」，嘗試融入「世界貿易組織」，資本主義也許需要社會主義救其窮。 本人建議：下列3點，或許裨益國際暨兩岸金融合作。第一. 設立高道德標準、高度警覺心及高水準專業人才的機構，監控世界有野心有能力製造危機的金融機構，作精準的「風險評估」，適時發出警告，將金融災難或阻止或減弱之，也許「 智庫」較適合擔綱這類重責大任。第二. 與回教金融體系合作，該體系建立在回教的經濟理論，具有宗教思想，強調公平交易，注重分配社會財富，鼓勵生產活動，目前全球回教的資產，每年的成長維持 8.85%，唯因與西方主流國家的價值觀不一致，只能長期限縮於區域性的局面，以臺灣、中國與西亞 4 大產油國家（沙地阿拉伯、伊朗、阿拉伯聯合大公國、科威特），馬來西亞的友好關係，這些國家都成立「主權基金」又名「主權財富基金」（Sovereign Wealth Fund），作為布局全球投資各類領域產業的工具，估計全球總資產大約有 4 萬億美元，其中以阿拉伯聯合大公國的阿布達比投資局（Abu Dhabi Investment Authority）的資產最多，估計約有 8,000 億美元，設若創造符合回教投資的環境，應能吸引大量油元投資，進入臺灣與中國市場。第三. 建立權威的「資訊催化」（an informational catalyst）機制，金融業是一個高風險，瞬息萬變，涉及龐大資金的跨國企業，一旦爆發金融危機，涉及的相關國家法規不同，在立法無法適應未來社會的前提下，有賴司法造法以補救之，至於法院的訴訟程序暨實質審查，能否獲得各造的認可，

各方提出的「鑑定報告」，自認為符合「科學根據」，法院面對排山倒海汗牛充棟的「資訊」，應如何將之「催化」，作出令人心悅誠服的判決，乃是一大挑戰。

　　對於兩岸金融業的合作，盼望在運作方面制度化，在處理危機方面加強合作。

（本文係 2012' 南澳論壇，「加強粵臺金融合作，實現兩岸互利共贏」之演講稿，2012 年 12 月 8 日星期六於廣東省汕頭市）

16.
「九二共識」的迷思
（myth、Mythos）（綱要）

一、檢視無可奈何的歷史軌跡

（一）天下合久必分分久必合

（二）明末清初、軍閥割據、海峽兩岸對峙

二、國內法的強制力

（一）反分裂國家法（2005 年 3 月 14 日通過）

　　（又名：和平統一法，第 5 條乃和平統一條文）

（二）「九二共識」：

　　1. 中國國民黨（1992 年在香港達成的口頭協議，即一中各
　　　 表，一個中國各自表述；蘇起先生在 2000 年 4 月 28 日
　　　 倡議「九二共識」）

　　2. 民主進步黨（不承認「九二共識」的存在）

　　3. 中國共產黨（只承認一個中國，毋需各自表述）

（三）1. 中華人民共和國香港特別行政區基本法（1990 年 4 月 4
　　　　 日頒布）

  2. 中華人民共和國澳門特別行政區基本法（1993 年 3 月 31
   日頒布）

（四）兩岸「經濟合作架構協議」（2010 年 6 月 29 日簽署）
   （ECFA）

三、國際法的約束力

（一）國際組織的權利與義務

  1. 聯合國（維護世界和平與安全）

  2. 世界貿易組織（非歧視性原則、透明度原則、自由貿易
   原則、公平競爭原則）

（二）與美國簽訂「安全條約」的 2 個東北亞國家

  1. 美日安保條約（1960 年 1 月 19 日簽訂）——乃不平等
   條約（美國駐軍、司法管轄權）

  2. 美韓共同防禦條約（1954 年 11 月 17 日簽訂）——乃不
   平等條約，美國在韓國駐紮約 5 萬海陸空部隊

（三）1. 禁止酷刑和其他殘忍、不人道或有辱人格的待遇或處罰
   公約（1984 年 12 月 10 日通過）

  2. 國際刑事法院（2002 年成立）

  3. 國際人權公約

  （1）聯合國（尊重基本人權、人格尊嚴及價值、人不分男
    女或國家不分大小都享有平等權利之信念，1945 年
    6 月 26 日簽訂）

（2）歐洲人權公約（1950 年 11 月 6 日簽訂）

（3）美洲人權公約（1969 年 11 月 22 日簽訂）

（4）阿拉伯人權公約（1994 年頒布）

（四）中國與美國的國際政治基礎，建立在 3 個聯合公報

1. 中美上海公報（1972 年 2 月 28 日）

2. 中美建交公報（1979 年 1 月 1 日）

3. 中美八一七公報（1982 年 8 月 17 日）

（五）中國與世界各主要國家簽署的建交公報，涉及臺灣部份的用語值得推敲：

1. 美國等 8 國，使用認知（acknowledge）

2. 日本等 3 國，使用尊重（respect）

3. 加拿大等 16 國，使用留意（take note of）

4. 韓國、南非等 39 國，使用承認（recognize）

5. 沙烏地阿拉伯等 104 國，沒有提及臺灣

四、國際公法的累積效果

（一）默示性之國家承認效力，從量變到質變的原理

（二）國際司法體系的承認效力

五、美國係一個三權分立的國家，可是美國司法體系的判例，顯示美國承認臺灣是一個主權獨立的國家。

（玩弄英文文字遊戲，例如：country、government、land、nation、

sovereignty、state）

六、一個目標，三個法律文件，三段歷史，後患無窮

（一）中國拒絕參予簽署凡爾賽和約（1919 年 6 月 28 日），同年宣布與德國及奧地利結束戰爭狀態，1921 年與德國及奧地利分別簽訂和約，兩國放棄一切在華特權，乃世界上首先放棄不平等條約的國家。

（二）中美共同防禦條約（1954 年 12 月 3 日簽訂，1979 年 1 月 1 日失效）——乃不平等條約（有人說，這是臺灣與外國最後一個不平等條約，防禦地區只及於臺灣與澎湖群島，不含金門與馬祖，因而爆發金門砲戰，中國測試美國對金門及馬祖的協防心態。

（三）臺灣關係法（1979 年 1 月 1 日通過）——乃美國的聯邦法律，美國的國內法介入國際事務，將美國掌控世界的霸權主義暨美國式的人權觀念形諸文字化為法律，推廣到全球；第 2 條第 1 項是美國的安全政策，將美國與西太平洋地區的和平與安定結合，同條第 2 項揭櫫人權大纛。

七、馬英九的「和平協議」二個前提

（一）有待考驗的——民意支持、國家需要、國會監督。

（二）實際上，所謂的「凝聚民意」是：民意支持或國會監督或全民公投（公民投票法、2004 年 1 月 2 日實施）。

八、「共識」（consensus, allgemeine Übereinstimmung）的表徵

（一）評估拋出政治口號的時機與效果。

（二）注意政治口號逐漸演變成政策（分辨既定的國家政策或特定需要的政策）之過程，推動政策轉化為法律（文字化，條文化）的過程。

（三）「共識」形成國內法後的執行力暨在國際上的肯定度，甚至設法納入國際法的條文，形成國際「共識」。

九、解釋的奧妙（interpretation, Auslegung）

（一）無法精準闡釋的法律定義——隱諱性，清晰度。

（二）普遍原則，特定規則（例外規定）。

（三）權責機構——

　　1.憲法法院（德國），聯邦最高法院（美國），大法官會議（臺灣）。

　　2.各級法院法官——自由心證。

（四）重視解釋的回教法律體系（四大法源之一的類比原則），突顯運用法律的靈活性。

十、談判技巧的重要性

　　本人曾經閱讀許多國際條約,發現代表國家談判的朋友們,常昧於國際政治(國際情勢),對於國際公法暨國際私法法律條文亦不求甚解或渾然不知,竟妄想使用利誘手段建立私人感情以博取對方好感,豈知,這是緣木求魚,導致談判結果失敗,實因事先既沒有作好準備工作、外文能力又差、臨場談判技巧拙劣。

(本文係「第五屆兩岸發展研討會」演講稿,2011 年 10 月 28 日星期五於浙江省杭州市,浙江大學臺灣研究所主辦)

17.
亞洲大學「阿拉伯文明導論」
通識課程的授課因緣

　　「教育」的定義，可以從兩個方向思考，廣義的教育，泛指運用一切傳播工具學習人類文明的成果—各種知識、生存技能及生活經驗，而將個人融入社會或將社會演變為更符合群體的生活水準；狹義的教育專指學院派制式化的學校教育。又謂：廣義教育指，在人類豐富的生活世界裏，人們在不知不覺中透過許多不同的方式累積經驗，習得語言，組織個人的觀念與價值，這些社會化的過程都是教育的功能；狹義教育指，學校教育乃經有組織的環境，提供有計畫的內容，達到特定的教育目的。「高等教育」體系涵蓋大學、科技大學、學院、技術學院及專科學校五個類別。從法律的分類，依據大學法，大學以研究學術，培育人才，提升文化，服務社會，促進國家發展為宗旨；依據專科學校法，專科學校以傳授應用科學與技術，養成實用專業人才為宗旨；用教、學、研及社會服務等方式達成目標。

　　通識教育或通才教育（General Education）又稱博雅教育（Liberal Education），在高等教育的內涵具有提昇大學生全面觀照現代知識的功能，培養全人教育的人文素養，拓展視野、懂得關懷人類暨大自然的精髓；教育部在民國 47 年頒布給各大學「共同必修科目」的規定，係我

國近代教育史上高等教育階段推動通識教育的濫殤，至於通識教育課程
（a literacy class 或 a general knowledge course）的內涵，則各校自行依
據大學學術自由、建校願景斟酌開設。

　　亞洲大學是一所綜合性大學，對於通識教育向極重視，由通識教育
中心規劃通識教育課程，分為人文科學、社會科學、自然科學及生活應
用科學等四大領域。每位同學必須修習 10 學分，每個領域至少選修一
個科目（計 4 大類 8 學分），另在各自所屬學院選修 2 學分，每學期約
開授 80 門學科。民國 96 年 3 月，時任學校管理學院院長的沙教授永傑
博士（已榮升中華大學校長）邀我共同開設有關阿拉伯問題的課程，我
們苦思焦慮，期望將這門課達到優質的特性，從課程教材內容、討論議
題、課程設計到教學評量，決定使用「阿拉伯文明導論」名稱，送通識
教育中心課程委員會審查而獲通過，隨即在當年下半年，96 學年度第
1 學期正式開課，採取有科目有課程方式授課，以單一學期學習的量為
度，每一學期有 18 週，每週 2 小時，總共 36 小時的幅度，迄本（98）
年上半年，已經講授 4 學期，學校採取電腦選課，由於沙校長的倡導配
合我的努力，這門課從第 1 次開始接受選課就衝出 100 名同學點選。如
今據聞這門課深受同學好評，已在通識課程擠身十大受歡迎之列。

　　一切事情的成功不是偶然，這門課的運作，受到許多朋友真心協
助。首先，回教方面，必須深摯感激臺中回教清真寺閃教長耀武的協
助，他不但親自大駕學校向同學剴切解說回教的精義，安排同學參觀清
真寺，讓同學體認清真寺的建築風格、裝潢擺飾及禮拜儀式等各項功
能；其次，謝謝由旅臺土耳其朋友成立的「安那托利亞福爾摩沙協會」
（Anatolia Formosa Association）前任理事長艾維齊（Yavuz Avci）、

現任理事長歐斯曼（Osman Cubuk）及現任秘書長楊承燁（Ahmet Gurhanli）的協助，親自介紹美麗的土耳其。

關於授課大綱，區分十個主題：

第一個主題討論歷史與地理問題，從阿拉伯人的立場解讀被人切割的歷史，點點滴滴貫穿為一條完整性的歷史軌跡，從阿拉伯半島的沙漠天地到跨越三大洲的回教世界，採取軍事武力與商業利潤兩手策略開疆闢土。

第二個主題討論阿拉伯國家對世界經濟的影響力，連繫東西方古代的陸上絲路與海上絲路及縱貫南北的駱駝商隊，現代的石油、天然瓦斯及黃金的經濟資源。

第三個主題討論主導 10 億人口的回教哲學與生活方式，帶給人類無比巨大奇妙宇宙價值觀。

第四個主題討論阿拉伯文化面，從靜態的書法美術語言文字到動態的舞蹈電影電視，無聲的建築雕塑到有聲的音樂，美化世界豐富文明內涵。

第五個主題討論阿拉伯的法律體系，將可蘭經法律化，而蛻變為現代的組織，統治龐大帝國的法規，規範市井小民的生活習慣。

第六個主題討論阿拉伯的教育體系，將宗教精神融入教育理念，建立一個公平正義優秀公民的社會。

第七個主題討論當今阿拉伯國家與國際政治的互動，從西元 1917 年迄今，將近百年的衰敗仍無振興跡象。

第八個主題討論曾在西亞叱吒風雲的土耳其、伊朗及以色列等三個國家。

第九個主題討論阿拉伯國家與臺灣暨中國的關係。

第十個主題是參觀臺中回教清真寺，實地體驗回教形之外的文化面。

我開設這門課，深體使命感，小心翼翼迴避敏感議題，力求證據真實性；教材方面，將長期蒐集的中文、英文、德文及阿拉伯文作為參考資料；秉持五大特性：

一、基本性，阿拉伯文明是人類整體文明不可或缺的一環，建立同學對這個世界正確、無偏見的觀感，裨利日後就業、研究、宗教及旅遊等活動。

二、主體性，建立同學透過討論、思辯、批判與比較，更驕傲自己所屬的中華文明，而抬頭挺胸立於世界。

三、多元性，建立同學以廣闊視野面對地球上並存的種族、宗教、教育及意識型態，不但不排斥，反而願意接納、認同、瞭解、欣賞，養成人類開闊的胸懷。

四、整合性，啟發同學如何將不同領域之知識，作跨科際整合之思考，例如：人文科學與社會科學及自然科學之融合、或將研究自然科學的方法應用到社會科學。

五、穿越性，培養同學面對陌生又龐雜的問題，建立初步的基礎知識，逐漸登堂入室，知所篩選，而應用配合專業學科。

美國哈佛大學（Harvard University）前藝術與科學學院院長 Harry R. Lewis 教授於西元 2006 年 5 月 15 日出版一本發人深省的書，「Excellence without a soul」：How a great university forgot education。「沒有靈魂的優秀」：一所偉大的大學怎麼忘記了教育。點出大學教育重知識傳播輕

人文薰陶的偏差；之後，帶動一波美國通識課程創新的風潮，美國大學通識教育都聘請大師級老師或資深老師擔綱精心設計的課程，有它深思熟慮的考量；唐代文學家韓愈在「師說」提到「師者，所以傳道、授業、解惑也。」今天老師擔綱的角色，只是推動學習的動力，設計一個容易學習的環境，而非知識的傳播者，如今的大學生懂得經由數位與媒體獲取資訊，有其方便性但亦有其盲點，這時老師應該指導同學汲取正確資訊加以整合而為己用；1957 年諾貝爾物理學獎獲獎人李振道指出：科學，就是以最簡單的道理揭示大自然深奧的規律；藝術，就是以單純的形式描述人類最複雜的感性。香港嶺南大學前校長陳坤耀教授亦點出，高等教育的目的：「學識廣博、生活高雅」；我期盼「阿拉伯文明導論」能帶領同學開闊視野仔細聽聞、啟迪思維，開竅作一個具世界文化平衡感的人。

（本文刊載「貴州文獻」第 35 期，「臺北市貴州同鄉會」2010 年 2 月 13 日於臺北市，頁 152 ～ 154）

18.
沙烏地阿拉伯王國之自然與人文景觀
The geographical Environment of The Kingdom of Saudi Arabia

　　沙烏地阿拉伯王國矗立亞洲、歐洲及非洲的十字路口，遠處亞洲的西陲，雄踞阿拉伯半島五分之四領域，三面臨水，東方的波斯灣（沙國稱阿拉伯灣），西方的紅海及南方的印度洋。北疆陸地與約旦、伊拉克及科威特為鄰，東方分別與巴林、伊朗隔海遙望，而與卡達、阿拉伯聯合大公國交界，南面與阿曼及葉門接壤，並與衣索比亞、吉布地、厄利垂亞、蘇丹、埃及隔紅海為界，沙國與十四個國家為鄰，沙國亂四鄰必然不靖，沙國和平對區域安全具調和鼎鼐作用，沙國的戰略地位恰扼亞、非、歐三大洲之間，津衛重鎮具納版圖，東控波斯灣掌現代海上絲路要衝，西扼紅海控蘇彝士運河孔道，北方連貫陸上絲路及地中海東岸，沙國及其周邊國家盛產石油，對世界經濟榮枯有舉足輕重之勢，沙國轄管回教兩大聖寺，所以沙國成為當今世界政治上、經濟上及宗教上大國，動見觀瞻，牽一髮動全身。

　　沙國面積廣達二百二十五萬平方公里，是臺灣的六十二點二倍，大約是美國三分之一的幅員；如此廣袤天地涵蓋的大自然面貌千變萬化，

有長達二千四百十公里的海岸線，有極目無盡的海平面，有崇山峻嶺、有高原地帶、有丘陵區、有連疊山谷、有一望無垠的沙漠，還有碧綠綠洲點綴其間；每個生活環境自我成長條件，各依其生存環境植物與動物各自成形，於是一草一木均異其趣；植物、花卉、樹木、飛鳥及走獸爭奇鬥艷；沙國尤其盛產罕見的野生植物、野花、深山野樹、沙漠奇鳥各種動物；尤其是：阿拉伯馬、駱駝、瞪羚、貝類海鮮及珍珠貝，更顯多采多姿。茲將沙國的地理環境敘述如下：

一、自然資源

　　沙國最豐盛的自然資源當數石油，依據統計，沙國的石油蘊藏量約二千六佰億桶，超過全世界四分之一強的石油儲存量，自從一九九三年十月起，沙國超越俄羅斯成為世界最大石油生產國，第一原油暨天然氣出口國；同時，沙國天然氣的蘊藏量約達六兆立方公升之多。沙國石油的主要產地在東方省（Eastern Province 舊名 Province of Al-Hasa），古都 Hofuf 市在該省綠洲上。

　　其次，沙國的礦藏是黃金，已在全國發現六百處礦脈，其中二十九處已著手開採，最大的 Mahal al Dhabab 礦坑日產量可達四百公噸；白銀與基本金屬蘊藏量亦極豐富，如：鐵礬土、銅、鐵、鉛、錫與鋅，以及其餘非金屬礦藏，如：火山灰黏土、矽藻土、氟石、碳酸鉀以及高純度的矽砂，具已在沙國各地陸續發現。

　　第三是水源，沙國的水資源汲取自四個主要來源：地面水，主要集中在西部與西南部，一九八五年的地面水提供沙國百分之十的需求量；

地下水，取自積水，有些可自然補充，有些則無法回收，一九八五年的地下水提供沙國百之八十四的需求量，大部分卻無法再回收。淡化海水，沙國在運用除鹽技術，將海水淡化造水領域產量傲視全球，全國共有二十六座海水淡化工廠，分為兩大類，一類只生產淡水，另一類生產淡水兼發電功能，目前發電量已能提供沙國五分之一的需求。日產淡化海水五億七千二百萬加崙。如今，沙國百分之七十的飲用水來自淡化海水，全國的輸水管已達四千一百六十公里，產量環視全世界無出其右。

二、大自然面貌與氣候

　　沙國地理上區隔五個主要地帶，第一個是 Najd 地帶，位於沙國心臟區，第二個是 Hijaz 地帶，位於紅海沿岸，第三個是 Asir 地帶，位於紅海的沿岸延伸到葉門邊界，第四個是 Al-Hasa 地帶，位於東部充滿沙質及暴風雨，為石油盛產區，第五個是 Rubal-Khali 地帶，位於南部，即著名的大空區（Empty Quarter）。

　　Najd 地帶在沙國的物質與文化上為心臟地帶，首都利雅德市（Riyadh）設於中心點，首都南方是 Kharj 地區，乃小麥主要產地，典型的欣欣向榮農業工業，往北五百公里處是 Qasimx 省，另外一片龐大農業區，盛產小麥與家禽，供沙國糧食自給自足；該地區氣候夏季酷熱乾燥，氣溫在攝氏五十度上下，冬季寒冷溫降到五度上下。

　　Hifaz 地帶在西海岸地帶，山脈綿延其間，最高峰海拔三千公尺，往北方是階梯式逐漸下降高度，直達紅海海邊平原，著名的商業重鎮，伊斯蘭吉達港市（Islamic Port of Jeddah）吞吐巨量商品，該區尚包括兩

座回教聖城，麥加（Makkah）與麥地那（Medina），每年約有兩百萬信徒前往朝拜，該地氣候潮濕，夏季氣溫亦在攝氏五十度上下。

Asir 地帶位於西南靠近北葉門，山峰聳立海拔三千公尺，雨量充沛適於耕植，人口密度亦高，政府計畫中的新農業區。

Al-Hasa 帶又名東方省，是全國最富的地方，盛產石油，阿拉伯美國石油公司（Aramco）的總部即在該區的達蘭市（Dhahran），不遠處就是省會達曼港市（Damman）位於達蘭市（Dhahran）北端的 Ras Tarura 港是世界最大的石油出口港，沿海岸往北是沙國的新興工業綜合區朱拜爾（Jubail）市，肥沃的兩大綠洲城 Qatif 與 Hofof 即在此；在東方省有個特別的奇異氣象景色叫沙暴（Shamalvv、dust-storm），夾著細沙的西北風，可令眼前茫然一片，主要季節是春末夏初，尤其在六月發生頻率最高。

沙國南部是著名的大空區 Rub al-Khali（Empty Quarter），乃世界上最大的粗沙沙漠，全部面積涵蓋五十萬平方公里，綿延縱深二千二百公里，寬闊五百公里，全境盡是塊狀、人煙罕至一望無垠的流沙沙丘。

三、植物誌與動物誌

人們對於沙國總有刻板印象，認為在這般乾燥又不毛之沙漠，應該是既無植物更無動物的靜寂大地，但是若從空中飛越沙國俯視廣袤大地，有助於修正所知離事實太遠了；當然，植物與動物都需適應嚴酷的氣候，然而卻已發現許多野生物，就連沙漠地區亦然，尤其在著名的 Asir 地帶，承受充沛的雨量滋潤，造福成千上萬植物與動物生生不息。

　　沙國大約有八十多種野生花卉生長在不毛之地，沙漠地區可見刺魂類、沙漠灌木類、鹽灌木、草叢及仙人掌，更肥沃地區則盛產椰棗樹，其他尚有杏樹、小粒檸檬樹、蚣梓樹、葡萄樹及蔬菜，都在椰棗樹的庇蔭下成長茂盛，欣欣向榮；由於沙國致力於灌溉與培植沙漠的努力，將沙漠綠洲化，以 Al-Hasa 綠洲為例，是世界最大的綠洲，總面積達一萬四千公頃，灌溉運河長達三千公里，現在已能收成穀類，諸如：大麥、小麥及玉蜀黍。

　　在阿拉伯半島也有許多種類的動物棲息天地，而無視惡劣的天然條件，在沙國大約有十類本地鳥與數以百計的候鳥；大部份是老鷹。其他季節來訪沙國的鳥類，有小鴿子、鴨子、鵝、翠鳥、聖馬丁鳥、貓頭鷹、田雲雀、鶴鶉、燕子以及各式各樣的兀鷹與啁啾小鸞鳥。隨著沙國水源日漸充裕，烏鴉、黑鳶與麻雀亦來棲息，尤其是 Asir 農業區擁有最大的鳥群地區，鴿、鷹、蒼鷹、紅雀、鵲、鵪鶉、畫眉鳥以及啄木鳥，都可在此四季看到，真是百鳥朝鳳的有聲天地。地上哺乳類爬獸也相當熱鬧，羚羊、狒狒、蜜蝙蝠、單峰駱駝、貓、睡鼠、狐狸、瞪羚、蒙古鼠（gerbil）、山羊、倉鼠、刺蝟、土狼、豺狼、跳鼠、豹、貓鼬、蒙豬、老鼠、綿羊、鼯鼠、田鼠及狼等動物，活躍在沙國大地。沙國的狩獵法律極為嚴格，使這些生物得以與人類共存；尤其是非洲大羚羊是瀕臨絕種的動物，受到全世界許許多多動物保護協會之關注與支持，由沙國捕捉送往美國加州聖地牙哥動物園飼養繁殖，雖然至今豢養數目尚有限，但已有餘額放回沙國森林，回歸大自然；另外尚有超過一百種的蜥蜴，五十三種蛇，尤其是一些極毒的海蛇。可知沙國有心保護在沙漠生存的野生動植物。

　　紅海蘊藏各式具生命的海綿動物門、腔腸動物門（如：海生羊齒植物、海蜇、珊瑚、海鰓、海葵），環節動物門（如：剛毛蟲、竹蟲、橈足蟲、內光蟲、扇形蟲及管形蟲），甲殼類（如：海甲蟲、小蝦、明蝦、龍蝦及蟹），軟體動物門（如：貝殼、像蛞蝓類的動物），頭足類動物（如：章魚、烏賊及墨魚），棘皮動物門（如：薄皮星魚、海星魚、海膽及海參），脊椎動物門（如：海龜、各種魚、各種海洋哺乳動物及海鳥）；沙國致力於保護棲息在紅海的海底生物，視為人類共同的傳承。

四、沙國的六個主要城市

　　（一）利雅德（Riyadh）：阿拉伯文的原意是花團錦簇與翠綠森林的勝地，利雅德市座落在沙國 Najd 地帶的中央省，是沙烏地阿拉伯王國的首都，壯麗的建築物足以與世界上任何現代化市抗衡，寬闊的大道橫越全市，彼此穿越跨涉交織成一幅令人印象深刻的交通網；翠綠的引道樹點綴全市大街小巷，令過路客心曠神怡，偶爾徘徊其間亦得庇蔭之樂。利雅德的成長歷史，從一個相當小的新闢地，發展為一座偉大的現代化都會，與紹德家族（House of Saud）的發跡有著密不可分的關係。西元一九五五年，紹德國王（Ibn Saud）下詔將沙國首都由吉達遷往利雅德，正式設都會任命市長，所有部會及政府辦公室或遷徙或建立起來，新都的格局極為龐大，足以大肆擴充管領地（已達一千八百平方公里）與膨脹的人口（約三百五十萬人）。今天，利雅德不僅是政府的重鎮，也是交易活絡的商業樞紐，更是阿拉伯外交界活躍中心，召開阿拉伯的國際會議重鎮。外交特區（Diplomatic Quarter）擁有良好的設備，

足以容納全部大使館及其館員，特區內各項設施完備有公園、室內運動館、清真寺、科學博物館、公眾集會廣場、餐廳、傳統市場、超級市場、大型聚會廳、文化宮及銀行，令人彷彿置身另一國度，市政府特意廣植棗椰樹三千株，引得春風度沙漠，每當棗子成熟季節，棗香飄散、鳥語啼鳴之良辰美景，帶給各國駐沙外交官無限遐思。利雅德市的心臟是荷蔻宮特區（Qasr Al Hukm District），乃偉大的歷史古城，近年成為建設的死角，沙國決定重建昔日風采，開發計畫分三期進行，已在西元二千年完成，以新的建材在原址重現利雅德市固有的建築特徵與風貌，利雅德舊市區重新蛻變為一座新而美麗的花園和果園，取名阿利雅德市區（Arriyadh）。

（二）吉達（Jeddah）：關於吉達市，本有三種拼音方式，Jeddah、Jaddah 及 Juddah，各有其不同定義，但都與夏娃的墓有關，今人則採 Jeddah。今天的吉達市是一個迎賓港口，也是紅海的新娘，又是成千上萬回教徒往麥加（Makkah）朝聖的進出港口與機場。吉達濱紅海，紅海分隔亞洲與非洲，全長一九三二公里，最窄的點在 Babab-Mandab，寬僅二十七公里。吉達自古即為商旅與朝聖必經之地，於今尤然。吉達早年只是一個小漁村，最早曾被古希臘馬其頓王國亞歷山大大帝（Alexander of Macedonia）在西元前三五六到三二三年統治，西元十一世紀中葉，旅行家 Nassir Khusraw 見證吉達已建起城牆，迄西元十六世紀，仍由土耳其的鄂圖曼帝國（Ottoman Empire）統治，直至一九一五年再由阿拉伯人 Sharif Hussain Ibn Ali 統治八年七個月，於西元一九二三年成為沙國第一塊建國版圖，惟往年逐漸修建的城牆，於一九四八年全部拆除，從此吉達建設突飛猛進。吉達佔地約一千二百平

方公里，人口約二百萬，吉達的建設不但需滿足國際性的海陸空交通要道、工商業與文化中心，亦為國際政治與回教樞紐，市政府除致力於各項公共設施，亦在休憩活動費盡心思，致力開發紅海沿線約八十公里長的海邊公園，包括：海灘小屋、露營設施、運動設備等，建築六十多座噴泉。目前世界最高的噴泉在 Al-Hamra 法德國王噴泉，可標出海拔二六〇公尺高度的水柱。廣設阿文書法古蘭經經文的裝飾品點綴在全市各個角落，務使成為週邊景色的一部份。開墾三二五座公共花園，每年動員數以萬計學生植樹，市政府則大量栽培苗圃，供應市民花卉種子及樹苗，並且設置巨大的沙漠綠房（一八二〇平方公尺），採用自動控制溫度與濕度設備，如今吉達已成為一座白天花團錦簇，晚間聲光閃爍的五彩大都會。

（三）麥加（Makkah）：麥加市座落於吉達以東七十三公里的亞伯拉罕（Abraham）與以實瑪莉（Ishmael，亞伯拉罕之子）山谷，係回教先知穆罕默德的誕生地，也是他在西元六二二年從麥地那移居地重回的城市，為全球回教徒的聖城。全世界每天有十億回教徒，無論身居何角落，總是面向心目中的麥加聖城祈禱五次，終身起碼一次排除個人萬難到麥加朝覲（Hajj），而每年大約有二百萬名來自全世界的朝覲徒（Hajjis）湧進麥加城。麥加的神聖清真寺（Kaabah）近年由於全年朝覲徒、訪客及小朝客（Omra）湧進，法德國王決定擴充神聖清真寺的大廳（Haram），改善設施擴大空間，增加維修清潔費，增加六座建貫迴廊 Masaa 橋樑，改善照明與電化設備，更新五十四扇門，建立聖水（Zamzam）供輸系統，建立消防系統，建立自動灑水系統沖洗 Tawaf 區暨抽換寺內地毯。聖寺可同時容納八萬信徒，佔總面積四萬三千八百

平方公尺的三萬七千九十二平公尺，國王下詔再建三幢建築物，每座可容納三萬信眾，這些擴建、改建工程，具以最現代化工程技術進行，使古老的清真寺脫胎換骨，以嶄新的面貌與信徒見面，再配合最現代的設備，期望信徒在肅穆、安全及舒適的條件下朝聖，完成人生一大心願。

（四）麥地那（Medinah）：麥地那市座落在麥加的西北方四百四十七公里，東方濱紅海，海拔六百二十公尺，西及西南方佈滿火山岩，為群山環繞，約五十平方公里，六十萬人口，是回教的第二大神聖之都，先知穆罕默德率其信徒，面臨麥加商賈之敵視與迫害，決心於西元六二二年出走麥加，當時麥加市民請求先知繼續與他們共同生活，並調停雜務，伊斯蘭世紀於焉從麥加肇始。麥地那有九十五個相似名字，是先知之城，也是長眠之地，更是第一個支持先知的回教城，參予幾次決定性大戰，奠定回教之凱歌甚而散播全球。該地雄據先知清真寺，係回教第二神聖的聖壇，建於先知返抵麥地那，所騎駱駝行至該地躑躅不前，遂決定就地建寺，是謂聖寺。後經歷代回教國國王（Caliph）、回教國君主（蘇丹，Sultan）及阿拉伯酋長（王侯，Emir）的擴建、更新、改善及美化，使得全寺美崙美奐。西元一九四八年，沙國先王決心大肆整建兩大聖寺，擴建後面積廣達十六萬三二六六平方公尺，之後歷經費瑟國王與哈立德國王執政期，聖寺的擴建都僅著重增加信徒遮陽設備。新王登基後，更為重視聖寺修繕大業，特別成立委員會，西元一九八五年，由法德國王親自主持開工典禮，該工程全寺可同時容納七十萬會眾同聲祈禱。關於古蘭經的流傳，早在 Abu Bakr Al-Siddiq 與 Osman Ibn Affan 王朝大量印刷古蘭經，廣送各回教國家，同時下令其他版本必須付焚，此舉保障在古蘭經經文的完整性及原始

面貌性，其書法體裁亦與奧斯曼（Osman）書法完全一致。毋庸諱言，古蘭經曾被回教的敵人印成偽本而流傳在回教國家，經與原版對照發現許多錯誤，法德國王決定成立綜合印刷廠（Printing Complex），於一九八五年正式開工印刷校正後，小心求證過的版本，讓全世界的回教徒，享受使用高品質精美的經書，且以世界主要語文出版，包括中文及盲胞點字本。

（五）達曼（Dammam）：達曼都會係由東部省省會達曼市（Dammam 科巴市（Khobar）與達蘭市（Dhahran）結合為單一城市，即達曼都會，該面積達七一八平方公里，總人口約四十萬人，該地區之北、東及南三面環阿拉伯灣，西部延伸到 Dahna 沙漠。該都會蘊藏充沛不深的地下水，隨著時光流逝泊泊清流滲入 Al-Ahsa 綠洲，匯集成著名的 Um Sabaa 水源，廣被 Al-Ahsa 與 Tarout 兩個小島，這些水源在石油時代來臨前，滋潤了農作物，帶動公眾服務業，繁榮了商業活動。考古學家發現在石器時代，該地區已有人類蹤跡，尤其在距 Khobar 以南十公里的 Ein Alseih 等地，掘到部落的廢墟後，更足證此地早有人類營生。達曼的交通設施完備，海運有先王海港，早年主司進口探勘石油設備，現在躍升為沙國東海主要出海口，完善的碼頭足以處理各式船舶，除了各式現代化設施，尚有一座日產三千七百八十五萬公升，耗電一千個百萬瓦特電力的海水淡化工廠，修船船塢，一條長達三公里的突堤碼頭伸向大海，可以同時操作兩艘船，也是達曼與利雅德鐵路線的起點。沙國的第一條鐵路於一九五一年十一月十日正式通車，銜接中央省內利雅德市與東部省的達曼市，中間經過 Hofour 市、Haradh 市及 Kharj 市，全長五六二公里，全程需時四小時，為一座標準單軌鐵路（軌寬一

點四三五公尺），目前每天兩同時對開一班，載客千位貨運八十個載貨車廂。為因應東方省蓬勃經濟活動，沙國最大的法德國王國際機場，已自一九八一年起運作，面積有七六〇平方公里，距離達曼都會五十公里，距朱拜爾（Jubail）工業城六十四公里。另外兩大機場是吉達的先王國際機場與利雅德哈立德國王國際機場。公路網亦同時大肆擴張，從達曼往 Abu Hadria、Qatif、Abqiq 及利雅德都完成直達線，另從達蘭到 Ras Tanoura 亦已通車，半月灣道路（The half moon bay road）也已啟用。達曼都會相當重視綠化工作，令人嚮往的法德國王公園在沙國要數最大的，含二十七萬三千平方公尺的茹茵草地，五彩繽紛的陶製花壇，佔地六萬二千平方公尺，公園內廣植九千株樹，二千四百棵棕櫚樹、二萬三千棵綠灌木，拉起二千五百公尺籬笆以及一套電腦操作的滴水灌溉系統，建築物僅佔九千五百平方公尺，以 Al-Khayyam 大飯店最具規模，為一棟八十公尺直徑的圓圈形狀，配合扇子形的屋頂。佔地三百平方公尺的清真寺，半球形的圓屋頂，三十公尺高聳入雲的叫拜塔，特別引人注目。公園設備尚包括二萬八千平方公尺的池塘與湖泊，另築一條十五公尺寬五百七十尺長的溪水，順流垂直奔瀉形成瀑布，沖進一座二千四百平方公尺的湖泊，宛為面對露天圓形劇場。另外，Al-Bajaa 湖廣達五千平方公尺，湖心有三小島點綴，別具風格。達蘭市擁有今日世界上最大、最先進技術的煉油廠，沙烏地阿拉伯的美國聯合石油公司（Saudi Aramco Company），是世界能源最重要的指標點。科巴市有一條法德國王大道（King Fahd Causeway）連繫沙國與巴林王國的越洋大橋，全長二十五公里，以電腦操控整套交通設施。

　　（六）泰邑府（Taif）：泰邑府市位於吉達及麥加兩市的東南方，

早在鄂圖曼帝國（舊土耳其，Ottoman）時代建設為軍事重鎮。海拔一千八百公尺，涼爽的氣候，在酷熱夏季政府主要機關遠離乾熱的利雅德，遺址辦公，贏得夏都之名。泰邑府之農產品全沙著名，葡萄、石榴與蜂蜜號稱三寶。泰邑府文風極盛，早年阿拉伯半島的詩人多喜在 Okaz 市場比賽吟歌頌詩，如今則銳變為觀光勝地，較著名的旅遊重點有：Al-Shefa 以三百六十五座色彩繽紛的路燈出名，與 Al-Hada 以猴群與多彩多姿的花壇出名。另有十二座公園組合成市立公園、紅 Shaeeb 公園、Al-Radf 公園、綠帶公園、Al-Nasim 公園及兩座 Jabajib 水壩（由十個湖泊調解水量）公園，各具特色。其中以法德國王花園最大，Al-Sadad 私人公園、Hawiya 公共花園、Khalediah 山暨 Sariat Al-Motamar 花園及阿拉伯半島花園爭奇鬥妍。名勝之外的古蹟，可以追溯到回教歷史以前世紀，以文字或繪畫顯示，雄偉的保壘展示回教前時代及鄂圖曼帝國時代的風格，古代 Ismail、Al-Behawat 及 Shobra 等王朝的宮殿，呈現沙國西部地區風貌，再則著名的 Wadi Ekrima 風格大石小壩，許多勒石經文娓娓道來沙國的文明。

今天的沙國，已在阿拉伯國家與回教國家兩大國際舞台上扮演政治、宗教及經濟的關鍵角色，是否足以擔綱更重要的領導地位，有待觀察。

（本文刊載「造園」季刊，「中華民國造園學會」發行，2005 年 12 月於臺北市，頁 37 ～ 44）

19.
沙烏地阿拉伯王國的教育體系

　　沙國的教育體系就是教育的根源，遠古可推溯到耶穌基督文化殘跡，近代歷史則深受土耳其教育制度的影響；就教育政策則依據伊斯蘭原理，制定符合國家需求的教育哲學，這條準繩以往僅止於口傳，到西元一九六八年正式由政府行文全國；對於教育的重視度，沙國的先王與今王都曾親自兼任教育部長，深悟：一個國家的政治哲學精髓必須透過教育推廣，國家的立國精神與價值觀經由教育而成為舉國奮鬥的目標；沙國用教育逐漸改造社會，並以每年百分之三十二的預算比例維持國家安全，使百姓無後顧之憂，創造一個安全社會，再以每年百分之十八的預算推動教育，於是全民在一個安和樂利的環境；結果沙國的面貌改變了，今天的沙國青年所仰望的國家，已與他們的祖宗輩大不同，這歸功於沙國教育措施，以持續不斷的挑戰方式，提供新生代無止境既能完成自我成就亦對祖國有所貢獻的奮鬥機會，於是沙國的物質建設起來了，精神上，人民知所警覺屏擋外來世界的迷失感，小心地融合外國的知識與本國的傳承，發展出新智慧。

一、歷史沿革：

　　沙國國父，先王（King Abdul Aziz Bin Saud）深知立國靠軍事，建

國靠教育，因此決心建立一個有系統、現代化及進步的教育體系，以當年的處境真是萬分艱難的大工程。就如世界上有些地區一樣，沙國早年的教育活動，是宗教日課的一環，宗教界掌握知識，地方上的古蘭經學校（Kuttab）教導少年們讀寫古蘭經及數學，清真寺成為各地學習中心，地方上的知名學者（Ulamas）則負責宗教哲理與語文，人們都有共識，以教育傳播宗教的重要性；女孩子則由老師隔離上課，學生的畢業與否，學識固然重要，屬靈的古蘭經，更是屬於心性與知識的培育。政府亦運用司法體系的法官（Qadi）與宗教體系的教長（Imam）教導人民回教教義與宗教法，將人民的日常生活納入宗教範疇，有些非常虔誠的人（Mutawaa）亦經常志願傳授教義、授課或糾正言行。

　　沙國開國先王的教育革新方案雖採大手筆，然仍係漸進式，諸如：統一教育制度、學校大興土木、修正古蘭經的教學方法及增加老師們微薄的薪水；先王深知有形的經費易解決，無形的觀念難溝通，革新的最大阻力就是排除根深蒂固的傳統官僚，就連宗教教育亦需改弦更轍，先王不厭其煩地以高度智慧推動下列八點計畫，從教育改革演進到社會改革：

　　（一）Higar 計畫：先王從當時最官僚的 Higar 地區著手，將宗教活動納入社會運動，將軍事目標吸納宗教理想，將紹德（Saud）家族的榮耀與宗教理念作為統一阿拉伯的兩大前題，並建立一支回教聖戰（Jihad）部隊，將效忠家族、回教與國家合而為一，保障革新的成功與成果；另一方面，運用農業計畫，將散置的部落與種族收編，逐漸灌輸統一理念，盡為 Saud 王朝之下。

　　（二）清真寺的教學：先王對於教派的林立深惡痛絕，於是征服麥

加（Makkah）後就以堅定的意志統合傳教士的領導，並統一各派的正義泉源，且以身作則表現虔誠的態度強化正統宗教根源，呼籲清真寺的教學必須採取新制度，頒布王室敕令，即著名的清真寺總教學令，全令有七章。重點是：在清真寺的夜禱必須向全民教導四大領導準則，即阿拉伯語文、定於一的宗教觀、闡釋古蘭經及先知（Hadith）行誼；必須遵行 Sunna 派的規則，即以回教創教者穆罕默德之言行為唯一標準；先王亦鼓勵大家與阿拉伯世界及世界回教多交往，一方面可吸取外國回教精華滋潤本國教育內涵，另一方面可以展示沙國在維護阿拉伯人與回教的努力。西元一九二八年先王下令成立教學委員會監督麥加清真寺的宗教教育，從此，各自為政的國家教育與宗教教育合流，宗教教育成為國家教育的一部分，隸屬於教育部，宗教教育亦借助國家力量逐漸普及全國，從小學逐漸晉升入高等教育而學術化。

（三）師範訓練中心（The Al-Mahad Al-Elmi）：沙國教育部設立於西元一九二五年，卻苦於缺乏合格教師，因而決定開辦師範訓練中心，第一位師範生走出校門已是五年後之事，對於初級學校與基礎學校的大肆擴充，相當難得。

（四）四個階段：沙國的準確教育區分為四個階段，第一階段是學前階段（Pre-school），第二階段是國小階段（elementary），第三階段是國中階段（intermediate）及第四階段是高中階段（secondary）；國小生就學年齡自六歲到十二歲，國中生就學年齡自十二歲到十五歲，高中生就學年齡自十五歲到十八歲，高中教學純為日後升大學作準備。

（五）王子學校：設立於西元一九三七年，從全國遴選最好的國小、國中及高中老師擔任之，任命 Shekh Abdalla Abdelghani 擔任首屆校長，

課程包括：古蘭經注釋、先知行誼、回教司法（Figh）、阿拉伯文回教史、英文及數學。學校最大的特色是無固定校址，雖然官方說法在利雅德市王宮內，一般總是隨著國王行宮流動，西元一九四二年後曾在 Al-Morraba 或 Al-Badea 落腳，教室則在清真寺內，學生席地而坐，學校亦開放給王室以外的資深官員子女，學校沒有固定行事曆，大致隨著國王行止作息，大約每年在回曆第三個月開學，第十或十一個月放假，學年長於一般學校，特別因為追隨國王行止，國王也較照顧及監督學校運作。

（六）一神教學校（Dar Al-Tawheed, Monotheism School）：回教是一神教，沙國先王於一九五〇年創辦一神教學校，作為革新教育的一環，融合師資訓練中心與升大學預備學校的特色，目的是提升宗教教育的素質，對回教有教學研究的功能，培訓回教師資，領銜回教教義之高深鑽研，檢討回教宗教法（Sharia），西元一九五三年劃歸教育部管轄，該校已為國家培訓許多法官、老師、作家、知名詩人及學者，更多的畢業生成為政府機關的中堅幹部，尤其是教育部的各級單位。

（七）油元協助學校發展：沙國在先王時代的國庫收入，主要來自油元，西元一九三九年沙國的石油開始商業開採，當年僅得三百二十萬美元，美商 ARAMCO 石油公司全力配合國家教育政策，在公司內開辦私立學校訓練初級工人，以及專業學校給員工子弟就讀，並選派優秀員工送往美國深造；石油公司為期改善效率，特地開辦職業與技術學校，訓練當地員工，逐漸減少薪水偏高的美國籍工程師，公司成功地逐漸經由教育與訓練，將當地無專長的勞工轉化為技術勞工或技術員，學習領域廣布不同的石油科技；公司甚至於在一九四四年成立教育部門，專

司教育與訓練業務。在一九五三年與一九五九年政府先後與石油公司簽訂兩個合約，第一個合約規定石油公司應提供教育經費給員工子弟，第二個合約規定公司必須財力支援在公司附近設立可容一百名國中生的學校，若在同學區內學生增加，則學生數以一百五十名為上限；西元一九六八年沙國政府接管公司，將 ARAMCO 改名為 Saudi National Oil Company，所得盈餘歸國庫，從此石油公司的油元不但挹注地區，亦嘉惠全國教育界。

（八）**法律學院**（Sharia）：學院首創於一九四八年，開創以大學的教學方法研究宗教法，伊始規模甚小，由一神教學校（Dar Al-Tawheed，Monotheism School）的畢業生擔綱，亦有來自麥加（Makkah）、麥地那（Medinah）的宗教機構支援，目標將宗教教育延伸與提昇，設法統一回教教育在不同回教國家的教學方向，齊一回教學者與教育家發展方向與目標，因而將教導準繩設定於：唯一神教、古蘭經闡釋、先知行誼、阿拉伯文法、語韻學、作文、宗教守則、闡釋古蘭經與回教司法的準繩。

二、教育制度的發展：

（一）**設立推動教育機構**：當先王征服 Al-Higaz，全國只有四所私立學校，他決定於一九二四年成立教育機構，負責監管全國各級學校與宗教法律學院，任命 Sheikh Salih Shatta 擔任第一位首長，接著在一九二七年成立教育評審會，當時的教育首長 Sheikh Salih Shatta 亦當然委員之一，統一整合 Higaz 地區建立一個三足鼎立的教育制度：

第一、統一整合 Higaz 的教育。

　　第二、將級教育規定義務且免費。

　　第三、教育過程區分為四個階段，即預備教育（幼稚園）、初
　　　　　級教育（國小）、二階段教育（國中、高中）及高等教育。

　（二）官方作法：政府自一九四九年起反應百姓開始在官辦學校開
夜間部以掃除文盲。

　　一九七二年國王下詔統合成人教育與掃盲運動，教育部擬定二十年
內除盲計畫，並參考人口普查統計數字，整個計畫區分三個步驟：

1. 預備階段：以五年時間，統籌一切所需之人力資源、物質、組織、
　 課程、教學輔助教材、建築及其他搭配條件；該五年計畫亦配合
　 國家第二個整體開發計畫（一九七六到一九八〇年）預估每年可
　 以減少 4％ 的文盲，五年後則 20％ 的人口當能脫盲。

2. 擴張階段：本階段分三個小段進行，自一九八一到一九九三
　 年，為期十三年，仍然以每年 4％ 的進度向前邁進，預估可脫盲
　 72％ 的人口。

3. 清除階段：自一九九二年到一九九四年，每年減為 1％ 的進度，
　 盼望可以清除 75％ 的文盲，其餘 25％ 則有待繼續努力。

　（三）遊牧部落的脫盲與安頓：沙國政府的教育政策係提供均等教
育機會，無論皇土內之人民之生活方式、職業、年齡或居住地，教育部
依據部長會議的建議在一九六七年，在 Al-Jouf 區的 Khoaa 試辦實驗區，
為期三個月的掃盲運動，因為該地區係遊牧部落習於覓水及狩獵地帶。
為了確保這項實驗計畫，教育部特請衛生部協助提供醫療措施，給予保
健治療，另請社會福利部特遣社會工作人員設法提升這些人的生活水
準，教育部自身雖重點置於教育與文化面，當然亦兼及傳播宗教；事實

證明，教育部的作法成功了，從此這項運動成為固定掃盲計畫，通行全國南北所有遊牧部落。

（四）**大學方面的功能**：沙國的大學亦分攤研究文盲問題，以科學方法分析問題結構；基於眾家女子亦願意參加識字班，鼓舞教育部不斷為女子開設新班，並責令女子教育總署協辦掃盲計畫，並依據伊斯蘭法原理順勢導引女子就教意願；女子教育總署更費心思開辦女裝裁縫、家務經濟、嬰兒照顧及營養課程，以幫助女子相夫教子齊家。

（五）**軍方努力**：在政府大力掃盲的措施，軍方亦責無旁貸，國防暨航空部不但教導百姓讀與寫，而且協助人民完成學業，軍方接受國民小學的學力證明，輔導失業民眾升學國民初中或再升學高級中學；軍方的掃盲運動甚至嘉惠婦女，為袍澤的妻子及女兒開辦學校。隸屬於內政部的國民軍亦致力在成員中掃盲，其成就不但完成掃盲，甚至具備現代科技水準，負責單位是公共安全司訓練總所，該項活動始於一九六九年，直到今天仍然在進行中。

三、中央教育行政機關之組織

（一）**教育部**（Ministry of Education）：1. 部長、2. 次長、3. 行政事務助理次長、4. 研究計畫助理次長、5. 一般行政處長、6. 人事處長、7. 學校健康司、8. 聯合國教科文秘書處、9. 統計資料中心、10. 考試處、11. 青年福利秘書處、12. 機關管理司、13. 預算與計畫處、14. 財務司、15. 倉儲處、16. 一般教育事務局：（1）初等教育總長、（2）中等教育總長、（3）特殊教育節目總長、（4）教師與教育訓練總長、（5）研究計畫總長、17. 私人教育司、18. 回教教育與指導司、19. 外國關係室、

20. 公共關係室、21. 技術教育司、22. 教育與文化事務司、23. 識字與成人教育、24. 博物館與古蹟司、25. 公共圖書館司、26. 出版與台共事務司、27. 私人教育司、28. 回教教育與指導司、29. 外國關係室、30. 技術教育司。

（二）高等教育部（Ministry of Higher Education）：1. 部長、2. 政務次長（技術事務）、3. 常務次長（財務與行政事務）、4. 常務次長（文化事務）、5. 部長辦公室主任、6. 政務次長辦公室主任、7. 常務次長辦公室主任（財務與行政事務）、8. 財務與行政事務長、9. 常務次長辦公室主任（文化事務）、10. 部政與財務辦公室主任、11. 教育任務與海外大學司、12. 大學最高委員會秘書處、13. 人事處、14. 預算處、15. 高等教育發展司、16. 政府關係組。

（三）青年福利總署（General Presidency of Youth Welfare）：1. 署長、2. 副署長、3. 一般行政主管、4. 行政溝通事務、5. 俱樂部司、6. 教練司、7. 文化司、8. 工程司、9. 財務司、10. 財務與部政督導司、11. 民謠與藝術司、12. 資訊與出版司、13. 國際關係司、14. 計畫、預算與進步司、15. 準備與訓練司、16. 公共關係室、17. 採購與招標司、18. 服務司、19. 社會活動與露營司、20. 運動事務司。

（四）女子教育總署（General Presidency for Girls Education）：1. 署長、2. 副署長、3. 教育事務副署長、4. 署長助理、5. 署長辦公室主任、6. 副署長辦公室主任、7. 教育事務助理副署長、8. 課程主管、9. 研究與教科書主管、10. 教育輔助司、11. 工程司、12. 文化事務司、13. 財務司、14. 總督察司、15. 總服務司、16. 維設司、17. 高等教育司、18. 法務司、19. 國中教育司、20. 醫療服務司、21. 人事司、22. 計畫、預算與進步司、

23. 初等教育司、24. 私人教育司、25. 計畫司、26. 採購司、27. 高中教育司、28. 統計司、29. 技術教育司、30. 貯藏司。

（五）技術教育與職業訓練總署（General Organization for Technical Education and Vocational Training）：1. 署長、2. 副署長、3. 公共關係室、4. 技術教育處、5. 職業訓練處、6. 私人教育司、7. 回教教育與指導司、8. 外國關係司。

（六）教育部：西元一九五三年四月十八日依據王敕王子（Fahad Bin Abdulaziz 今王兩座聖寺的守護者）被任命為沙國第一位教育部長，作為首任教育部長，面臨如麻的問題，他建立教育制度，他有遠見、決心及身獻精神，他深明沒有教育，進步與發展的夢將無法實現，決定先將部的組織發展起來，他首建教育總指導署（directorate general of education）負責指導、監督與設計重要政策；並設立行政事務指導總署、技術監督署。其餘單位有：初等教育司、中等教育司、文化關係司、教育統計司及學校健康司。法德（Fahd）王子之後，由次長 Sheikh Abdulaziz Ali Abdulla Bin Hassan Al Elsheikh 接掌部長，再由 Ustaz Hassan Bin Abdulla Al Elsheikh 擔綱，直至被任命為高等教育部長（該部成立於一九七五年現任部長為 Khaled Al-Angari 博士。接著又成立私立教育司，成立圖書館總署，成立教科書與課程司。繼續擴充設備與視聽輔助司，擴充教育計畫與活動司，擴充伊斯蘭教育司。

（七）高中教育教學方針區分為七大類：

1. 一般教育：學生讀完一年之後則分流為二（自然科學與人文科學）組，另外也設綜合學校；綜合學校為六學期，需時三年左右。

2. 技術學校，又區分為三小類：（1）工業技術教育，（2）商業技

術教育，（3）農業技術教育。

3. 背誦記錄古蘭經學校。

4. 培養初中教育師資所。

5. 物理訓練教育所。

6. 藝術教育所。

7. 培養高中師資所。

（八）專科層次高等教育（Intermediate High Education Level）：學生自高中畢業後，繼續二至三年教育，可區分為五大類：1. 工業高等教育、2. 商業高等教育、3. 培養科學與師資中心、4. 培養專科學校男老師、5. 培養專科學校女老師。

（九）大學層次高等教育（University Level Higher Education）：學生畢業自高中或相當學歷，進入大學攻讀四至七年，視學科而定，大學教育包括學士、碩士及博士之課程。

五、高等教育（Higher Education）：

沙國政府對於高等教育極為重視，長期以鉅大資金送大學畢業生在外國深造。主要送往美國、英國及德國，在 1994 年約有三千五百名學生在世界各國深造。在開辦大學之前，先開辦若干高等研究機構及學院，譬如：在麥加的宗教法學院（College of Sharia）及師範學院，以及在利雅德的宗教法學院及阿拉伯語文學院，均具大學水準。政府的大學概念是綜合觀念，而非偶然的措施；於是首先聘請卸任埃及國立開羅大學校長 Mohamed Mursi Ahmed 擔任教育部大學教育委員會的顧問。委員會以二年時間完成大學建議報告，另外聘請埃及、黎巴嫩、敘利亞、

伊拉克及蘇丹等國的阿拉伯大學副校長提供高見，作為設置大學準繩，年輕學生入學（大學或學院）後可享免費住校、免課本費，免費提供學術旅行，醫療免費，服裝免費，另每月可領三百美金助學金。茲將已設置的七所大學臚列如下：

（一）國立紹德國王大學（King Saud University）：創辦於西元1957年11月，該校現在沙京利雅德，全校約有三萬學生，共有十四個學院，文學院、理學院、藥劑學院、商學院、工學院、農學院、教育學院、醫學院（與英國倫敦大學合作）、牙醫學院、應用醫事科學學院、阿拉伯語文學院、行政科學學院、教育研究所、電腦與資訊學院以及設計與建築學院，並在沙國其他城市（Abha，Kasimi）設立分校；哈立德國大學醫院（King Khaled University Hospital）是該校教學醫院，擁有870張病床。

（二）國立Om Al Qurra大學：創於西元1981年，總校址在麥加，設立前身為國立先王大學（King Abdulaziz University）麥加分校，已有宗教法學院（Sharia）、教育學院及阿拉伯研究所；現有阿拉伯語文學院、宗教暨基本宗教學院、社會科學學院及農業科學學院；另在Taif分校設應用科學與工學院、教育學院及宗教法學院（Sharia）暨伊斯蘭學研究學院、阿拉伯語文學院，全校有一萬四千名學生；另有電子計算機科學中心及電視教學中心。

（三）國立先王大學（King Abdulaziz University）：該大學原為私立，由一群沙烏地商人所建，西元1967年10月7日創立於吉達，在1971年8月8日改制為國立，夜間部只開放給文生就讀，如今有醫學院、應用醫事科學院、藝術與人文學院、工學院、海洋學院、大氣學院、教育

學院與經濟暨行政學院、環境設計學院、牙醫學院、地球科學院、應用
地質研究所、大氣與乾旱地研究所、海洋地球研究所，全校有二萬五千
名學生，大學附屬醫院擁有八百張病床。

（四）國立法德石油及礦冶大學（King Fahad University of
Petroleum and Minerals）：西元 1963 年在 Dhahran 創設，擁有工學院、
應用工學院、工業管理學院、電子計算機學院、設計學院、環境工程設
計學院、理學院、商業行政學院及研究學院，全校有六千五百位學生，
該校與美國若干名校合作，尤其該研究所在石油與油氣、地質與礦冶、
環境、水資源、經濟與工業發展及氣象等領域，著有成就，被譽為阿拉
伯沙漠中的寶石大學。

（五）伊斯蘭大學（The Islamic University）：西元 1960 年設於麥
地那，為國際知名研習回教學校，擁有宗教法學院（Sharia）、宣教暨
基本宗教學院、古蘭暨伊斯蘭研究學院、先格言學院、阿拉伯語文學
院及研究學院等五個學院，全校有七千名學生，來自全球一百零五個國
家，共聚一堂研習回教學術。

（六）伊斯蘭教長大學（Imam Mohammed Bin Saud Islamic
University）：西元 1974 年設立於利雅德，擁有宗教法院（Sharia）、
阿拉伯語文學院、高等法官研究所、基本教義研究學院、社會科學院、
伊斯蘭宣教高等研究所；另在 Abha 分校設宗教法（Sharia）與阿拉伯
語文學院，在 Qasim*、Medina 及 Hasa 設宗教法（Sharia）與阿拉伯語
文學院，對教授外國人研習阿拉伯文尤其重視；大學另在 Al-Keima、
茅里塔尼亞（Mauritania）、吉卜弟（Djibouti）及利亞設分校，全球約
有二萬學生。

（七）費瑟國王大學（King Faisal University）：西元 1975 年設立於 Ras-Hasa，擁有醫學院、農學院、獸醫學院、醫事科學學院、營造及計畫學院，約有七千學生；重點在應用科學、發展中心、動物科學中心，法德國王大學醫院設在 Al-Khobar，擁有四百張病床。

六、軍事教育：

沙國對於國家安全、政治安定及社會安祥極為重視，每年的國家預算，投入 32％ 的龐大開支，有足夠力量警戒虎視眈眈的強鄰，不敢逾越雷池一步，內部異議份子不敢輕舉妄動。就沙國的軍事教育體系言，發展過程包括許多步驟，從簡陋的訓練過程、進入學校階段、機關階段、中心階段；以至各種專業軍事學院，例如公共安全、空軍、海軍及陸軍等學院，總共有六個軍事學院：

（一）先王軍事學院（King Abdulazi Military College）：該校創辦於西元 1954 年，屬於國防暨航空部，最早設址於 Makkah Al-Mukkaramah，後遷至 Taif，最後遷至利雅德，入學資格是高中程度，畢業時獲軍事科學學士學位並以少尉軍官任用。

（二）法德國王安全學院（King Fahad Security College）：於西元 1966 年創辦於 Makkah Al-Mukkaramah，訓練警察人員，早年入學資格僅國小程度，受訓亦僅一年，以後提升到國中畢業受訓三年，後遷址利雅德，更名警察學院，又一年，改名為內政部武裝安全學院，入學資格升為高中畢業，現名為法德國王安全學院，畢業授理學士（國內安全科學），同時受內政部督導。

（三）費瑟國王航空學院（King Faisal Air Force College）：該校

成立於西元 1952 年於吉達，原為美國空軍基地培訓軍事駕駛員暨技術員，西元 1967 年改制為航空學院，之後又改為今日之名，並遷往利雅德；入學學歷為高中畢業，畢業後獲學士學位並授少尉階，分發沙國皇家空軍服務。

（四）哈立德國王軍事學院（King Khalid Military College）：成立於西元 1980 年，就學三年，畢後授理學士（軍事科學）。

（五）法德國王海軍學院（King Fahd Marine College）：成立於西元 1985 年。

（六）領導與參謀長學院（Leadership and Chief of staff College）：西元 1968 年成立於利雅德，畢業後獲軍事科學碩士學位。

此外尚有以所、學校或軍事中心名義設置的培訓單位，以滿足軍方所需的民間人才：

1. 護照所（設於利雅德）

2. 交通所（設於利雅德）

3. 國境訓練團所（設於利雅德及吉德）

4. 軍事文員學校

5. 高品質訓練中心，為整體安全單位官員開辦。

6. 國防暨航空部訓練中心：開設巡邏與救難、監獄活動、防禦與安全、公共秩序、軍樂及獲罪證據等課程。

7. 特別安全訓練中心（設在利雅德）

8. 軍事音樂學校

9. 裝甲學校（設在 Tabuk）

10. 炮兵學校（設在 Khamis Mushait）

11.通信兵團學校（設在 Al-Taif）

12.軍醫服務（衛勤學校）（設在 Al-Taif）

13.軍事行政學校（設在 Al-Taif）

14.軍事高中學校（設在 Al-kharj）

15.空軍技術學校（設在 Al-Drahran）

16.防空兵團所學校（設在 Jeddah）

17.海軍技術研究所（設在 Dammam）

18.外國語文所

19.維護修理特種車輛學校

20.步兵團校

21.工兵團校

22.通訊團校

23.空降團校

24.軍中體育學校

25.憲兵學校

七、女子教育：

　　沙國的女子教育與世迥然不同，女子教育團 Mofti（宗教事務部）管轄，之後自成獨立行政體系，為女子教育總署，與教育部在技術層次合作，尤重課程內涵及發展計畫，其宗旨為提供沙國女子以下知識：

（一）讓女子作為未來擔任成熟母親之職責準備。

（二）因應社會需求，易言之，受教育的女子具備更多知識，應付兼具傳統與現代的社會。

（三）做為服務國家的所需，廣各行各業。

（四）提供女子做為提升智能，增進研究層次。

　　沙國女子教育總署之首要目標是培訓國小師資，其次則培訓國中師資，迄西元 1985 年，首間純由沙國女子運作的女子高中方正式成立。接著推動女子就讀大學，在利雅德、吉達、麥加、麥地那、Buraida、Abha 及 Tabouk 等城市開辦女子教育學院，另在利雅德、Dammam 開辦兩間女子文學院，在利雅德辦一間社會工作研究所。沙國高等教育部同意女子在各大學就讀，甚至理工學院亦不例外，惟在課程安排、實驗室及圖書館方面，均需另與男生在時間上分隔使用。高教部亦遴派優秀女生出國進修，攻讀碩士及博士，主要送往美國。

八、成人教育：

　　目標是掃除文盲暨階段性的成人再教育。

（一）民間作法：在西元 1947 年以前，宗教界壟斷成人識字措施，許多人將清真寺作為學習中心，學習讀與寫，因此可讀通古蘭經及先知嘉言錄，並進而遵行先知的言行。

（二）科技水準：負責單位是公共安全司訓練總所，該項活動始於西元 1969 年直到今天仍在進行中。

九、盲胞教育措施：

　　西元 1974 年波斯灣合作委員會（The Gulf Cooperation Council, GCC）在巴木王國創辦 Al-Noor Institute，嘉惠該地區阿拉伯國家人民，該所包括教育與職教兩部門，採住校制度；西元 1974 年亦在約旦開辦盲文訓練中心，亦包括教育與聖教兩部門，亦採住校制度。另外設盲胞

點字（Braille Press）印刷所，編印盲胞專用書，發行盲胞月刊（Alfajr，Dawn），錄製盲胞錄音帶，於西元 1975 年設立盲胞有聲圖書館，至今已將 230 本書轉錄成錄音帶，西元 1983 年完成（Braille Press）電腦網路，方便盲胞調閱資料，1986 年在利雅德市外交特區成立盲胞中東委員會地區辦公室，乃一個獨立性的地區政府組織，功能係科學的、文化的、社會的暨醫療的。在過去幾年該地區辦公室，已經完成人道與文化角色，造福地區及本地的盲胞，提供技術、道德及物質協助會員國。另外，就盲胞事務，維持協調接觸、強化關係及交換經驗；進一步提供獎學金及訓練課程給各會員國的工作人員，俾加強提升在教育、照顧及諮詢的能力；並且在預防、復健、教育及大眾傳播等方面大幅度提升服務品質；此外，與本地及國際相關機構合作，提出研究計畫暨科學的、教育的、社會的、醫療的及復健的研究，以便發展出整套復健教育模式。在其他服務盲胞措施，一切涉及盲胞業務的印刷品、輔助品及器材設備一律免收郵資免納關稅，沙航提供盲胞及陪同人員無論國內外班機一律半價優待，沙國提供 250 名獎學金給阿拉伯國家女盲胞；地區辦公室提供設備並組合研討會及童軍營，研討會以瞎眼週（The Week of the Blind）命名，討論眼睛健康（保眼護眼）與致盲原因；並在一些眼疫流行地區做統計研究及個案調查，與沙國各地 10 家醫院通力合作；地區辦公室每年為男女盲童舉辦童軍營，至今已成立九個營區，造福中東及非洲地區的 18 個國家盲童，童軍營的活動包括訓練操作人工或自動電話交換機；地區辦公室也參加或主辦地方、地區及國際會議或聚會，至少與全世界 27 個國家建立關係。

十、宗教研究所（Mahad Almia）：

　　（Elmi）在西元 1951 年創辦於利雅德，係回應沙國先王「讓神祝福他的靈魂」之呼籲，從此宗教研究所在全沙國與有些阿拉伯、回教或外國逐漸建立起來。西元 1952 年繼續在 Buraida 與 Onaiza 各成立一所，接著在西元 1954 年又成立五所，分別在 Shagraa、Al-Majmaah、Al-Ihsa、Samta 及利雅德（Imam Al-Dawa），迄今全數已達四十七所。此外，在沙國境外的 Ras Al-Khaima、茅利塔尼亞、印尼、吉布他、日本及美國均設研究所；這些研究所主要傳授宗教科學、阿拉伯語文及社會科學；初期這些研究所歸高等教育部的學院暨研究所一般行政司主管，西元 1974 年改隸學院暨研究所總署管轄，西元 1976 年內閣會議更決議直接隸屬於國立 Imam Mohammed Bin Saud Islamic 大學；研究所的課程分為兩階段，國中與高中每階段為期三年，畢業生可就宗教法、阿拉伯語文或社會科學升學，入 Imam Mohammed Bin Saud Islamic 大學的相關學院。

十一、技術助理研究所：

　　沙國的城鄉事務部辦理若干技術助理研究所，訓練測量人才、營造業、水道與道路技師、建築繪圖員及健康督導員，畢業生分發到城市或技術工程辦公室服務；另外有裁縫中心、郵政及電訊研究所；公共行政學院是自主政府機構，訓練在職公務人員，主要課程有：高級行政研討會、會計、人事行政、電腦與秘書工作、財務管制、打字、醫院行政、法律研究以及開英文課給即將出國或業務上需要的公務人員。

十二、國際學校：

　　基於沙國已與全世界九十二個國家建立外交關係，並有許多國際組織將總部或分部設置沙國，沙國亦引進各國不同等級的外籍勞工，已達沙國四分之一人口，因此，國際學校應運而生，較著名的有印度大使館附屬學校、巴基斯坦大使館附屬學校、德國學校、英國學校、法國學校、菲律賓學校、英國人辦的賴比瑞亞學校及美國學校沙烏地阿拉伯分校，尤其沙烏地阿拉伯分校，學生來自大利雅德市區的四十五國籍的小孩，包括托嬰部、幼稚園、國小及國中迄九年級四部門，學生畢業後可銜接設在巴林的 Manama，阿拉伯聯合大公國的 Dubai 國際高中或科威特國際高中或直接進入歐美高級中學，師生的比例為 1：22，由沙國教育部頒學校執照，採美國課程，以英語授課，學校設備完善，圖書館、實驗室及運動設備，俱為一流的。

（本文刊載「教育資料與研究」雙月刊第 43 期，「國立教育資料館」編印 2001 年 11 月 28 日，頁 56 ～ 65。）

上圖是作者的阿拉伯文簽名式，採用阿拉伯文的 Neskh style（N'askh script）（用於官文書，較嚴謹）

20.
千字文裏的乾坤（土耳其篇）

　　從人類文明的搖籃到文明的十字路口到文明的熔爐

一、人文

　　土耳其共和國（Republic of Turkey）雄踞亞洲西南方，隔博斯普魯斯海峽（Bosporus）與歐洲相望，全國國土面積 78 萬 3,562 平方公里，世界排名第 37 大，約為臺灣的 21 倍，亞洲部份占 97%，歐洲部份占 3%；與阿美尼亞（Armenia）、亞塞拜然（Azerbaijan）、保加利亞（Bulgaria）、喬治亞（Georgia）、希臘（Greece）、伊朗（Iran）、伊拉克（Iraq）、敘利亞（Syria）等 8 個國家為鄰；周圍有黑海（the Black Sea），愛琴海（the Aegean Sea），地中海（the Mediterranean Sea）及馬爾馬拉海（the Marmara Sea）的浪花拍打這片大地；全國人口約有 7,878 萬 5,548 人，世界排名第 17 多。土耳其人的個性，就如她的國花鬱金香（tulip），具備真誠、微笑及熱情的特質，最大少數民族群乃庫德人（Kurds）占 18%，信仰回教的遜尼派（Sunni）占 99.8%。國旗沿用奧托曼帝國的弦月與五角星標幟與突尼西亞（Tunisia）的國旗極為相似，也與回教的星星月亮契合。

　　土耳其在西元 1923 年 10 月 29 日賡續奧托曼帝國（Ottoman

Empire）成為遵循回教世俗化的民主共和國，首都在安卡拉（Ankara），之前是伊斯坦堡（Istanbul）——世界上唯一地跨亞歐兩大洲的大都會，也曾經是羅馬帝國（Roman Empire），拜占庭帝國（Byzantine Empire）及奧托曼帝國（Ottoman Empire）的首都；地理位置與北京市同在北緯 40 度遙遙對應；開國元勳凱末爾將軍（Mustafa KEMAL, 1881～1938），被尊稱為國父（Atatürk），他在土耳其採取政教分離，大幅度改革政治、經濟、法律、社會及文化，成為最世俗化的回教國家，1928 年 11 月 1 日實施文字改革，導致原古阿拉伯文字轉為拉丁文字；土耳其語屬烏爾拉－阿爾泰語系（Ural-Altaic），芬蘭語及匈牙利語均屬該語系；經濟文化以義大利為範例，法律體系繼承德國的商事法，瑞士的民法及義大利的刑法；1982 年 11 月 7 日制定第 3 部憲法，實施行政、立法、司法三權分立制，採取議會民主，擴大總統權力，2007 年 10 月 21 日增訂總統直選條款，任期 5 年，2012 年已選舉新總統。

二、政經

　　土耳其的經濟：實力相當於美國華盛頓州（Washington State），排名世界第 15 大經濟體，國民年所得平均達 1 萬 2,300 美元，服務業人口占 65%，工業人口占 26%，農業人口占 9%，主要出口貿易國是德國、法國、英國、義大利、伊拉克，主要進口國是德國、中國、美國、義大利、法國，蘇俄；2005 年 1 月 1 日起實施新貨幣政策，新里拉（lira）比舊的少 6 個零，目前匯率為 1 美元等於 1.5181 新里拉（lira）；造船業居世界第 4 位，僅次於中國、韓國及日本；運用地理優勢，在 2005 年 5 月從巴庫（Baku）（亞塞拜然 Azerbaijan 的首都）——提比里斯（Tbilisi）

（喬治亞 Georgia 的首都）—— 傑漢（Ceyhan）（土耳其阿丹那 Adana 省的第 2 大城市）的油管，將中亞及高加索的石油，天然瓦斯經過地中海口岸出境運往歐洲，原油管全長達 3,636 公里，天然瓦斯管全長達 10,706 公里，每年原油運量達 100 萬桶；土耳其自己從伊朗進口 30% 的需求量。

國際政治責任：土耳其參加絕大多數具份量的國際組織，1945 年加入聯合國（United Nations, UN），2009 年和 2010 年擔任非常任理事國；1964 年成為歐盟（European Union，前身是歐洲共同市場）準會員國，2005 年與歐盟談判入會事宜，但過程不順利。

國際經濟貢獻：1961 年是經濟合作暨發展組織（Organization for Economic Co-operation and Development, OECD）會員國，1999 年成為 G20 開發中國家（Group of 20, G20）會員國，現已退出。

國際軍事合作：1952 年參加北大西洋公約組織（North Atlantic Treaty Organization, NATO），在 16 個會員國中，陸軍武力僅次於美國，居第 2 位；在西亞的整體武力僅次於以色列而居第 2 位；近年，地區衝突緩和，軍隊功能調整，多次支援災難救援任務；2002 年空軍加入宇航與飛彈防禦系統概念（Aerospace and Missile Defense Concept），2008 年空軍加入永續指揮與管制系統（Sustainable Command and Control System）。軍費占國內生產總值（GDP）5.3%，居世界第 15 位。土耳其在西亞，與伊朗及伊拉克鼎足三強，有些國家處心積慮企圖摧毀這 3 個國家，這不只是能源之爭，更深一層，有挑撥離間，掀起新的「十字軍東征」，毀滅人類真正文明根源的企圖，土耳其應有唇亡齒寒的戒心。

三、文化

　　土耳其文化內涵的四大支柱：1. 奧托曼帝國文化（含拜占庭、波斯、馬其頓、阿拉伯、高加索、庫德）。2. 回教、耶穌基督教及猶太教文化。3. 凱末爾將軍建國後的歐洲文化。4. 土耳其在地文化：突厥文化（Tuerk），蒙古文化（Mongol）與西臺文化（Hittite）；土耳其本身就是一個以天為幕，以地為蓆的露天博物館，境內到處矗立著遠古代代盛世的宏偉建築，如今因兵燹而淪為廢墟，每一塊石頭都有敘述不完的悲歡離合軼事，尚有 68 座室內博物館；著名的有 Topkapi Palace Museum（在伊斯坦堡），The Blue Mosque（Sultan Ahmet Mosque）（在伊斯坦堡），The Anatolian Civilizations Museum（在安卡拉），Ulu Cami Mosque（在 Bursa），Candarli Castle（在 Izmir），Cakiraga Konagi 大宅第（在 Birgi），Mevlana Museum（在 Konya）等 7 座最具代表性；2006 年小說家 Orhan-Pamak 榮獲諾貝爾文學獎；然而，土耳其的出版品，竟有 40% 的出版書籍是英文的翻譯本，8% 是德文的翻譯本，可見創作力有待努力。

四、觀光

　　土耳其是觀光大國，十字軍的 10 次東征，回教界稱 -- 法蘭克人（Franks）入侵，拉丁文 Cruciata，德文 Kreuzzug，英文 Crusades；史家稱從 1096 迄 1291 年，歷時約 200 年，實際上，戰鬥從未歇過，最後一役在 1396 年 9 月 28 日的 Battle of Nicopolis，土耳其部隊打敗神聖羅馬帝國與法國的聯軍，才真正翻過一頁可歌可泣的歷史，留下許多歷盡滄桑的故事，帶動每年高達 3,200 萬人次遊客，來此訪古探幽同時，

享受良辰美景佳餚，全境分布地震與火山，因而到處可以泡溫泉或洗土耳其浴（Turkish Baths--hamam）（含溫水、蒸汽、按摩及沖洗等 4 個步驟）。最值得觀光的名勝古蹟有三個地方：第一、全國最高的山就是舊約聖經提到的諾雅方舟（Noah's ark）降落地，在東部的亞拉臘山峰（Ararat），山高 5,137 公尺，乃土境最高的山脈，傳說舟內的最後一頓飯是八寶粥。第二、大詩人荷馬在 3 千年前的史詩記載「木馬屠城記」（Troy War）（Truva）的舊址（在 Canakkale）。第三、貝加瑪古城（Bergama，在 Izmir 省）的圖書館約在西元前第 2 世紀就擁有 20 萬卷藏書，使用的材質與古埃及在舊亞歷山大圖書館的圖書一樣（將尼羅河畔的蘆葦製成蘆葦紙 Papyrus）（古埃及人約在西元前第 3 世紀發明），後因原料缺貨而自行在西元前 170 年前研發出著名的羊皮紙；與中國東漢蔡倫在西元後 15 年發明造紙術的功勞等觀，「紙」對於傳承人類文明的貢獻，前後輝映，值得懷古瞻仰。

五、教育

教育方面，教育經費偏低，只占國內生產總值（GDP）的 2.9%，居世界第 137 位，國民小學讀 5 年，國民中學讀 3 年，高中讀 3 年，實施 8 年國民義務教育，進入大學必須通過國家辦的入學考試，錄取率約 30%，主要外語是英語及德語，全國有 117 所大學（公立 85 所，私立 31 所，軍校 4 所）；我國程其偉博士在 1993 年費心安排國立政治大學與享譽國際的國立安卡拉大學締結姊妹校，該校漢文系已建立完整教學研究中文語言與文學體系。土耳其參與歐盟的 Socrates-Erasmus Program 交換合作計畫，推動認識歐盟，大量交換專家學者留學生及終身學習計

畫。德國與土耳其合作設立的大學已經於 2011 年 12 月冬季學期在伊斯坦堡正式開學；可惜，全國尚有 6% 的男性及 18% 的女性仍陷文盲；國小入學率只有 93%，女生處於劣勢。奧托曼帝國時期崇尚武功健身，到處設立體育館（Gymnasium），所以土耳其也重視體育，具有 650 年悠久歷史的橄欖油摔跤（oil wrestling）獨步全球，每年 7 月在 Edirne 舉行世界大賽，男子足球水準甚高，2002 年榮獲世界杯足球比賽季軍，在歐洲各國的足球聯盟總有幾位土耳其選手亮相；男子籃球水準也高，2010 年榮獲世界盃籃球比賽亞軍，有多位優秀籃球選手在美國國家籃球協會（National Basketball Association, NBA）效勞。此外，女子排球在世界各項比賽成績頗佳；土耳其曾申辦 2012 年奧運，雖失敗但有誠意再接再厲 2016 年或 2020 年的機會；2013 年在濱地中海的 Mersin 市舉辦「地中海運動會大賽」。

六、美食

　　土耳其的清真餐（Halal）與中國及法國並列世界三大美食之一，富有波斯、阿拉伯、庫德、地中海、巴爾幹及希臘等色彩，尤其擅長烤肉、麵點及橄欖菜餚，主食有：亞歷山大旋轉肉（Iskender Kebap，又名 doener kebap），土耳其咖啡（Mokka）具備香、濃、細緻 3 大特色，在烹調同時加糖，只喝 1/4 量，否則會沾到咖啡渣，喝完可將殘渣算命。此外，披爹（pide，土耳其披薩），土耳其冰淇淋（土文 dondurma：用山羊奶、白糖及 salep 野蘭花根粉調製）及橄欖油（Olive Oil，世界 5 大產地之一，傳說諾亞方舟降落後，將鴿子放出外面，之後啣回橄欖枝，人類知道洪水已退忽見天空彩虹，上帝展示保證今後永久和平的信

號）。蕃紅花（又名：藏紅花，saffron），珍貴的食物或藥用香料。零食有：果仁蜜餅（baklava）、無花果（fig）、開心果（pistachio，產量占世界第 3 位）等甜點，優酪乳（yogurt）是每餐必備開胃幫助消化的佐料。

七、軍樂

土耳其軍樂負盛名，奧托曼帝國首創軍樂鼓舞軍威，曲調含敲鑼打鼓與鳴笛吹簫。奧地利作曲家海頓（Haydn, Franz Joseph, 1732 ～ 1809）將青銅吹奏樂器（嗩吶）與青銅敲打樂器（鑼）引入他的軍樂交響曲及歌劇；奧地利作曲家莫扎特（Mozart, Wolfgang Amadeus, 1756 ～ 1791）於 1778 年 6 月在巴黎譜：第 11 號 A 大調的 KV331 號鋼琴奏鳴曲，第 3 章賦予土耳其迴旋曲（Rondo alla Turca），即著名的土耳其進行曲；德國作曲家貝多芬（Beethoven, Ludwig van, 1770--1827）在第 9 號交響曲第 4 樂章第 6 部分以軍樂形式演奏，主要的樂器就是嗩吶（土文 Zorna，英文 Surna），中國明朝武將戚繼光（1528—1588）將嗩吶引入軍樂，從此嗩吶號角聲響遍全球矣。

八、難題

俗話說：家家有本難唸的經，我說：國國有套難解的題；土耳其的內憂外患：

1. 與希臘隔愛琴海的經濟利益（海底石油）及軍事衝突。
2. 北塞浦路斯（North Cyprus）問題依舊，1974 年派兵介入塞島內爭，適時阻止希裔塞國政權在英國卵翼下併吞全島，1983 年成立北塞浦路斯土耳其共和國（Turkish Republic of Northern

Cyprus），至今仍有 3 萬 6,000 名駐軍，唯只有土耳其與亞塞拜然二個國家承認。

3. 敘利亞與伊拉克同聲抗議土耳其探勘幼發拉底河（Euphrates Waters）水文並建築攔水壩。

4. 土耳其擔心伊拉克境內的庫德族（Kurds）動向，因為美軍在 2003 年入侵伊拉克而引起伊拉克庫德族動盪不安，渠等有意脫離伊拉克而尋求某種程度自治地位的企圖。

5. 瑞士在 2009 年出面斡旋土耳其與阿美尼亞恢復邦交事宜，兩國雖已簽署建交公約，但兩國國會都將該案擱置。

6. 由於 Arpacay Valley 位於土耳其與阿美尼亞邊界，土國憂慮阿國故意破壞大自然環境，影響當地具有中古世紀風格的 Ani 市（在 Kars 省）原始風貌。

九、結語

　　土耳其是人類文明的搖籃，也是文明的十字路口；依據舊約聖經創世紀篇，有一條河供應伊甸園的百物欣欣向榮，後來這條河流經千山萬水而分向四方奔去，其中的兩條河，就是發源自土耳其東部的山脈，幼發拉底河（Euphrates）與底格里斯河（Tigris）也，蜿蜒穿過土耳其東南大地，進入敘利亞北方，在伊拉克匯合後，流入波斯灣。這兩條河流經之廣袤土地，希臘文為美索不達米亞（Mesopotamia）；如今，該區域 13 個國家擁有共同的歷史，共享人類文明的搖籃；然而歷史的宿命，使這塊大地既是殺戮戰場，也是和平的溫床。歲月悠悠，7 千年的光陰倏忽彈指而過。如今，昨夜星辰依然閃爍，今朝驕陽照樣灼烈。論空間，

我們從蒼穹俯視西亞只是一個點的方寸，但是越貼近越驚嘆這一望無垠的廣闊江山多嬌美啊。論時間，那是永恆也是一剎那，你我是這裏的過客，多少豐功偉績化為過眼煙雲，回首神交古人，願抬頭與今天的土耳其朋友同心協力創造人類更燦爛的文明熔爐。

（本人應邀在「安那托利亞福爾摩沙協會」（Anatolia Formosa Association, AFA）之演講稿，西元 2012 年 4 月 14 日，星期六於臺北市；作者時任該協會常務理事）

上圖是作者的土耳其文簽名式，由當代土耳其著名書法家 Aydin Cayir 先生簽贈；以土耳其傳統書法（土文：Ebru, 英文：Marbling）撰寫。

21.
慶祝土耳其 2011 年教師節賀詞

　　各位土耳其朋友，各位臺灣朋友，大家晚安：sala-malegon ！

　　全世界有許多國家慶祝教師節，我們臺灣為了紀念萬聖師表——偉大的孔子，將他的誕辰日（9 月 28 日）訂為教師節，聯合國教育、科 學 及 文 化 組 織（United Nations Educational, Scientific and Cultural Organization, UNESCO）在 1994 年將每年的 10 月 5 日訂為世界教師日，旨在讚揚和感謝全世界教師為教育事業和人類文明作出的貢獻，引領各國關懷和重視教師的辛勞。土耳其國會感激凱末爾（Mustafa Kemal Atatürk, 1881－1938）對國家的貢獻，在西元 1934 年 11 月 24 日通過尊崇凱末爾為國父，全國人民每年在這天慶祝教師節。我們的傳統對於老師極為尊重，古早父親坐在東席，老師坐在西席，代表老師與父親的社會地位一樣高，土耳其也是對老師極為尊重的國家，社會上對於受人愛戴尊敬的學者稱呼「大老師」（Khodjaefendi）。

　　春秋時代哲學家管子（管仲）的權修篇「一年之計，莫如樹穀，十年之計，莫如樹木，終身之計，莫如樹人」；衍生成語：「十年樹木，百年樹人」，可見栽培社會棟樑，需要我們長期灌溉心血。唐代文學家韓愈在「師說」提到：「師者，所以傳道、授業、解惑也」。今天老師擔綱的角色，只是推動學習的動力，設計一個容易學習的環境，而非

知識的傳播者，如今的大學生懂得經由數位與媒體獲取資訊，有其方便性，但亦有其盲點，這時老師應該指導同學汲取正確資訊加以整合而為己用。這套理論應用在今天資訊發達的時代，略有差異。在古代，知識的累積有賴老師用加法模式，一點一滴傳授莘莘學子；今天宜採「先博後約」，用過濾式遞減法，老師將排山倒海堆積如山的知識，透過梳理、評估、回饋、篩選出有價值的知識回授學子，可見老師的責任有多重要。老師是塑造人類文明的大師，也是傳播人類文明的信使，老師的工作與國家的前途息息相關。老師用辛勤的汗水和無私的愛贏得桃李芬芳，把我們的校園裝扮得春色滿園。

　　國家對於教育重視的程度，可以從下列三個指標顯示：第一、國家對於從事教育人士的尊敬措施，例如：臺灣有教師節，當天總統會發表賀詞，邀請資深優良（服務 40 年以上）老師便餐，頒發獎狀、獎章及獎金，以彰顯老師的功勞；各級學校的同學舉辦多采多姿的活動向老師表達感恩的心意；民間團體也用各種形式向老師致敬，整個社會彌漫溫馨祥和的氣息。第二、國家制定完善的教育政策，透過法規，建設一個尊師重道的禮儀之邦，中興以人才為本，人才來自優秀老師的調教，成功的教育是富強國家最有力的屏障；我們的憲法教育文化政策有 10 條規範教育文化事宜，例如：義務性的 12 年國民基本教育（將在西元 2014 年實施），教育經費占國家總預算的 15%（多於德國的 12.5%，少於沙國的 18%）。第三、基於長期提高國民素養理念，提供建設國家需求的人才，政府必須鼓勵全國國民長期讀書進修，也推動原住民、外國朋友及新移民多暸解臺灣，熔入大臺灣的生活方式。

　　土耳其是一個尊師重道的國家，義務教育已達小學 5 年級，高等教

育採精英主義，只有少數優秀子弟進入大學校院；整體而言，教育仍然不夠普及，全國 99.8% 的人口信仰回教（遜尼派）。幸虧，廣布全國山之顛海之涯的清真寺擔綱宗教教育與基礎教育的功能，對生活在偏僻地區的居民或貧窮百姓具有彌補作用。清真寺的教長（Imam）無怨無悔地奉獻心力，以法土拉‧葛蘭（M.Fethullah Gülen, 1938～）大老師為例，他就是一位典型傑出的教育家兼宗教家；土耳其特有的師徒制度（Tutor），由富裕家庭認養窮苦家庭的小孩，提供撫育、獎助學金到就業，一路呵護，為國家培養許多後起之秀；政府在全國設置教師會館（Öğretmen evi），提供老師旅途中安靜休憩的好地方。

今天，我們慶祝土耳其教師節，我們需要同心協力推動「終身教育」與「全民教育」制度，就是發揚活到老學到老的精神，提倡優良的終身學習與全民學習，面對千變萬幻嶄新的社會現象和倫理道德挑戰，我們要促進多樣文化的包容性，建設一個綜合文化的大家庭，經由大量資訊的流通與高速度的交通流量，達到崇高目標和具體表現，就國際社會而言，乃是發展人類千年目標（Millennium Development Goals）的大同世界。安那托利亞福爾摩沙協會（Anatolia Formosa Association, AFA），提供一座土耳其與臺灣之間的橋樑，讓朋友們彼此認識不同文化，我們可以多學點土耳其文化，甚至領悟相關的阿拉伯文化及回教教義。

今天土耳其的國際地位，從地緣政治評估，居亞洲與歐洲的十字路口，也是人類文明的大熔爐。全國有 7,372 萬 2,988 人口，居世界第 18 位，國土面積 78 萬 3,562 平方公里，居世界第 37 位，平均國民年所得（GDP）達 1 萬 1,200 美元，居世界第 99 位，綜合國力居世界第 15

名，不但有擔綱世界重責大任的意願，也擁有實力做到，盼望 AFA 組織扮演一座橋樑也是一個槓桿作用，達到土耳其與世界各國彼此合作互蒙其利，做土耳其政府與人民之間溝通的角色，進而與阿拉伯聯盟教育、文化及科學組織（Arab League Educational, Cultural and Scientific Organization, ALECSO）暨伊斯蘭教育、科學及文化組織（Islamic Educational, Scientific and Cultural Organization, IESCO）建立關係，尤其裨益臺灣與這些國家直接暨間接的教育與文化關係。謝謝大家，祝福大家。Shukran！

（本人應邀在「安那托利亞福爾摩沙協會」演講之演講稿，2011 年 11 月 24 日，星期四於臺北市，作者時任該協會常務理事）

22.
科威特王國以殉難烈士指紋
發行光復紀念幣

　　西元 1990 年 8 月 2 日（星期四）（回曆的週末）丑時（清晨 2 點鐘整），伊拉克的大漠坦克兵團，借漆黑的天幕掩護，竄進了東南疆的科威特王國。對於這個位於阿拉伯半島西北隅的蕞爾小國，面積只有 1 萬 7,818 平方公里，擁有 230 萬人口的阿拉伯國家，伊拉克精銳共和軍的坦克車，幾乎以全速向前衝刺，馳騁在一望無垠的沙漠之海，掀起漫天沙幕，揚起震天價響，毫無警覺的科威特人，此時正與大地共沉睡。

　　清晨 5 點半，伊軍早已越過無人駐守、難以劃清的邊境，配合兵臨首都科威特市，伊拉克的戰鬥機呼嘯聲夾雜著轟炸機隆隆聲，劃破了寧靜的黎明。當睡眼惺忪的科威特人，發現天上飛的、地上跑的均非國軍，而是標幟著紅、白、黑三色中鑲三粒綠色五角星伊拉克國旗，這才李伯大夢乍醒。反應遲鈍的科威特廣播電台，直到早晨 6 時，才報導被侵略的號外消息。

　　伊拉克在沒有抵抗的情形下，僅費 3 小時半，就佔領全境。六天後向全世界宣布，收復溯自西元 18 世紀以降的固有國土，同時將科威特重新併吞納入第 19 個行省。

　　另一方面，科威特皇公貴卿及巨賈富商，早已狼狽鳥獸散，往世界

各國避難，丟下只占總人口 27% 的科威特子民，以及不到 6 萬的部隊暨約 2,000 人的警察保家衛國。其餘的外國僑民，當然袖手旁觀，各自尋求本國大使館保護。

　　然而，自從 1961 年獨立的科威特，居然仍能培養出一批高度愛國情操的志士。這批留著絡腮鬍子、鼓著肚子的少爺兵，打得亦夠勇敢。大約 400 位科威特人，成為對抗同文化、同種族、同宗教伊拉克的殉難烈士。

　　這場戰爭由於美國打著聯合國旗號，率領 39 個國家的 67 萬大軍（其中美軍占 42 萬 5,000 人），經過七個月的纏鬥，而於 1991 年 2 月 26 日，重新光復科威特。

　　科威特為了紀念光復 5 週年，特地於 1996 年 2 月 26 日發行一枚銀質紀念幣。正面竟然是一枚陣亡烈士指紋。奉回教為國教的科威特，設法以精雕細琢的紀念幣表揚烈士的慘烈事蹟，但是又不能將烈士的照片鑴刻在銀幣上，因為依據回教教義，嚴禁偶像崇拜，所以英雄無像，只得以指紋代之，成為世界上第一枚，也是唯一將指紋作為紀念幣圖案的國家。

　　這枚代表全體烈士的無名氏指紋銀幣，由科威特中央銀行發行，重量 28.28 公克，成份含純銀 92.5%，直徑 38.61 公釐。銀幣正面中央是一枚無名英雄指紋，上緣以半弧形鑴刻英、阿文對照的「科威特王國」字樣，其下亦以半弧形書寫一段阿文祝禱語，下緣以英文「1996」收邊；反面正中央是一段阿文古蘭經文，其餘空間則以英、阿文分別書寫「科威特王國」、「1996 年 2 月 26 日」及「光復 5 週年紀念日」。

　　英國人類學家 Francis Galton 於西元 1880 年以數學歸納法得出人

類指紋相異論，十年後阿根廷警官 Juan Vucetich 與英國警官 Edward R. Henry 聯袂將指紋分類系統化，今天電腦應用在指紋的功能，跨出偵查犯罪的範疇，今後必可適用到更多領域。

（本文刊載於「中華集幣會刊」第 4 期，1999 年 10 月 7 日發行，臺北市頁 151～152）

23.
柏林的博物館

　　人類天生就愛吹牛，尤其是文明古國的子民，埃及人亦不例外，他們對著中國人說，你們自詡 5,000 年的文明古國，到處散佈古蹟文物，我們卻有歷史，整個埃及就是一個大博物館。只有 2,000 年歷史的德國自覺無言以對，只好到處建立博物館為大家蒐藏、研究並發揚光大。全德國約有 4,000 座博物館，每年的觀光客高達一億人次以上，首都柏林有 167 家博物館，以及 300 座公立及私人美術館，平均不到一萬人可以分配一座藝術殿堂，柏林的文化水準可見一般。

　　柏林的林林總總博物館中，有 36 家乃精華中的精華，首先必須介紹的是博物館島。西元 1841 年菲得列・史都勒（Friedrich Stuler）國王下詔建設「藝術與古文明區」，於是在菩提樹大道北邊，將 Spree 運河回流銅礦廢墟圈出一座小島，聞名全球的「博物館島」於 1841 年誕生，島上矗立五座博物館。事實上，早在 1830 年就有「老博物館」座落在島的觀樂花園，1843 年全島大肆擴建，到了 1855 年建成一座新博物館，隨後在 1897 年忙到 1904 年建成 Bode 博物館。之後，從 1909 年耗費 21 年到 1930 年蓋成舉世聞名的 Pergamon 博物館，也是島上最高的建築物。話說當年德國經歷第一次世界大戰的浴火重生，借助與奧地利、匈牙利及奧托曼帝國的軸心合作關係之便，以及帝國的瓦解，德國的考

古學家結合各行各業在中東大肆搜括當地文明資產，著名的 Pergamon 祭壇就是座落在今天土耳其的 Minor 市，大約在西元 200 年當屬古希臘文化，直到西元前 263 年，Attalid 國王廣邀哲學家、作家及藝術家到皇宮，設了一座非常傑出的圖書館，繼而鼓勵貿易與製造業，終於創造出美侖美奐的祭壇，獻給希臘的神──宙斯 Zeus。

話說當年德國為了押運這批寶藏，甚至動用軍隊，可憐的土耳其不知文化為何物，眼睜睜地看著國寶流落異鄉。Pergamon 博物館的建築乃博物館島上的第四博物館，卻是最龐大的，工程的設計不是將分解編號的 Pergamon 祭壇一一搬進博物館，而首先將祭壇按照當初拆卸原形尺寸重新搭起，然後在祭壇上面蓋起博物館，天窗擷取大自然光線，踏進博物館迎面即見巨大大理石祭壇，氣勢磅礡配合自然採光，猶如身在土耳其大漠曠野的祭壇前，不自覺人類的渺小。從此，這座博物館成為世界博物館之經典建築。在歐洲與法國巴黎的羅浮宮（Louvre）、俄羅斯聖彼得堡的隱士院（Eremitage）及義大利佛羅倫斯的 Uffizien 殿齊名。

其後的蒐藏品以古早的雕塑品為主，具古典希臘風尚和古典羅馬風尚，尤其豐富的是一些花瓶，鑲嵌彩色玻璃及祭品，德國的博物館各具特色，這座尤然，各個博物館都自行招考、培訓、考核及任用導遊。欲多了解這座博物館的寶藏，在西元 2002 年有一位來自臺灣畢業於中國文化大學的于采薇小姐，以優異的成績通過結業考試，成為博物館第一位以華語導覽的中國人。

柏林尚有兩座博物館，一座以蒐藏尼羅河畔水草製成的紙張著名，另座以蒐藏木乃伊著名；若對現代建築有興趣，有 Walter Gropius 建築館，建於 1919 年，視為當今世界建築與工業設計典範，展示在工業社

會如何調適大眾媒體、大量生產與居民房舍間關係。植物博物館展示重點以柏林的植物史與古埃及墳墓內陪葬植物為主。

至於繪畫作品方面，有各個年代的歐洲古畫、資產階級表現主義畫派、法國印象主義畫派分散在許多博物館或畫廊；科技方面有廣播電視博物館、交通暨各類技術（如：造紙、紡織及能源）及郵政與通訊博物館；此外，尚有釀酒博物館、錢幣博物館、樂器博物館、電影博物館、工藝品博物館、銅雕版畫博物館。至於外國藝術有兩座回教藝術博物館、猶太文物博物館、印度藝術博物館、人類文化學博物館、民俗學博物館，及被禁藝術博物館，當然有東亞藝術博物館，展品以中國、日本及韓國的繪畫及工藝品為主，創於 1906 年，是德國最早的東亞藝術館，現任館長是世界著名中國藝術專家，也是臺灣女婿。

帶政治味的，有反戰博物館（描述戰爭與和平）、查理檢查哨館（Checkpoint Charlie）（東西柏林分隔期，進出東西柏林美軍檢查哨）；趣味性的有蜜糖博物館、玩偶博物館、性愛博物館及設於廢棄碉堡的恐怖博物館。也許將在臺中興建的古根漢（Guggenheim）博物館在柏林已成立多年矣。

柏林人逛博物館成為教育及休閒場所，博物館在發揮功能上淋漓盡致，靜靜的博物館與熱鬧的音樂會結合，定期或不定期的演奏會，相關活動推陳出新，宣傳刊物形形色色，會員制度或友好協會都以吸引長期參觀客為目標，與外國同行合辦展覽互蒙其利，販賣千奇百怪的紀念品，為廉價門票創造更大利潤。

為了在嚴冬吸引更多觀眾，柏林的博物館界每年二月第一個禮拜六晚上，從當晚六時至翌日清晨二時總共八個小時，舉辦「博物館的漫漫

長夜」打破只有在白天參觀博物館的迷思，今年已是第十三屆，同時與市內所有交通運輸公司合作，提供廉價參觀票與車票，觀眾可以至市內各個角落買到當晚的票，甚至早買可享折扣，持單一門票及單一車票可以自由無數次進出參加盛會的博物館，上下所有的交通工具，每年居然激起約八萬觀眾捧場，乃柏林博物館界年度大事。

　　朋友，你想逛哪家博物館？

（本文刊載「博覽家 BLANCA 旅遊人文情報誌」第 145 期，2004 年 4 月於臺北市，頁 82～87）

24.
柏林印象—吃得像貓，喝得像狗

常吃、多吃、愛吃，好吃的柏林人，饕饕不絕

好吃的柏林人啊，在柏林吃東西不厭其「精」，到處都有得吃，隨時都有得吃，我們中國人個個自詡為老饕，其實柏林人的飲食文化亦色香味多方面發揮得淋漓盡至，在吃的方面亦不遑多讓。

柏林歷經五朝京城，當然懂得享受，尤其是飲食文化，何況德國隨著劍鋒在全世界指手劃腳之時，德國商人也同時使勁的踏遍全球美景。德國人在主食副食，正餐副餐、飲料甜點及零嘴多，常吃多吃愛吃，吃得幾乎個個噸位重身材高大，小孩的臉龐紅冬冬像蘋果、大人紅光滿面泛健康色澤，老人鶴髮童顏，豈非拜吃得好吃得健康之賜。

馬鈴薯吃法琳瑯滿目千變萬化

話說德國人的主食概分三大系列：麵包、馬鈴薯、米飯。麵包師傅將小麥、大麥、燕麥、黑麥摻入各種調味品，烘出各式各樣的麵包，其中以加了維他命 B 與鐵質，以防腳氣病或玉蜀黍疹的枕頭形白麵包 White bread、法國長條麵包、義大利筷子形 Grissini、牛角麵包 Crossant、德式燕麥黑麵包及橢圓形的小麵包 Brötchen 最受歡迎。當然，

除此之外，還有一堆。

　　馬鈴薯是德國人百吃不厭的食品，這種農作物約在西元十五世紀中葉自南美洲引進歐洲各國，由於它的易飽、抗病、耐寒不易腐敗且富高營養價值，成為德國人愛吃的主食。將馬鈴薯連皮置沸水中煮，吃時去皮配其他食物共進；或去皮做薯條、或去皮切丁加洋蔥絲或與火腿丁炒食之；或將之作成具彈性，如拳頭大小的球形當作主食吃（名字Knödel）；或去皮輾成泥混牛油胡椒粉煮食之，或做成濃湯喝，或連皮包在錫紙烤熟配牛油吃，吃法上真是琳瑯滿目，千變萬化。

　　經過品種改良的馬鈴薯，外表呈淡棕色皮薄易削，肉質呈白色或淡黃色，每粒約在 170 至 225 公克重，有拳頭大小，吃時略有粉粉口感；德國馬鈴薯年產量為世界第五位，約 2,000 萬公噸還不夠吃，得進口補充，可見德國人吃它吃得之兇。

米飯乏味，蔬果多，肉食精

　　談到米飯，他們有一種圓頭米很像我們的蓬萊米，這米一般給病人或小孩吃，吃法是煮成糊加牛奶及桂皮粉，米大都來自埃及。另一種稱尖頭米，即泰國米或西貢米或美國 Uncel Sam 米。此米購入時已置於半透明塑膠袋內，吃時將整袋放在沸水內煮熟之，食用時再撕破袋子，多當為主食吃。或有將糯米（黏米）Klebreis 做蛋糕吃。與我們的吃法乾、稀、煎、炒、蒸、磨、爆、炸及釀等等，還加味添料，其變化比之遠遠遜色多多了。

　　副食的蔬菜水果種類繁多，非常國際，從中國的大白菜到希臘的紫橄欖，幾乎應有盡有。水果更是一應俱全，從肯亞的鳳梨到巴拿馬的香

蕉，乾果從伊朗的開心果到甘比亞的花生，愛怎麼嚼就怎麼嚼，愛怎麼啃就怎麼啃。

從香腸的種類與吃法評估一個國家的文明程度

肉類食品方面，家禽的老母雞燉湯喝，小雞烤來吃，火雞及鵝終年供應。肉類則豬肉、牛肉、羊肉照吃，只是不吃狗肉（韓國人嗜吃）或馬肉（法國人嗜吃），其中最出名的是將新鮮生牛肉輾剁成碎粒加洋蔥、Capper（看像胡椒但是清香多汁）鹽及胡椒等多種香料調味，名Tartar，是一道美味前餐。臺灣一些道地的德國餐館也都吃得到，有機會就看你夠膽嚐否。另外，德國人尤其愛吃從波蘭進口的大型鴨子，或滷或烤來吃；還有在柏林常會看到來自中國的真空包裝的北京板鴨。豬則特別愛吃豬腦，蒸來吃，豬肝煎食或做成豬肝醬、豬肝香腸，豬腳則用煮或烤，合著德國酸菜食用，豬肉則以香腸為最了。

紅黑黃綠白，五顏六色的德國香腸

談到香腸，德國人最自傲，說從香腸的種類與吃法，可以評估一個國家的文明程度！做法與我國大異其趣。先將肉碾成肉醬，灌大腸，以攝氏70度煮熟晾乾即可待價而沽。就其內容則名堂繁多舉不勝舉，依其尺寸有細長的維也納香腸Wiener Wurst、粗大的波蘭香腸Polish Sausage及介乎其中的德國香腸Bratwurst。在柏林街頭巷尾較受歡迎的是咖哩香腸，將香腸置於烤盤上，烤熟後切成小段，沾芥末醬或番茄醬，再灑咖哩粉即可。專賣店裡的香腸，顏色足以讓人眼花撩亂，紅、黑、黃、綠、白，五顏六色，加上圓、長、胖、瘦、三角形及扭麻花狀等，

真是多到讓人不知從何下手。

南德人吃白腸也很出名的，以羊腸做腸衣，大姆指般粗細，豬肉混入小牛肉醬，水煮後即可食用，一般多不沾料，口感清脆香甜，肉質細嫩，不帶一絲油膩，常見人拿起來喀滋喀滋，一條接一條的就下肚子了。從香腸評估國家的文明程度的說法，就不當真，也可以見識它們的「香腸文化」。話說回來，把香腸換成我們的「米」字不也一樣，德國人沒得比的。我們不是常說嗎，關於國家尊嚴，這種事是決不能長他人志氣，要拼回來。

乳酪鮮美？──海畔逐臭之夫說

德國人的果醬與乳酪是國人自嘆弗如的美食，果醬的原料幾乎所有水果都能入列，市售的種類琳琅滿目，家庭主婦巧手都能做一罐罐寬口玻璃瓶的果醬各顯神通。德諺，若要擄獲男人的心，莫過先征服他的胃。至於乳酪，德國人不敢與法國人比賽乳酪王國，但是品嚐乳酪的舌頭卻仍比許多西方國家敏感，而且味道、種類、形狀、大小顏色，以及與葡萄酒的搭配學問多，各家都有一種說法，獨門秘方，誰也不服誰的。中國人對之大多數是敬而遠之，以異味的「海畔有逐臭之夫」說法視之。

就飲料方面，在柏林可以買到各式啤酒，各樣葡萄酒、烈酒、水果酒，對於不沾酒精的朋友，礦泉水、咖啡、可可、西式紅茶、中式綠茶，新潮的水果茶保證喝飽吃足。德國沒有酒牌，家家都可私釀。有一種啤酒餐廳（以喝啤酒為主，配些下酒小菜像香腸之類），啤酒廠就是餐廳，眼睛也看得到，現釀現喝，新鮮冰透的，非常過癮。啤酒是德國人的水，黑啤酒更是其中之最，少有人不喝的。

餐廳萬國交雜，無所不有

走筆至此，也許要問在柏林的會有那些地方去享受呢？最重要的首選是典型的德國餐廳、其次是較鄉土味的德國餐廳，再次是代表德國南方口味的巴伐利亞餐廳。其餘的歐洲餐廳有法國的、義大利的、西班牙的、葡萄牙的、希臘的、奧地利的、瑞士的、俄國的、地中海的及當然的柏林風味的，其餘有美洲的美國的、墨西哥的、阿根廷的及拉丁美洲的，至於非洲有埃及的與衣索比亞的，大洋洲有澳洲飯店，亞洲有日本的、韓國的、印度的、印尼的、猶太的、土耳其的、泰國的以及我們的中國飯店，中國飯店又以王曉蓉女士經營的泰東大飯店，規模最大且有五十多年歷史。

人從橋下過，美酒佳餚，幸福啊！

若以類別區隔，有專賣咖啡的餐廳，有賣雞尾酒的酒吧餐廳，有附帶演藝節目的娛樂餐廳、有專吃海鮮的餐廳、有只吃牛排的餐廳，有只賣雞、鴨、鵝的飛禽餐廳，當然也有素食餐廳，也有只賣湯的水噹噹餐廳，更有打著「國際」招牌的雜碎餐廳，好像在柏林餓不死人了。此外，若想居高臨下吃頓飯，可以到柏林的電視塔「施林」餐廳用餐，在離地207 公尺的高度，邊享受美酒佳餚，邊欣賞新舊柏林；或者想體驗粼粼水波的風光，乘擁有 744 座位的平底船，邊啜啤酒吃大餐，邊讓船緩緩地從橋樑下滑過。沒有兩座建築一樣的，船泊泊地穿越柏林市區的河及運河 Landwehr kanal，幸福啊。情人節到了。如果你人正好在柏林，一定要去坐坐這船。

德國甜頭

　　每當德國人吃到甜頭，總會口中唸唸有詞，leck leck leck，右手指尖點著自己右面頰比劃表示好吃。德文中將佳珍美餚稱 Delikatessen 或 Kostlichkeit，普通吃叫 essen，狼吞虎嚥叫 fressen，一般喝叫 trinken，牛飲叫 saufen；喝醉了就像酒鬼 saufer，之後就飄飄欲仙了 Sauferei。

　　德國諺語：誰想活得久，必須吃得像貓，量少次數多，喝得像狗，量多次數少。請問您要怎麼吃喝？

柏林異國美食餐廳

- 非洲　　　South Afri kurfurstendamm 72 / Charlottenburg
- 埃及　　　Impression a. Potsdame
  　　　　　Platz Stresemannstr. 128 / Mitte
- 美國　　　Hard Rock Cafe Meinekestr. 21 / Wilmersdorf
  　　　　　Dubinsky's Grand Cafe Rathausstr. 1 / Mitte
  　　　　　T.G.I. Friday's Rathausstr. 1 / Mitte
- 衣索匹亞　Blue Nile Tempelhofer Ufer 6 / Kreuzberg
- 澳洲　　　Billabong Rungestr. 17 / Mitte
- 巴伐利亞　Leopold's Kontorhaus
  　　　　　Friedrichstr. 185-190 / Mitte
- 中國　　　泰東大飯店 Taitung Budapesterstr. 50
- 德國　　　Die Mowe i.Palais am Festungsgraben 1 / Mitte
- 法國　　　Franzosischer Hof Jagerstr. 56 / Mitte

- 希臘　　　Taverna Hellas Guntzeistr. 19-20 / Wilmersdorf
- 印度　　　Maharadscha Fuggerstr. 21 / Schoneberg
- 印尼　　　Tuk Tuk Grosgorschenstr. 2 / Schoneberg
- 義大利　　Peppino Ristorant Fasanenstr. 65 / Wilmersdorf
- 日本　　　Daitokia Tauentzienstr. 9-12 / Charlottenburg
- 猶太　　　Oren Oranienburger Str. 28 / Mitte
- 泰國　　　Maneeya Kienitzer Str. 22 / Neukolln
- 韓國　　　Kim Chi Kurfurstendamm 165 / Wilmersdorf
- 墨西哥　　Alcatraz Charlottenburger Ufer 1 / Charlottenburg
- 葡萄牙　　Don Carlos Sybelstr. 49 / Charlottenburg
- 柏林　　　Grune Ente Dahlmannstr. 20 / Charlottenburg
- 俄國　　　Pasternak Knaackstr. 22-24 / Prenziauer Berg
- 瑞士　　　Diekmann i. Chalet Suisse Clayallee 99 / Dahlem
- 土耳其　　Okeanos Grobenufer 8, Oberbaumbrucke / Kreuzberg
- 素菜　　　Tuk Tuk Grosgorschenstr. 2 / Schoneberg

（本文刊載「博覽家 BLANCA 旅遊人文情報誌」，第 143 期，2004 年 2 月
於臺北市，頁 38 ～ 43）

25.
柏林人如何過新年—
圍牆・小豬加啤酒

　　德國新首府柏林市建於西元 1230 年間，直至 1709 年首次由普魯士國王腓特烈一世定為首都，其後於 1871 年為德意志帝國首都，再於 1933 年成為希特勒的第三帝國首都。二次戰後，因德國的分裂，在 1948 年成為德意志民主共和國首都（東德），並築起惡名昭彰的柏林圍牆。冷戰時代結束，前蘇聯瓦解，柏林圍牆一夕之間近乎戲劇性的倒塌，東西德也由分裂而統一。還記得當時透過電視的傳播，一股大時代歷史的騷嚷、動盪、不安中又有些興奮與期待的情緒在每個人的臉上流動，你感覺到你與這個世界從所未有的緊密相互依持的命運，持續到六四結束。柏林人的感受尤多尤深。

　　接著統一後的新德意志聯邦共和國決定 1990 年 10 月 3 日遷都柏林（是日定為德國國慶日）。在短短不到八百年，柏林數易旗幟，歷經戰亂，五度被定為首都京畿重鎮，然而歷代皇公貴卿好大喜功的建設，取之多有，盡瑙珠之搜刮，而今塵埃落定，舊事具往矣。柏林叱吒風雲的戰爭與政治已煙消雲散，代之而起的是多采多姿的文化傳承，柏林從一個政治運籌帷幄的城市，成為一座新的文化大都會。

柏林人絕不放棄在新年玩樂

　　柏林位於北緯 52 度，相當於中國東北莫河市，冬天天寒地凍，東海凜冽寒風吹襲之下，隆冬徘徊在零下 14 度的滋味，但對亞熱帶的臺灣似乎只是電影中的風景。柏林擁有 338 萬人口，面積 891 平方公里，是德國最大的城市。因為身為首都京畿的歷史，柏林人具有政治敏感度倒是應該不足為奇，但較之印像中保守的德國人更懂得生活享樂，就多少有些出人意表了，由年節歡享的氣氛也確實略約可見。

　　柏林人絕不放棄在新年好好玩樂一番。打從耶誕節前的第四個星期日，耶穌待降期（Advent），家家戶戶在大門口掛一個以松樹編織的圓環，或在客廳桌上、辦公室擺一個松樹花環，上插四支蠟燭，以每週一根的速度點燃之，點完第四根，大家知道離耶誕節不到一週了，更距新年只有十天了。由這小事也見得到德國人處事注重理性、有系統及精準的一面。當耶誕節鐘聲及鈴聲在空中迴盪之際，新年快樂歡享的步伐就已接近。

　　除夕夜（Silvester）在德文裏代表男人的名字，原為拉丁文，意為「住在森林的人」。相傳天主教在梵諦岡城的第三十四任教皇名字也是 Silvester，他老先生 Silvester 一世於 314 年登基，為同名之累，於是他努力的將天文地理與曆法結合，在西元 354 年正式制定德國西曆的除夕名為 Silvester 以迎新年。若要問天文地理與曆法之間 Silvester 怎會被連在一起就不得而知了，反正他已留名千古。

　　柏林人過年的方式與德國各地大同小異，在飲食方面，德國有個相關的俗諺「Schweinhaben」有好運氣的意思，因為在除夕晚餐想求個

「Schweinhaben」，所以必須吃豬肉，還有吃小豬形的 Marzipan，一種杏仁與巧克力揉和的甜點。當然也要吃鯉魚、喝扁豆湯或豌豆湯、烤幼雞、格子型薄餅、Stollen 保久蛋糕、喝 Gluehwein（將紅糖及香料與紅葡萄酒混合加熱的酒）。當然柏林人的餐桌上不可或缺的食物必有白香腸、紅葡萄酒、白葡萄酒、啤酒、香檳酒及最為柏林人自豪的甜點是：Berliner Pfannkuchen 柏林的鍋餅。鍋餅是將大的油炸甜甜圈內塞果漿，有點做「烤方」的味道，如今鍋餅已風行全球，遐邇馳名。這份大餐吃下來，相信你也同意，必然令人人酒酣耳熱。

除夕燒鉛塊算手氣　恭喜恭喜新年好

絕大部份的柏林市民都安居家裡快快樂樂，但一定都會廣邀各方親朋好友參加除夕舞會，吵吵鬧鬧的歡慶新年，且飲且食，載歌載舞。這般的有酒、有人、又歌又舞自然就吵吵鬧鬧的了，而且非這樣就享受不到新年樂歡愉悅的氣氛。這當中還穿插非常德國傳統的「鑄鉛遊戲」（Bleigiessen），方法是將一小塊鉛置於鐵湯匙內，放在烈火上燒，等鉛熔成液體，將液態鉛慢慢倒進盛冷水的大碗，從鉛塊在水中凝結的形狀，作為來年福份的解析。嘿，想不到德國人也信這一套的。土耳其人以看咖啡杯的殘渣算手氣，德國人用鉛來算是滿稀奇的。

當時光接近午夜，人們開始啜飲香檳或葡萄酒，相互敬酒擁抱，祝福對方新年行大運，甚至跑到街上大放煙火，撫摸充斥在大街小巷的熊熊模型，熊在此地是有象徵性的吉祥動物。無論熟識與否相互祝福嚷著；「guten Rutsch ins neue Jahr」，祝福新年一路順風，也是我們的恭喜恭喜了。

今天柏林人自詡是德國的首都，也是明天的歐洲聯盟首都，德國政府投入了幾千億馬克重建柏林，因此處處不饒人，事事爭第一。2004年除夕柏林動員百萬市民與觀光客圍繞布蘭登堡周圍，塑造歐洲最大除夕慶典，整個氣氛將在冷得打顫氣溫下發射 1,800 發衝天炮助興。布蘭登堡的頂端即為著名的古羅馬式的四匹馬並列前引雙輪車，象徵大將軍征戰勝利，揮軍進京凱旋而歸之英勇神氣相。

喝德國啤酒，胡言亂語酒話，聒噪不休

啤酒是德國人最最熱愛的飲料，依據西元 1516 年對釀造啤酒純度標準，只准使用大麥、啤酒花、麥茶及水四種原料，迄今德國仍有 1,279 家啤酒廠遵循古法，全德目前仍有五千家啤酒廠牌，全世界最大的啤酒節就是慕尼黑的十月啤酒節，每年吸引成千上萬的外國觀光客去慕尼黑瘋狂的喝。

柏林人對釀造啤酒有獨特之處，所釀的白啤酒 Berliner Weisse 以淡著稱，酒精含量只有 2.5% 到 3.0%，被譽為高級又新鮮的夏季清涼飲料，而一般的啤酒酒精含量平均達 4.0% 至 4.5%，可見啤酒含酒精比例不是評比（鑑定）品質的唯一條件。遠在西元前 3,000 年，位於西南亞的美索不達米亞王國（今天的伊拉克）對啤酒有傳神的闡釋，乃迄今德國引用最廣，對啤酒最早的說法：

喝了七杯啤酒下肚，他的精神鬆弛了，

啤酒使他超脫，於是，

他的心情開朗，他的臉龐漾著光彩。

你看，這真是酒中有畫，話中有酒。有興趣仔細推敲看看，箇中還

頗有學問的。（德國的啤酒杯可不是我們那種 250 cc 的）

　　為了使今年的除夕露天慶祝會更加精彩，柏林市政府邀請許多樂隊現場演奏，迪斯可樂隊也有，再加巨大煙火助興。另外一個引人注目的高潮，是由世界著名的 Traber 家庭表演高空鋼索。整個遊街的人潮大約蜿蜒兩公里，從菩提樹大道穿越巴黎廣場，邁向六月十七日大道，迄小星星廣場收尾。一路上吃喝玩樂一應俱全，有小舞台劇場、四十公尺高的摩天巨輪、世界各地美食館等等。當時間接近午夜，歡欣鼓舞的人群嘶聲力竭地一起倒數計時，10、9、8……3、2、1，霎時間，頓時遠處的教堂鐘聲群起共鳴，近處的樂器大肆振盪，煙火在空中飛舞，爆竹在地面亂竄，柏林人擺脫了過去一年的噩運，告別一年的幸福，共同迎接未來的未知數。此時一位計程車司機大叫，看啊，沒有柏林圍牆的柏林真好，我可以橫衝直撞，不必再擔心開來開去碰壁（柏林圍牆）了。

　　柏林人是懂得享受歡樂的人生！

（本文刊載「博覽家 BLANCA 旅遊人文情報誌」第 142 期，2004 年 1 月於臺北市，頁 42～47）

A COMPARATIVE STUDY ON INTERNATIONAL SCHOOLS IN TAIWAN AND THAILAND

Abstract

Comparative Study on International Schools in Taiwan and Thailand. International schools play an important role in creating harmony among different nationality, religion and culture. 21st century is an era globalization. The World Trade Organization accelerates the formation of the Global Village. The new Knowledge-based society speeds up the acquisition and exchange of Information. Since the entry of Taiwan into WTO member on January 1 2002, international influences have a greater impact on the country. International school has become one of the most important factors attracting foreigner to work, do business, study or migrate to Taiwan. Taiwan's does not provide a conductive environment for the establishment of international schools due ti its law, regulations, way of thinking and ideologies. According to my study on the Thailand's international school system, Thailand has a successful model. The Thailand international schools are open to both local citizens and foreigners. Propose that our government should improve the international school system in Taiwan with reference to the successful international school system Thailand to help attract more foreigners to live, work, study and participate in activities in Taiwan.

I. Introduction

Education is the foundation for building a nation. As the proverb says, "It takes ten years to grow a tree while a sound education program may require ten times as long before it takes root". Education has a sacred mission of passing down the civilized accomplishments of mankind. In addition, education also undertakes the mission of promoting the spiritual and practical life of the citizens. The government education policy should focus on the nation's construction, economic developments and nurturing outstanding talents in various fields.

II. The Education Policy

1. The Education Policy in Taiwan

The goal of education is to allow every student to develop their full potential and become individuals who can contribute to the society, the nation and mankind. In view of this goal, we should first of all ensure that each student is able to study according to his/her own attributes. Secondly, in keeping with the principle of social fairness, the education policy should allocate resources to the underprivileged students, so that disadvantaged groups in the society can benefit from the country's education programs. In addition, as innovation is the source of a nation's power, we should refer to the education system of advanced nations when planning education schemes in Taiwan. The education schemes should equip students with knowledge and skills to meet the challenges resulted from globalization, which in turn increase Taiwan's international competitiveness.

To nurture students who possess the skills necessary for the new 21st century, we must ensure that they possess "analytical thinking skills", "innovative skills", "citizenry awareness" and "global perspectives" . We must allow students to understand the duties of a citizen in this society. They must be able to appreciate the common values of democracy, freedom, the rule of law and human rights. They must also enhance their skills and knowledge on science, technology and liberal arts and foster attitudes on pluralism and long-term sustainability.

2. The Education Policy in Thailand

The education system in Thailand has developed from traditional education offered in the temple, palace and at home to the modernized education programs established in accordance with the National Scheme of Education and the National Education Development Plan. Since 1997, the beginning of a new era in Thailand's national education, Thai education has progressed based on the provisions of the 1997 Constitution relating to education. The successful enactment of the first National Education Act in the Constitution paved way for a comprehensive education reform in Thailand to meet the challenges of the next century.

III. International Culture and Education

We have entered the new 21st Century. The world has transformed into a knowledge-based society. With the advent of technology and constantly changing information, every country, including Taiwan, is pushing for the integration of international cultural education to keep pace with global developments and the formation of the global village.

1.Measures in Taiwan

International academic and cultural exchange programs are effective methods for promoting understanding between citizens of different nations. Such opportunities help to foster the belief that education is the foundation for nation building and educated individuals are the cornerstones for national development. To promote domestic and international academic and cultural exchanges, and to promote international cultural and academic cooperation, the government provides assistance to colleges and universities to enter into academic cooperation with foreign higher learning institutions, and participate in major international academic organizations such as the Asian Pacific Economic Cooperation (APEC), the Organization for Economic Cooperation and Development (OECD), the University Mobility in Asia and the Pacific (UMAP), and Education International (EI)

2. Measures in Thailand

Thailand has benefited from academic cooperation with other countries for many decades. Apart from bilateral cooperation, Thailand has also benefited greatly from the interactions and exchanges through active participation in many international and regional organizations and associations in the fields of education, science, culture, and other related areas.

Thailand has cooperated with various international and regional organizations to promote educational development in a more innovative way to keep pace with technological advancements. Many projects have been launched jointly with renowned international organizations and agencies. Following are some examples:

- The United Nations Education, Scientific and Cultural Organization (UNESCO)
- International Association for the Evaluation of Educational Achievement (IEA)
- Asia – Pacific Economic Cooperation (APEC)
- The Asian Institute of Technology (AIT)
- Thailand ASEAN Sub-Committee on Education (ASCOE)
- The Southeast Asian Ministers of Education Organization (SEAMEO)

IV. The Development of International Schools

1. The Origin of International Schools

International schools were formed as a result of expatriates living overseas including businessmen, students studying abroad, religionists and diplomats. As these expatriates live overseas for extended periods, it is best for them to bring their families along with them to maintain their commitment towards their country and dedication towards their career. As a result, their children travel and reside with them in the foreign country. In the beginning, many countries established overseas schools for their own citizens only. However, following the rapid growth of foreign residents in various countries due to population exchange, convenient transportation and quick information flow, government, private sectors and foreign residents living in the country formed international schools. Some international schools achieved excellent results and enrol students from other countries although they only accept students from their own country in the early years. They comply with the Confucius, educational philosophy of "treating students equally and teaching them according to their aptitudes".

2. International Schools in Taiwan

International schools provide a diversified and multilingual learning environment and varied course curriculum for the students. Each international school is like a mini global village. In addition to equipping the students with new knowledge, the schools also play the role of a culture melting pot and allow students to grow and develop in a multicultural environment. This interaction process is an excellent opportunity for students to learn and understand the cultural background of different races. This allows the "cultural exchange" concept to be realized. Students will learn how to accept and respect other foreign cultures and gain global perspectives and values that encompass other foreign cultures.

The educational system and curriculum design of international schools are designed according to the unique cultural characteristics of the country. Some of the renowned systems include the American school under American school system, British School under the British school system, German or French school under the European school system, Japanese school under the Japanese school system and Chinese school under the Chinese school system. These international schools will modify the course curriculum to meet the environmental conditions and local culture in different countries.

In Taiwan, international schools do not belong to the official education system and are established as a foreign entity in accordance with the law. There are a total of 17 international schools throughout Taiwan: 8 in Taipei city and the rest are located in Kaohsiung City, Taichung City, Taichung County and Hsinchu City. These international schools in Taiwan have the following three characteristics:

The school administration, educational system, educational mission and course curriculum do not have to be linked to the Taiwanese education system and not supervised by education authorities in Taiwan. The schools are not entitled to receive grants or subsidies provided by the education authorities. The Taiwan government has no control over the admission and departure of students and their school results. Local schools do not recognize degrees or certificates issued by the schools. The schools are responsible for their educational system in terms of culture, language or religion. They are also responsible for the overall profits and loss of the school.

There are 17 Educational Institutions for foreign residents in Taiwan:

	Name of School	Grade Levels
1	Taipei American School	Kindergarten/ Elementary School (Grades1-6)/ Junior High School (Grades 1-3)/ High School (Grades 1-3)
2	Taipei Korean Primary School	Kindergarten/ Elementary School (Grades1-6)/
3	Dominican International School	Kindergarten/ Elementary School (Grades 1-6)/ Junior High School (Grades 1-3)/ High School (Grades 1-3)
4	Taipei British School	Preschool/ Kindergarten/ Elementary School (Grades 1-6)/ Junior High School (Grades 7-11)
5	Taipei Japanese School	Elementary School (Grades 1-6)/ Junior High School (Grades 1-3)
6	Taipei European School	Kindergarten/ Elementary School (Grades 1-6)/ Junior High School (Grades 1-3)
7	Yang Ming Shan Christian School	Kindergarten/ Elementary School (Grades1-6)/ Junior High School (Grades 1-2)
8	Grace Christian Academy	Kindergarten/ Elementary School (Grades1-6)/ Junior High School (Grades 1-2)

9	Hsin Chu Dutch School	Preschool/ Kindergarten/ Elementary School (Grades 1-6)/ Junior High School (Grades 7-8)
10	Taichung Japanese School	Elementary School (Grades 1-6)/ Junior High School (Grades 1-3)
11	Lincoln American School	Kindergarten/ Elementary School (Grades1-6)/ Junior High School (Grades 1-3)/ High School (Grades 1-3)
12	Morrison Christian Academy	Kindergarten/ Elementary School (Grades1-6)/ Junior High School (Grades 1-3)/ High School (Grades 1-3)
13	Morrison Academy-Kaohsiung	Kindergarten/ Elementary School (Grades1-6)/ Junior High School (Grades 1-3)
14	Kaohsiung American School	Kindergarten/ Elementary School (Grades1-6)
15	Kaohsiung Japanese School	Elementary School (Grades 1-6)/ Junior High School (Grades 1-3)
16	Kaohsiung Korean School	Kindergarten/ Elementary School (Grades1-6)
17	Dominican School	Kindergarten/ Elementary School (Grades1-6)/ Junior High School (Grades 1-2)

3. International Schools in Thailand

An international school provides education for students without any restriction or limitation on nationality, religion and form of government.

It adopts an international curriculum and media from which students from various countries can participate. English is used as the medium of instruction.

For the establishment of international schools or colleges, the Ministry of Education (MOE)in accordance with the Cabinet's resolution stipulates their policies, rules, regulations, and standards. Some of the important regulations and standards are as follows:

Curriculum: The applicant has to propose the curriculum for the MOE's consideration and approval. Thai culture and language must be a compulsory course for all levels of education.

Headmaster and teacher: They must possess the following qualifications:

(1) Headmaster:
-- Thai nationality with at least a B. A. degree.
-- At least 3 years of teaching experiences.
-- Other qualifications as stipulated in the Private Schools Act of 1982 and the MOE's regulations.

(2) Teacher:
-- Thai nationality possessing the qualifications as stipulated in the Private Schools Act of 1982 and the MOE's regulations.
-- Exception of Thai language at Primary school Grade VI is granted for foreign teachers.

(3) Students :

Both foreign and Thai students are allowed for admission. The number of Thai students must not exceed 50 percent of the total enrolment. Some of the main education systems being offered at international schools in Thailand are:

	Name of School	Grade Levels
1	Bangkok Patana School	Kindergarten/Junior High School/ Senior High School
2	Diselem International School	Kindergarten/Junior High School/ Senior High School
3	Ekamai International School	Kindergarten/Junior High School/ Senior High School
4	International School Bangkok	Kindergarten/Junior High School/ Senior High School
5	New International School Thailand	Senior High School
6	Banda Belinge School	Kindergarten/Elementary School
7	Lesami International School	Kindergarten/Junior High School/ Senior High School
8	Ruamrudee International School	Kindergarten/Junior High School/ Senior High School
9	Saint Andrews International School	Kindergarten/Junior High School
10	Saint Stevens International School	Kindergarten/Elementary School
11	Thai-Chinese International School	Kindergarten/Elementary School/ Junior High School/Senior High School (Grade 10)

12	Epanya International School	Junior High School/ Senior High School
13	Christliche Deutsche Schule Chiangmai	Kindergarten/Elementary School/ Junior High School/ Senior High School (Grade 10)
14	Dulwich-phuket International School	Kindergarten/Elementary School/ Junior High School/ Senior High School
15	Garden International School	Kindergarten/Elementary School/ Junior High School/ Senior High School
16	International School of Pattaya	Kindergarten/Elementary School/ Junior High School/ Senior High School
17	International School of Regent	Kindergarten/Elementary School/ Junior High School/ Senior High School
18	Lanna International School	Kindergarten/Elementary School/ Junior High School/ Senior High School
19	Phuket International School	Kindergarten/Elementary School/ Junior High School/ Senior High School (Grade 10)
20	Kincaid International School of Bangkok	Elementary School/ Junior High School

21	International Community Schoo	Kindergarten/ Junior High School/ Senior High School

-- The American School System

-- Advanced Placement Program (AP)

-- The British National Curriculum

-- The International General Certificate of Secondary Education (IGCSE)

-- The International Baccalaureate (IB)

In 2005, there are 21 international schools and 57 universities with 356 international programs in Thailand of which 24 are in Bangkok and the rest are in other provinces. The proportion of foreign and Thai student in 2005 was 60:40 and the proportion of foreign and Thai teacher was 81:19.

International Standards: International schools in Taiwan and Thailand must become accredited members of the following educational institutions to enhance their academic status.

(1)WASC (Western Association of Schools and Colleges)

(2) EARCOS (East Asia Regional Council of Overseas Schools)

(3)IBO (International Baccalaureate Organization)

(4)IGCSE (International General Certificate of Secondary Education)

(5) ACSI (Association of Christian Schools International)

(6)AERC (Asia Educational Resource Consortium)

V. Legal Issues

Taiwan's education system was established in accordance with the law including the rights to education stipulated in Article 21 of the Constitution, establishment of the education system stipulated in Article 108 and special chapters and sections on educational culture from Article 158 to 167. Article 151 stipulates the support provided to foreign residents in economic businesses and Article 167 stipulates the reward and grants provided to educational institutions for foreign residents. Secondly, in accordance with Article 74 of the Private School Act, foreigners may establish private senior high schools in the Republic of China. A Chinese shall fill the position of the principal. Article 75 stipulates that foreigners may establish schools for educating their children but may not enroll Chinese students. The Ministry of Education promulgates the regulations for the establishment of schools mentioned above. Other regulations include the "Regulations for the Establishment of Schools for Foreign Residents" promulgated by the Ministry of Education and "Supplementary Provisions for the Establishment of Schools for Foreign Residents" promulgated by the Department of Education of Taipei City.

Basically, as Taiwan only has diplomatic relations with 25 countries in the world, the government cannot provide diplomatic protection for international schools and cannot sign education and cultural covenants that provide mutual protection for both countries. Hence, Taiwan can only adopt a mutual protection policy meaning Taiwan can only protect education and cultural institutions from countries that have diplomatic ties with the country to show our spirit of reciprocation. International schools in Taiwan established by foreign countries are considered schools for foreign residents and not foreign entities. Thus, international schools do not require special approval and can only enroll students of that country's nationality. However, some schools still enroll students of other nationalities in response to environmental conditions. For example: the American School in Taipei City should only enroll students from the United States. But due to environmental conditions, there are students from the United States and other countries, stateless students, and many Taiwanese students who enroll using the permanent residency certificate. The European School in Taipei City enrolls students from European countries mainly but also enroll students of other nationalities.

VI. Conclusion

Education is a huge task and one that focuses on the nurturing of skills and talents. In order to create a strong foundation for the sustainable national development, developed countries have spent many efforts in formulating education policies. These education policies have been implemented to develop the full potential of individual citizens and to increase the overall quality of the population.

Taiwanese society and families place great importance on education and this has enable education to become a graceful tradition in Taiwan. This tradition has great impacts on the people and they are concerned with the issue of establishing the best education system to develop capable and all-rounded citizens.

The idea of "a creative Taiwan as a global strategy" will be used as the main concept behind education. "Global Viewpoints" digital learning environment will be established, teachers will become more professional and education on the environment, art, citizenry duty and science will also be strengthened. More assistance will be given to disadvantaged groups, more efforts will be devoted to senior high schools for local students and curriculums of primary and middle schools will also be unified.

By establishing a high quality and comprehensive education system, the overall skill level of Taiwan's citizens can be improved which in turn helps to increase Taiwan's competitiveness.

The existence of international schools is essential to promote the interaction between different cultures. However, the speed and scope is limited. Our country has become one a WTO member country on January 1, 2002. Education is one of the 12 services in the "Overall Service Association" compiled by the WTO in Uruguay in 1994. The regulations stipulate that other than government education activities, countries that signed the treaty have the rights to compete in educational activities that are considered commercialized educational services. Our country has agreed to open up Taiwan's educational market resulting in the large movement of global talents, internationalization of professionals and intense competition in the educational market. In addition, the current education model is facing new challenges as the public has greater demands on the quality and practicality of education. Secondly, education transforms large amount of capital into knowledge economy in "comparative advantage" which promotes sustainable economic growth.

Madam Jiu-Ling Fong, a renowned cultural industry expert from Malaysia, relates "cultural assets" to "good business". Taiwan is a small country with high population density and lack of natural resources. However, Taiwan has a large pool of high quality manpower resources. If you mobilize Adam Smith's theory of "Absolute Advantage", "Comparative advantage" will be derived. Taiwan should develop and promote international education industries using its high quality manpower resources. Taiwan only has economic ties with most countries in the world, but these ties do not have any political symbolism. Through the international cultural and academic cooperation system, Taiwan can build its education and cultural relations with other countries. International school serves as the best foundation. Maybe, Taiwan can follow the successful example of Thailand in managing first-class international schools to attract foreign children to study in Taiwan.

（本文發表於「第 5 屆的亞洲雙年比較教育協會 2005 年年會」2005 年 5 月 30 ～ 31 日在馬來西亞吉隆坡 Kebangsaan 大學，並載於論文集頁 147 ～ 156）

國家圖書館出版品預行編目資料

昌盛書屋論文集／程其偉著.
－－第一版－－臺北市：宇河文化出版；
紅螞蟻圖書發行，2014.1
面　　公分－－
ISBN 978-957-659-953-8（平裝）

1.言論集

078　　　　　　　　　　　　　　102019976

昌盛書屋論文集

作　　者／程其偉
發 行 人／賴秀珍
總 編 輯／何南輝
美術構成／Chris' office
封面設計／Chris' office
出　　版／宇河文化出版有限公司
發　　行／紅螞蟻圖書有限公司
地　　址／台北市內湖區舊宗路二段121巷19號（紅螞蟻資訊大樓）
網　　站／www.e-redant.com
郵撥帳號／1604621-1　紅螞蟻圖書有限公司
電　　話／(02)2795-3656（代表號）
傳　　真／(02)2795-4100
登 記 證／局版北市業字第1446號
法律顧問／許晏賓律師
印 刷 廠／卡樂彩色製版印刷有限公司
出版日期／2014年 元 月　第一版第一刷

定價 320 元　　港幣 107 元

ISBN　978-957-659-953-8　　　　　　　Printed in Taiwan